DAS JAGDGESCHWADER 52
DER LUFTWAFFE IM 2. WELTKRIEG

最强空战联队

德国空军第52战斗机联队史

编著·冯涛

台海出版社

图书在版编目（CIP）数据

最强空战联队：德国空军第52战斗机联队史 / 冯涛

编著. -- 北京：台海出版社，2017.3

ISBN 978-7-5168-1332-4

Ⅰ.①最… Ⅱ.①冯… Ⅲ.①第二次世界大战－空军
－军事史－德国 Ⅳ.①E516.9

中国版本图书馆CIP数据核字(2017)第043492号

最强空战联队：德国空军第 52 战斗机联队史

编　著：冯　涛

责任编辑：阴　鹏　　　　　　　　　　策划制作：崎峻文化

视觉设计：崎峻文化　　　　　　　　　责任印制：蔡　旭

出版发行：台海出版社

地　　址：北京市东城区景山东街 20 号　　　　邮政编码：100009

电　　话：010 - 64041652（发行，邮购）

传　　真：010 - 84045799（总编室）

网　　址：www.taimeng.org.cn/thcbs/default.htm

E - mail：thcbs@126.com

经　　销：全国各地新华书店

印　　刷：重庆共创印务有限公司

本书如有破损、缺页、装订错误，请与本社联系调换

开　　本：787mm×1092mm　　　　　　1/16

字　　数：300 千字　　　　　　　　　印　　张：16

版　　次：2017 年 5 月第 1 版　　　　印　　次：2017 年 5 月第 1 次印刷

书　　号：ISBN 978-7-5168-1332-4

定　　价：89.80 元

CONTENS 目录

CONTENS 目录

前　言

一支战斗机部队的表现和绩效如何，评估的标准可谓五花八门。有的战斗机部队在执行轰炸机护航任务时，没有损失任何轰炸机，因此而名扬天下；有的部队同样可以自豪，因为他们的飞机的完好率出类拔萃，在受到召唤时总是能够出动强大的机群；还有的部队可以在巡航作战中以极小的损失给敌人造成重大创伤。但是，对战斗机部队是否成功，最常见，也是最为人们所广泛接受的衡量标准还是击落飞机的数量。如果使用这种相对简单的标准的话，那么有一支战斗机部队可以当仁不让地坐上头把交椅，它便是德国空军的第52战斗机联队（JG 52），该联队在第二次世界大战中总共击落了超过10000架盟军和苏联飞机，该纪录在军事航空史上至今无人能及，很可能永远也不会被打破。

但是，在少数航空战史专家和军事发烧友的小圈子之外，JG 52联队的故事仍然鲜为人知，其部分原因在于，该联队从来没有获得过荣誉称号，也没有在公众中得到过任何绰号。从整体来说，JG 52联队的飞行员们不像"里希特霍芬的马戏团"（Richthofen Circus，第2战斗机联队）或者"阿伯维尔小子"（Abbeville Boys，第26战斗机联队，因为其部分单位的基地在法国阿伯维尔，遂被英美方面赋予这个绰号）那样出名。JG 52联队的"带翼宝剑"队徽也不像其他联队的队徽那样妇孺皆知，比如JG 53联队的"黑桃A"和JG 54联队的"绿心"。

这支全世界战绩最高的战斗机部队名气不大的最主要原因无疑是其大约三分之二的时间都是在东线作战，很多战斗都是在广袤无垠、缺少地形特征的俄国大草原上，或是在名不见经传、地图上根本无法标注的小村庄上空进行的，而且该联队的"猎物"大多是苏联空军的飞机。二战中的苏联空军良莠不齐，很多飞行员在很大程度上至今仍然默默无闻 —— "猎杀无名猎物的猎手"的确也很难出名。

战后，在西方史学界长期存在这样一种观点，即由于苏联空军素质低劣、战斗力差，所以德军飞行员在东线战场上更容易取得战果，德国空军在东线取得的击落战果充满水分，其含金量远不能与西线战场的空战战果相比，这样就不难理解在很多西方著作中，"非洲之星"马尔塞尤的声誉反而比很多战绩更高的东线王牌更胜一筹。实际上，这种观点很大程度上是受到战后东西方冷战和意识形态对立的影响，东线空战与西线空战截然不同，苏联空军的作战素质也在战争中不断提升，在东线作战并取得突出战绩的德军飞行员毫无疑问都是最顶尖的空中斗士。

作为东线战场上最令人畏惧的德军战斗机联队，JG 52联队拥有整个德国空军，乃至战争史上战绩最高的王牌飞行员群体，其中最著名的就是世界空战史上的头号王牌，总战绩为352架的埃里希·哈特曼（Erich Hartmann），他从始至终都是在该联队服役！他的战绩同样前无古人后无来者。如果JG 52联队当年被部署在德国本土，执行柏林、汉堡或者科隆等大城市的防空任务，或者守卫西欧的天空，与名气更大、得到更多宣传的英国皇家空军或者美国陆军航空队的战斗机部队及其王牌们交锋的话，那么该联队的故事一定会大不相同。

本书就为读者们揭开了这支史上最强战斗机联队的面纱，回到半个多世纪以前去追寻那些王牌飞行员的踪迹。

冯涛

2016年12月

初出茅庐

JG 52联队虽然是在东线建立的有着威震四方的威名，但它的战史是在西欧拉开序幕的。

1938年11月，驻扎在慕尼黑正北约60公里处的因戈尔施塔特－曼兴机场（Ingolstadt－Manching）的一个战斗机大队接到了动员令。这个大队的番号是JG 433联队第1大队。该番号表明其为德国空军第3集群司令部（Luftwaffengruppenkommando 3，当时其管辖区域包括整个南德）内的第4支单座战斗机联队的第1个大队。该大队指挥官为迪特里希·冯·普法伊尔·克莱因－艾尔古特上尉（Dietrich von Pfeil und Klein－Ellguth），他在2个月前的苏台德合并事件中担任

过第10飞行大队的代理大队长。

1938年9月30日，德国与英法签订了《慕尼黑协定》，英法放弃了对捷克的支持，德国随后占领苏台德地区，该地区的紧张形势因此逐渐缓和。这种形势也反映在了德军备战的准备工作中，克莱因－艾尔古特的新大队组建工作相当缓慢、甚至可以说是优哉游哉。尽管在12月该大队已经接收了定额的 Bf 109D－1型战斗机（37架），但只有10名飞行员。所幸这年圣诞节期间，巴伐利亚大部分地区都意外地遭遇了严寒，因此人员不足的问题也不是那么重要了。后来的联队长迪特里希·赫拉巴克（Dietrich Hrabak）在1988年出

■ 因戈尔施塔特－曼兴机场建设于1936年至1938年。该机场建成后，德国空军第433战斗机联队第1大队曾在1938年11月至1939年3月驻扎于此。图为一支空军部队在1938年驻扎于该机场期间，在一座机库前举行宣誓仪式。

版的《JG 52联队战史》中这样描述这一时期的状况："在部队组建的最初的一段时期里，一直受到人员和装备短缺问题的困扰。用于飞机安全训练的设备交付缓慢，不得不自制一批代用。车辆也很缺乏，收到的只有定额的三分之一。根本无法期望在和平时期里改善这种短缺状况，因为按照计划，万一有需要的话可以征用民用车辆用于部队调动或更多的训练行动。1938年圣诞节时发生了一件特别的事情，两座机库的暖气因严寒而坏掉了，导致里面三分之二的飞机上的化油器外罩被冻裂。"

在1939年初的几周内，气温有所回升，该大队飞机的完好率也逐渐提高。一批刚从航校毕业的新飞行员进入了该大队。在锻炼这些新手并强化凝聚力的工作中，大队长克莱因－艾尔古特上

尉特别幸运，因为他下属的三位中队长都曾服役于"秃鹰军团"，并且作战经验十分丰富。第2和第3中队的指挥官分别为沃尔夫冈·埃瓦尔德中尉（Wolfgang Ewald）和阿尔方斯·克莱因中尉（Alfons Klein），他们在西班牙内战中分别获得过一个战果。

第1中队中队长则是日后赫赫有名的阿道夫·加兰德（Adolf Galland）。此时的加兰德也还只是一名中尉，尽管他对空战满怀激情，但在随"秃鹰军团"在西班牙作战的过程中只指挥过一个装备"亨克尔"He 51双翼机的对地支援单位。从西班牙回国后，由于当时苏台德地区的形势非常紧张，已经有过对地支援实战经验的他奉命参与组建一个特种对地攻击单位，准备投入对捷克斯洛伐克的军事行动。最终，捷克苏台德地

■ 沃尔夫冈·埃瓦尔德（1911—1995）
埃瓦尔德曾担任了22个月的JG 52联队第2中队长，1940年8月升任第1大队长。此照是后来所摄，军衔已经是少校，佩戴着1942年担任JG 3联队第3大队长时获得的骑士十字勋章。

■ 阿道夫·加兰德（1912—1996）
1938年还是中尉的加兰德并没有蓄起他那著名的小胡子。1938年11月1日他被任命为JG 433联队第1大队第1中队长，因此也成为JG 52联队的元老。

■ 1939年3月，赫尔穆特·屈勒中尉的"黄1号"Bf 109D-1型战斗机侧视涂装彩绘。

区以不流血的方式被并入德国版图，而加兰德也在1938年11月1日被正式任命为JG 433联队第1大队第1中队中队长。他感觉终于回到了自己天生所属的位置——德国空军最先进的单座战斗机的驾驶舱。

1939年2月18日，尚未完全形成战斗力的第1大队遭受了一次悲剧性的打击。该大队的一架Ju 52/3m运输机在从因戈尔施塔特前往柏林的途中，在埃格尔山区（Eger hills）上空遭遇了暴风雪，飞机元件受冰冻严重失灵，不幸坠毁。机上11人全部遇难，死者中包括了准备前往柏林参观国际汽车展的第3中队长阿尔方斯·克莱因中

■ Bf 109E型战斗机座舱内景。

尉。随后，卡尔－海因茨·莱斯曼中尉（Karl-Heinz Leesmann）被委托临时行使中队长职权。同年3月1日，赫尔穆特·屈勒中尉（Helmut Kühle）才正式接过了这个中队的指挥权。屈勒和罹难的克莱因一样，也曾在"秃鹰军团"中服役。

3月份，大队发生了很多新变化。在接收了两批新飞行员之后，大队终于达到满编。此外他们还接收了首批Bf 109E型战斗机，但直到7月才完全淘汰了老式的"多拉"（Bf 109D型战斗机的昵称）。第3中队的乌尔里希·施泰因希尔普少尉（Ulrich Steinhilper）曾这样回忆道：

"一天早些时候，当其他军官还在吃早饭的时候，我闲着没事来到了第1中队的机棚瞎逛。里面停满了崭新的Bf 109E型战斗机，这些飞机当时甚至还没有被分配给飞行员。在好奇心的驱使下，我让旁边的一名机械师给我拿来一套降落伞——我准备试机。根据大队条例，不允许军士询问军官的命令，于是这位军士便按我的要求，拿来了降落伞。我背上降落伞爬进座舱后，顺便咨询了驾驶该型飞机的一些所需要注意的事项。军士也心不在焉地告诉我，他听说'埃米尔'（Emil，Bf 109E型战斗机的昵称）需要在跑道上达到10到15公里以上的滑跑时速才能起飞。我没有继续问他其他问题，因为我以为他所说的那些估计我此前也从战友那听说过。

"带着一丝紧张，我从里面合上了座舱盖。里面充斥着一股新飞机出厂时的味道。机械师看着我检查座舱里的操纵杆并根据空军规则使用刹车

检查引擎动力。这种必要的测试让我第一次感觉到了这种新引擎的马力。我翘起拇指，命令机械师挪走垫在起落架上的木楔。我轻轻地松开踏在刹车上的脚，飞机便开始向前滑行。这种飞机只需要给很小的油门便可以启动。当时起飞区域里没有其他飞机和人，于是我给足了油门，让飞机加快滑行速度。当我发现我只能看见前方的机鼻时，机尾也抬升了起来。

"尽管我此前对机械师表现出不屑的态度，但是这时我确实心里没底，只希望一切能进展顺利。好在起飞还算成功，飞机在空中的状态也很好，但是随后便面临着该怎样降落的问题。当我减小油门准备降落时，感觉到了操纵杆上有一股强大的力量。当时飞机看起来要熄火了，我不得不将其拉起并再给了一点油门。这天的风向迫使我只能选择一条横穿机场的卵石路作为降落的跑道。

我在机场上空盘旋了3圈，第4次我试图降低高度并以一个相对比较快的速度着陆。这次我做到了，飞机顺利着陆并沿着停机坪滑行。我根本没有时间去想以前是怎样驾驶'多拉'的。我突然穿过那条乱石路 —— 我加大了油门！这可是个严重的错误，但是机鼻也没有抬起，在我没有改变飞机滑行方向的情况下，'埃米尔'竟然转向左侧，机翼撞上了地面。我迅速作出反应，用力把舵拨到右侧，以纠正飞机的前进方向。左侧机翼随后抬了起来，但是由于速度太快了，我改变方向的措施导致飞机右起落架瞬间折断，左起落架随后也步了前尘。引擎在这个时候还在运转，叶片强劲地击打在地面，飞溅起大量木渣和泥土，没过多久便自动停了下来，而我分明已经被吓坏了。我错愕地在座

乌尔里希 · 施泰因希尔普

乌尔里希 · 施泰因希尔普于1918年生于斯图加特，1936年顺利通过空军飞行训练并于年初从航校毕业，加入作战部队。1939年年初，施泰因希尔普成为阿道夫 · 加兰德的副官，随后"自愿"领导加兰德所在大队的无线电联络小组，并积极投入到飞行训练中。

1939年4月，加兰德的大队更名为JG 52联队第1大队，并在这年夏天转场至波恩以东的一座机场。波兰战役期间，该大队负责保护鲁尔工业区。期间施泰因希尔普驾驶"黄16号"Bf 109战斗机。西欧"静坐战"期间，该大队转至德国南部并在西线进行了零星的几场战斗，直至1940年西欧战役爆发。

1940年8月，第1大队投入不列颠空战，施泰因希尔普也在袭击皇家空军曼斯顿（Manston）机场的战斗中首次摧毁了3架"喷火"战斗机。9月19日获得了1个空战战果，随后在该月底又击落了4架飞机。10月底，他已经执行了超过了150次飞越英吉利海峡的任务，后在27日被击落并被俘。

1941年1月，施泰因希尔普被转到加拿大鲍曼维尔（Bowmanville）的30号战俘营。同年11月23日，他成功越狱，经过了2天的步行、搭车和乘火车的传奇亡命经历后，在尼亚加拉大瀑布附近再次被捕。然而不到三周后，他再次越狱成功，潜逃到了魁北克地区的蒙特利尔。

1942年2月18日，施泰因希尔普乔装后先后窜至美国沃特敦和纽约，4天后被警察逮捕。施泰因希尔普随后被送往位于安大略湖以北格雷文赫斯特的20号战俘营。此后他又2次尝试越狱，1944年3月还希望通过瑞典遣返回德国。战后施泰因希尔普回到了德国，1946年获释，后为美军开卡车。1948年，他在泛美航空公司斯图加特办事处谋得了一份工作，1953年又进入IBM德国分公司，成为一位商界成功人士。战后施泰因希尔普写了好几本书，其中包括《机尾后面的"喷火"》《逃往美国的10分钟》和《绕圈子》，分别讲述他自己的战斗、逃亡和经商法则。

■ 晚年的施泰因希尔普在1次老兵聚会中参观老飞机。

■ 这是1936年的一张德国明信片，展现的就是鲍勃林根机场鸟瞰图。照片中可见只有停机坪铺设了水泥，而跑道则完全为草地。

舱里坐了一会儿，然后打开了座舱盖并跳了出去。机场上早已警铃大作。当卡车和救护车朝我飞奔而来时，我已经有足够的时间来评估飞机的毁损状况。它看起来并不是很糟糕：左翼并没有磨损太多，完全可以很快得到修复，右翼则完好无损；一个起落架尽管已经折断，但看起来并不是很糟，另一个则看起来很严重，但似乎并没有完全损坏；螺旋桨则完全报销了。"

3月末，JG 433联队第1大队开始准备前往新的基地。新基地是位于斯图加特西南方几英里处的鲍勃林根（Böblingen）的一座草地机场，当时是这座城市的主要商用机场（即如今的埃希特丁根机场，当年还在修建过程中）。在新基地驻扎下来之后，克莱因－艾尔古特上尉的飞行员们就要暂时和汉莎航空公司的 Ju 52/3m 和 He 70 客机，以及其他国内外的民用飞机分享邻近的天空。这当然不是个理想的安排，但也说明德国空军当时在飞速地扩张，地面设施已经供不应求。

1939年4月13日，该大队举行了一系列活动来庆祝搬入"新家"。大队长艾尔古特上尉带领他的部下在鲍勃林根的街道上进行了游行，同时大队的 Bf 109 战斗机机群从观礼的人群上空低空飞过，声势浩大。不过该大队此时并没有全员抵达这座新机场，还有几个单位一直到4月20日还滞留在因戈尔施塔特，那天加兰德的第1中队才从因戈尔施塔特途经慕尼黑飞往鲍勃林根，来到之后又参加了另一次空中分列式，这次是为了庆祝希特勒的50岁生日。

1939年5月1日，第1大队还在鲍勃林根适应新环境。当天德国空军颁布了大为简化的新番号指定规则。从此时起，第3航空队（此前称为空军第3集群司令部）下辖的所有战斗机单位的番号都使用51到75之间的数字。JG 433联队第1大队过去是第3集群司令部下属的第4个也是最后一个单座战斗机单位，现在由于某些原因排名上调为第二个，所以番号也相应地改为 JG 52联队第1大队。在随后夏季的几个月中，第1大队不断在驻地或者外地进行训练和演习，其中一次演习为模拟保卫斯图加特免遭"敌人一个轰炸机群"的袭击。6月，大队奉命转场至文格罗尔机

■ 第1大队驻扎在文格罗尔期间因跑道问题导致起飞和着陆事故猛增，好在没有造成严重的人员伤亡。上图和下图为该大队的"白7号"飞机事故现场。下图为人们正在吊装并回收这架飞机的残骸。

场（Wengerohr）——摩泽尔河谷北坡的一个小机场。克莱因－艾尔古特上尉的飞机和飞行员都已经达到满编，但遗憾的是还缺少很多支援人员和装备，并在训练中暴露出了许多问题。如果不是征用了很多民用卡车和司机的话，转场文格罗尔的运输都很成问题。

该大队所遇到的问题并不仅限于此，文格罗尔机场的跑道长满了青草，但草下面的土质要比比布林根的那种硬土软得多，因此第1大队在文格罗尔短暂停留期间的起飞和着陆事故猛增，好在没有造成严重的人员伤亡。上级将第1大队调往文格罗尔显然是想让克莱因－艾尔古特的飞行员和地勤人员感受一下战争的气氛。《慕尼黑协定》签订之后短暂的欢乐祥和气氛早已一去不复返。1939年3月，德军占领了捷克斯洛伐克的其他地区。德国此时开始对波兰摆出虎视眈眈的姿态，英法一直坚持将祸水引向他人的绥靖政策，如今被证明是完全没用的。欧洲上空战云密布，战争

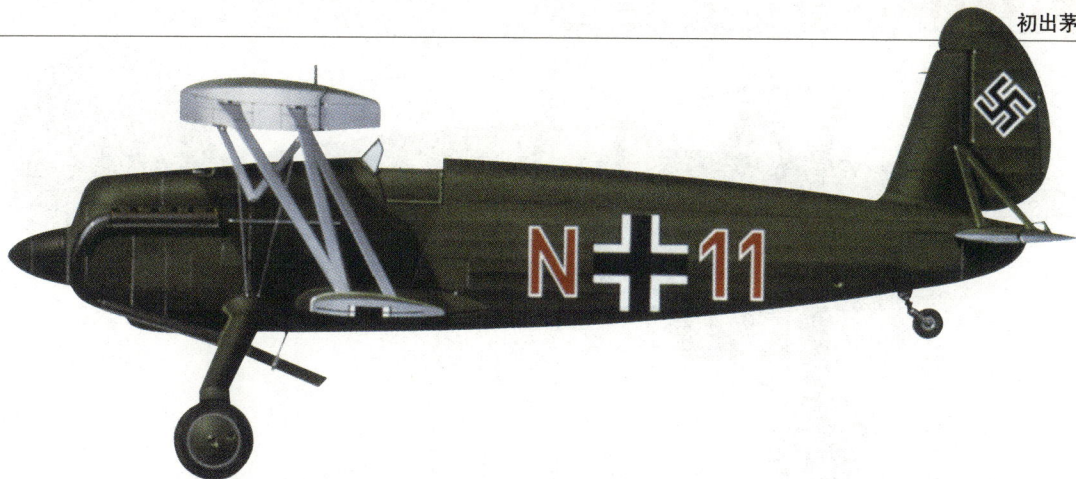

■ 1939年9月，内林根机场，JG 72联队第11夜战中队的"红色N+11号"Ar 68F战斗机侧视涂装彩绘。

的威胁日渐真切。

在和平时期的最后几周中，德国空军匆匆组建了一批临时的中队或大队级别的战斗机单位，这也说明当时的形势已经非常紧张。JG 72联队第11夜战中队就是这样一个紧急动员起来的单位。作为一个辅助性的夜战中队，他们装备的是老式的"阿拉多"Ar 68F型双翼机。在奥古斯特－威廉·舒曼中尉（August–Wilhelm Schumann）指挥下，该中队于1939年7月15日与JG 52联队第1大队一起接到了动员令，随后该中队很快换装了第1大队替换下来的Bf 109D-1型战斗机。

就在部队紧张地进行备战工作时，在人事层面发生了一件看似不起眼但其实意义重大的事情：阿道夫·加兰德心灰意冷地离开了大队。7月31日，他被调回对地攻击机部队，担任第2教导联队第5攻击机中队长。他将率领这个装备He 51型战斗机的中队参加即将爆发的波兰战役。威廉·凯德尔中尉（Wilhelm Keidel）随即接替了加兰德在JG 52联队第1中队的指挥岗位。

大队在战前的最后一次转场是前往弗里斯兰群岛（Friesian）中的汪格奥格岛（Wangerooge）。在这里，飞行员们花了两周时间进行空战和射击训练。该岛位于德国北部威廉港以北的外海。克莱因－艾尔古特的飞行员们除了在波光粼粼的大海上互相追击，射击对方的影子之外，还使用了

1架老式的"容克斯"Ju F 13型运输机拖曳靶机，模拟对轰炸机进行侧向攻击。飞行员们每天要进行大约2个小时的高强度飞行训练，其他的时间基本上可以自行支配。他们尽情享受了汪格奥格岛这个度假休闲小岛上的各种娱乐设施。

但闲暇的时光总是短暂的，JG 52联队第1

■ 奥古斯特－威廉·舒曼
曾在JG 88大队参加过西班牙内战，后带领JG 72联队第11中队在1939年9月1日更名为JG 52联队第5中队。1941年9月6日驾驶"黑色1号"Bf 109F-2型战斗机在东线因飞行高度太低与地面相撞。尽管他已经弃机，但因高度不足以打开降落伞而被摔死。

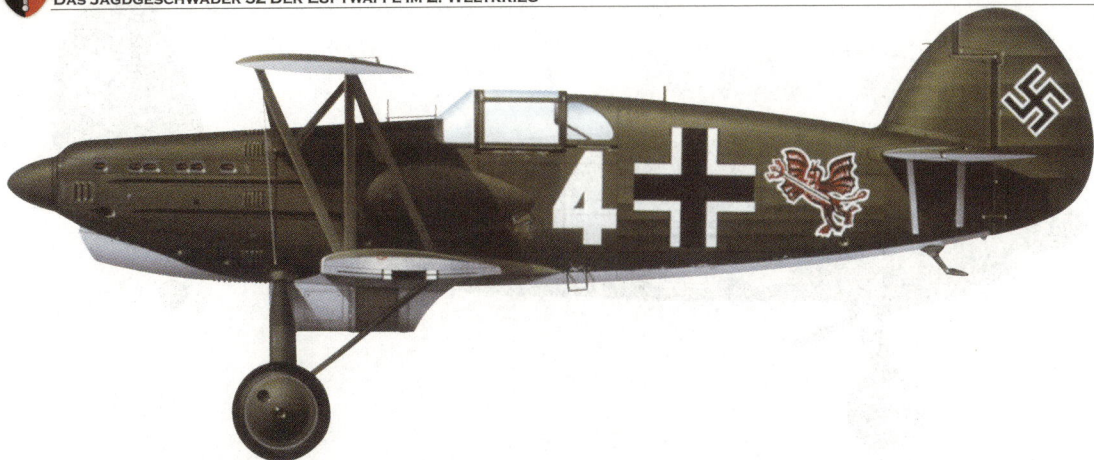

■ 1939年9月，巴特埃布林（Bad Aibling），JG 71联队第1中队"白4号"Avia B 534战斗机侧视涂装彩绘。

大队于1939年8月初返回比布林根后不久，就接到了总动员令。大队也做好准备承担斯图加特地区的防空任务，以保护当地众多的工厂，这其中包括了重要的梅赛德斯汽车厂；并防御法军可能发动的空袭。8月26日，大队突然接到转往波恩－杭格拉尔（Bonn–Hangelar）的命令。JG 52联队第1大队的新任务是在即将爆发的战争中保卫鲁尔工业区的南部地区。

8月29日，克莱因－艾尔古特上尉带领第1大队的飞行员们离开比布林根（72小时之后，德国正式入侵波兰），将最后一批老式 Bf 109D 型战斗机留在了当地，转交给了奥古斯特－威廉·舒曼中尉的 JG 72联队第11夜战中队。同日，另一个最近才匆匆组建起来的战斗机中队也来到了比布林根，与第11夜战中队会合。这个中队名为 JG 71联队第1昼间战斗机中队，该中队于7月中旬在施莱斯海姆（Schleissheim）动员组建，最初曾短暂地装备了前捷克空军的 Avia B 534型战斗机，随后很快换装 Bf 109D 型战斗机。巧合的是，这个中队的指挥官也叫舒曼——海因茨·舒曼中尉（Heinz Schumann）。

根据计划，驻扎在比布林根的这两个中队将为即将组建的 JG 52联队第2大队提供三分之二的兵力。但战争在9月1日爆发，组建新大队的工作便暂时搁置了下来。这两个中队的编制在战争

的最初两周是处于过渡的状态。尽管此时第2大队还没有正式组建，但是有些资料仍将第71联队第1中队和第72联队第11中队分别称为 JG 52联队第2大队的第4和第5中队。实际上此时这两个中队还使用着旧番号。由于两位中队长的姓氏相

■ 海因茨·舒曼
在担任 JG 52联队第4中队长后，又先后担任 JG 51联队第2中队长和第10快速轰炸机联队长，1943年7月在比利时被英国"喷火"战斗机击落并阵亡，总战绩21架。

同，甚至还有人把这两个中队合称为"舒曼战斗机大队"（Jagdgruppe Schumann）。

1939年8月19日，JG 52联队的联队部在比布林根正式成立，首任联队长职责落到了胡伯特·梅尔哈特·冯·贝尔内格少校（Hubert Merhart von Bernegg）肩上，他此前是JG 53联队第2大队大队长。但是由于波兰战役的爆发，联队部的组建工作被迫推迟，直到9月中下旬，贝尔内格少校的联队部才成为西墙防御部队的一部分；此时英国和法国早已对德宣战，德法两国的空军之间也已经开始互相试探，小试锋芒。

■ JG 71联队第1中队更名为JG 52联队第1大队第4中队后，也从双翼机换装为更先进的 Bf 109战斗机，同时还更换了新的中队徽——一只白底红色的弓背大猫（左图）。上图中这名第4中队飞行员所戴的飞行头盔为战前款式。

■ 1939年秋，JG 52联队第2大队部分成员在鲍勃林根机场的合影。

■ 上图为 JG 52 联队第 3 中队的迪特里希·维克托普少尉（Dietrich Wicktop）在 1939 年 8、9 月间驻扎在波恩 – 杭格拉尔机场时所驾驶的"黄 2 号" Bf 109E 型战斗机。这架飞机的机身上仍采用窄白边的早期款铁十字识别标志，垂尾与尾舵间跨越涂装了一个万字徽。

■ 1939 年 8、9 月间驻扎在波恩 – 杭格拉尔机场，JG 52 联队第 3 中队"黄 2 号" Bf 109E 型战斗机侧视涂装彩绘。

■ 1939 年 8、9 月间，一些地勤人员正在维护 JG 52 联队第 3 中队的"黄 2 号" Bf 109E 型战斗机。

静坐西欧

1939 年 9 月 3 日，英法先后对德宣战，此时距离德国入侵波兰已经过去了 54 个小时。随后的秋冬季节中，英法满足于坐守马其诺防线，并没有采取任何具有实际意义的军事行动，因此战争的这个阶段被戏称为"静坐战争"或"虚假战争"。至少在地面上，这些贬抑的说法并非虚言，这的确是一场陆军静坐无事的战争。法德双方大部分部队都只是坐在各自的防御工事里，等候对方先采取行动。新近抵达欧陆的英国远征军在比利时边境上只是挖掘土方、修建工事和浇筑混凝土，他们抱怨说自己被当成了劳工，而不是战士。

但在空中的情况就完全不同了。只要天气许可，双方都会派出战斗机进行巡逻，并进入对方领空进行侦察，对对方的防御情况进行评估。但是这些活动一般都局限在小范围内，双方很少能够发生正面交锋。比如在波恩－杭格拉尔，JG 52 联队第 1 大队在首月的例行边境巡逻中几乎毫无建树。施泰因希尔普少尉则在 1939 年 9 月 24 日的家信中曾这样描述道：

"……最近没有发生什么大事……自从我们来到前线，整个大队并没有接触到敌人。威斯巴登和曼海姆的情况要比我们好得多，驻扎在那里的飞行员几乎每人都获得了战果，而在比布林根

■ 保罗·古特布罗德少尉。

和奥伊廷根（Eutingen）则各只有一名飞行员获得了战果……"

JG 52 联队在全部六年的战争历程中取得的 10000 多个战果中的第 1 个是由驻扎在比布林根的"舒曼大队"斩获的，更确切地说，第 1 个旗开得胜的是第 2 大队第 5 中队的保罗·古特布罗德少尉（Paul Gutbrod）。

9 月 6 日晚上，古特布罗德少尉和他的僚机在

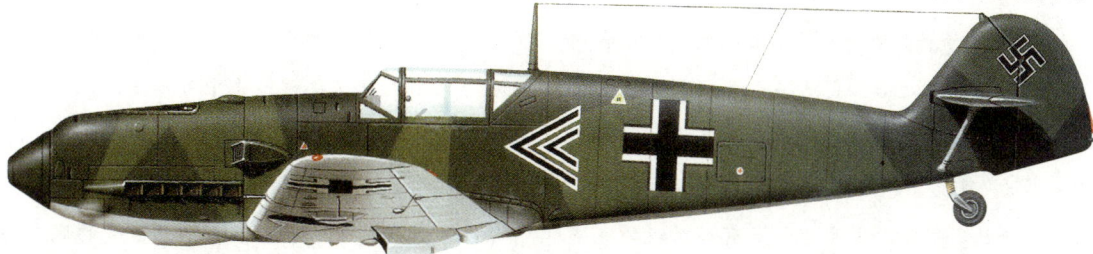

■ 1939 年 9 月，波恩－杭格拉尔机场，JG 52 联队第 1 大队长克莱因－艾尔古特上尉的 Bf 109E-3 型战斗机侧视涂装彩绘。

卡尔斯鲁厄以南的莱茵河上空执行巡逻任务，他们发现一架"高单翼飞机"正准备扫射小镇凯尔（Kehl）的桥梁。这架属于驻扎在萨尔堡的法军第553中队的"穆罗"ANF 115双座侦察机（Mureaux ANF 115）也发现了这两架德国战斗机，旋即调头向法国方向逃窜。古特布罗德紧追上去，从后方两次接近法机并开火，第2次便将其打得在半空中爆炸解体。这架倒霉的法国飞机不仅成为JG 52联队的第1个战果，也是整个二战中德国空军在西线取得的首个战果。古特布罗德少尉为此获颁二级铁十字勋章。就在这次空战胜利的4周之后，JG 52联队第1大队也击落了一架入侵德国领空的法国侦察机。

10月6日午后不久，法国空军一架崭新的"莱奥"451型双发轰炸机（LeO 451，当时这种飞机刚刚装备法军不久）奉命深入德国领空，执行一项颇有危险性的任务：刺探德国空军在鲁尔以南的防御情况。JG 52联队第1大队此时已经转场至此区域的波恩－杭格拉尔。该大队除了频繁地执行例行巡逻任务之外，还要保证至少有一个四机编队能够随时待命出击。德军地面观测人员报告称，发现了一架落单的法军飞机，于是第1大队立即让两个四机编队紧急起飞，对其加以拦截。其中一名少尉飞行员名叫汉斯·贝特尔（Hans Berthel，战后成为一名著名的舞台布景师），在战前的德国特技飞行国家队中是排名第9的特技飞行员，此时担任第2中队中队长沃尔夫冈·埃瓦尔德的僚机飞行员。贝特尔对这场战斗这样描述道：

"大家都说，我在整个中队里眼睛最尖。我们飞行了一段时间之后，我第一个发现了远方空中的小点，那是架飞机。我很快就判断出，那是一架法军的'莱奥'451型轰炸机。我在无线电频道上把这个情况通报给大家，但是有人对我的观察表示怀疑。我后来才知道，我的战友们当时没人

肯相信我！

"所有的飞机，不论是我们的飞机还是飞机，当时都是在两层云之间飞行。那个法国飞行员也很警惕，我转弯向他接近时，他立刻发现了我。他立即压低机鼻，猛地俯冲，试图躲到下方的云层中去。我决定跟着他俯冲下去，尽管在云层中我就不得不盲飞，而且我的座机'红1号'没有盲飞所需要的设备。好在我不需要盲飞很长时间。当我摆脱云层，重新获得良好视野时，我震惊地发现，法机几乎就在我前面，偏向旁边一点儿。大地就在我们下方不到100米处呼啸而过！

"法机的尾炮手立刻发现了我，快速向我开火。幸运的是，我没有被击中——我说'幸运'，是因为我当时简直激动得手忙脚乱。毕竟，这是我第一次看到飞机，那个激动劲儿就别提了，还怎么能注意到自己正在遭到敌人射击呢。我在座舱里疯狂地推拉所有的按钮和操纵杆，想打开枪炮保险，为我的机枪充电（飞机上的机枪是通过电路进行控制的）。就在这一片慌乱中，我甚至把灯都打开了。一直到我降落之后，这灯还是开着的，后来很长一段时间战友们经常拿这个开我的玩笑。其实，机枪做好射击准备只需要几秒钟，但在那时却似永恒！

"我的第一串子弹击中了法机的一台引擎，它当即起火了。'莱奥'飞机的飞行员立刻放下了起落架——如果他是想做紧急迫降，放下起落架未免太不寻常，也很危险。在当时的情况下，这对我来说也尤其危险。法机的起落架和松软的地面一经接触，立即破碎了。起落架碎片四下飞溅，差一点儿击中了我的'红1号'——而且我当时的速度非常快，被这些碎片击中可不是好玩的。我降低高度，穿过法机的路径。我的座舱险些被它的轮子撞到，如果被撞到的话，后果不堪设想。即使我的座舱只是被撞得轻微凹陷，我的战友们也肯定会拿我开涮。

■ 上图和下图是JG 52联队第1大队第2中队汉斯·贝特尔少尉的"红1号"座机，可能摄于10月6日战斗之后，图中站在飞机上的人是机械师。在当天的空战中，贝特尔少尉赢得了第1大队的首个战果。左图为贝特尔少尉与座机的合影，他后来在不列颠空战中被击落并被俘。

■ 1939年10月，JG 52联队第1大队第2中队汉斯·贝特尔少尉"红1号"Bf 109E型战斗机侧视涂装彩绘。

■ 上图为被贝特尔少尉击中的"莱奥"451型轰炸机在迫降失败后燃起熊熊大火。下图为火势减弱后德军地面人员接近仍冒着浓烟的飞机残骸，从中收集有价值的战利品。

■ 下图为汉斯·贝特尔少尉在返航后受到了全中队的热烈欢迎，战友们将其抬上肩膀。

■ 上图为两名 JG 52 联队的机械师正在为贝特尔少尉座机的垂直尾翼上画上第 1 个战果标志。

■ 左图为一名 JG 52 联队的士兵正在展示从贝特尔少尉击落的法国空军"莱奥"451 型轰炸机残骸中找到的舵片。舵片上的标注为：上方的 SNCA-SE 为法国国营东南航空工业公司（Société Nationale de Constructions Aéronautiques du Sud–Est）的简称，中央为飞机型号，下方为飞机出厂编号 ——N0.6 代表其为第 6 架批量生产的"莱奥"451 型轰炸机。成立于 1937 年 2 月的法国国营东南航空工业公司于 1938 年设计出了该型轰炸机，其与国营西部航空工业公司（SNCAO）从 1938 年至法国投降一共生产了 452 架该型飞机，其中 373 架服役（13 架服役于海军航空兵部队），约 130 架在 1939 年至 1940 年间的战斗中被击毁。1942 年，维希法国获得德国批准又生产了 102 架该型轰炸机。德国空军最初对该型飞机并不感兴趣，直到 1943 年 5 月 21 日才用 30 架缴获自法国的"德瓦蒂纳"D.520 战斗机（Dewoitine D.520）从意大利空军那里交换了 39 架该型轰炸机。德国将这些法国轰炸机的一部分改装为燃油运输机和人员运输机，一部分又转交给了意大利空军，另有 12 架交付给了对地攻击部队。战争结束后，幸存的 67 架"莱奥"451 型轰炸机大多被法国空军用作牵引机或运输机，直至 1957 年 9 月退役。其也是法国空军在战后最后退役的一款战前生产的飞机。

■ 一架生产编号为 No.439 的"莱奥"451 型轰炸机在 1940 年间的涂装。这架飞机隶属于法国空军第 23 轰炸机联队第 2 大队第 4 中队。

"凑巧的是，哥特哈德·汉德里克少校（Gotthard Handrick，1936年柏林奥运会现代五项全能比赛冠军，1939年10月为JG 26联队第1大队长）当时恰好在瓦痕多夫（Wachendorf，波恩西南28公里处）。他听到了飞机引擎的轰鸣声，在地面上目睹了我的空战。正是他证实了我的这个战果，后来还向我的大队长描述了这次战斗及'莱奥'飞机迫降的全过程。

"我在现场停留了一段时间，盘旋着观看燃烧着的这架法国飞机。这时我突然接到一条无线电讯息，立刻停止盘旋。地面控制中心报告称，在艾费尔山区（Eifel hills）上空发现了多架英军飞机。我们求战心切，立刻向这个地区飞去，试图寻找这些英国飞机。但我们连一点蛛丝马迹也没有发现，搜索了一段时间之后就返回了杭格拉尔。"

1939年10月的首周，贝尔内格少校的联队部和新组建的第2大队在比布林根都全部换装Bf 109E型战斗机。第2大队在霍斯特－京特·冯·科纳茨基上尉（Horst-Günter von Kornatzki）指挥下得到了第6中队的补充，达到了齐装满员。第6中队长是维尔纳·莱德雷尔中尉（Werner Lederer）。为了防止将JG 52联队第4和第5中队的两位中队长混淆，联队部做出了一个非正式决定，将这两位舒曼分别称为"高个儿舒曼"（海因茨·舒曼）和"矮个儿舒曼"（奥古斯特－威廉·舒曼）。

■ 霍斯特－京特·冯·科纳茨基（1906—1944）
21岁参军，随后接受飞行训练并在1934年进入JG 132联队第1大队，次年转入新成立的第2大队。战争爆发后来到JG 52联队第2大队担任大队长。1943年起致力于研究反轰炸机战术，后设计出了"战斗机突击队"的理念，被誉为"突击理念之父"。1944年8月成为JG 4联队第2大队长，但随后就在9月12日的战斗中身亡。

在汉斯·贝特尔击落"莱奥"451型轰炸机一周之后，JG 52联队第1中队的库尔特·基希纳少尉（Kurt Kirchner）取得了第1大队在西欧"静坐战争"期间的第2个也是最后一个战果。他

■ 1939年10月停放在鲍勃林根机场跑道旁的JG 52联队第2大队第5中队的飞机，已经全部换装为Bf 109E型战斗机。

的这个猎物也是 JG 52 联队在 1940 年春季入侵法国之前击落的唯——架英国皇家空军飞机。10 月 13 日，皇家空军第 114 中队的 3 架"布伦海姆"IV 轻型轰炸机（Blenheim IV）从位于英国沃顿的基地起飞，前往法国巴黎以东的维勒奈夫勒维图（Villeneuve les Vertus），英军第 105 中队的"费尔雷战役"式轰炸机（Fairey Battles）就驻扎在这个小镇。这 3 架轰炸机将于次日从维勒奈夫勒维图出发执行一次远程侦察任务。他们在卢森堡南面越过了德国边境，计划完成任务后转向北方，在北海上空脱离德国领空。N6160 号"布伦海姆"IV 型轰炸机的飞行员 K.G.S. 汤普森少尉（K.G.S Thompson）再也未能返航，据说他的座机在越过边境后不久就遭到了 JG 52 联队第 1 大队一个四机编队的拦截。关于汤普森座机的具体命运，各方面的资料的说法不尽相同。有些资料表明，这架"布伦海姆"IV 型轰炸机在特里尔东南偏南的伊达－上施泰因（Idar-Oberstein）地区上空遭遇德机，很快就被击落；还有的资料声称它在德国境内的预定路线飞行了一大半，在杜伊斯堡坠毁。

■ 上图为 1939 年秋季在德国领空飞行的 JG 52 联队第 3 中队的"红 3 号"Bf 109E1 型战斗机。

■ 下图为 JG 52 联队第 3 中队乌尔里希·施泰因希尔普少尉在 1939 年驾驶的机身战术识别标志为"BE+IG"的 Bf 109E 型战斗机。

■ 上图摄于1939年10月的波恩–杭格拉尔机场，JG 52联队第1大队第3中队长屈勒中尉的"黄1号"座机正准备起飞。屈勒后来在1945年1月1日的"底板行动"中阵亡，时任第6战斗机联队第3大队少校大队长。

■ 上图为1939年10月，JG 52联队第3中队的一架 Bf 109E 型战斗机升空后正在收起起落架。

■ 上图为1939年10月，JG 52联队的一名少尉飞行员在波恩–杭格拉尔机场上坐在机翼上，与几名机械师讨论其座机发动机的保养问题。

■ 下图也是于1939年10月在波恩–杭格拉尔机场拍摄。JG 52联队第1大队第3中队长屈勒中尉在对手下的飞行员讲话，他们多数都打着赤膊，可能刚搞完体能训练。

事实上，它是被库尔特·基希纳击落的。

10月27日，JG 52联队联队部和第2大队离开了鲍勃林根，转往北方的曼海姆－桑德霍芬（Mannheim－Sandhofen）——此地的机场在战前也是德国的民用国际航空中心之一，现在改为军用。在这次转场不到两周之后的11月8日，第2大队取得了"正式"意义上的最早两个战果（两个月前JG 72联队第11中队的古特布罗德少尉击落的那架"穆罗"飞机没有被计算在内，因为当时第2大队还没有正式成立）。当天中午12时45分，第4中队长"高个儿舒曼"在莱茵河以西与卡尔斯鲁厄隔岸相对的地方，击落了法军的一个观测气球。大约90分钟之后，在该地以西40公里、法国境内的比奇附近（Bitche），第5中队的卡尔·福斯特少尉（Karl Faust，后于1941年7月12日在JG 3联队失事身亡）在一场短暂的空战之后击落了一架法军的"莫拉纳"MS 406型战斗机（Morane MS 406）。或许有读者认为击毁一个观测气球算不得什么壮举，须知：观测气球的系留处几乎总是有强大的防空保护，而且摧毁观测气球是一个很有价值且令人瞩目的贡献。攻击观测气球的风险丝毫不亚于和飞机缠斗（注意此处的气球是载人的，而不是无人的防空阻塞气球），因此击落观测气球的战绩被认为和击落飞机是一样的。

1939年11月，德国空军努力地对其成分混杂的战斗机部队进行重组和改编，这些部队是在2个月前战争爆发前后才匆匆组建起来的。此时波兰战役德军已经获胜，东方边界巩固稳定；由于

■ JG 52联队第5中队队徽：射箭红小鬼。

■ 1939年初冬，两名地勤人员正在为JG 52联队第5中队的一架Bf 109E型战斗机做保养，其中一名士兵正在清理发动机排气口的积尘。照片中可以看到喷涂在发动机罩上的第5中队的"射箭红小鬼"队徽。

■ 上图和下图为 JG 52 联队第 5 中队于 1939 年底驻扎在曼海姆 – 桑德霍芬机场期间，中队长奥古斯特 – 威廉 · 舒曼中尉的"红 1 号" Bf 109E 型战斗机的两张珍贵照片。

■ 1939 年 11 月，JG 52 联队第 2 大队第 5 中队中队长奥古斯特 – 威廉 · 舒曼中尉的"红色 1 号" Bf 109E 型战斗机侧视涂装彩绘。

■ 1939年11月初，第2大队转场来到曼海姆之后不久拍摄的照片，可以看到这些飞机上都没有中队徽，可能是新接收的飞机。

寒冬降临，西线又基本上不会发生大规模战事，于是希特勒决定抓住这个机会对西线部队进行重组和加强，为即将在春季展开的攻势做好准备。

JG 52联队第1大队在波恩－杭格拉尔期间隶属于第2航空队的北翼部队，先后接受第26和JG 77联队的指挥。11月15日，第1大队从波恩－杭格拉尔调往拉亨－施派尔多夫（Lachen-Speyerdorf，诺伊施塔特东南方）。在此地，该大队第1次接受了自己所属的JG 52联队直接指挥。JG 52联队当时隶属于第3航空队，其部队部署在法德边境南段。

11月21日，也就是第1大队抵达拉亨－施派尔多夫之后的第6天，大队长克莱因－艾尔古特迎来了他的32岁生日。大家在军官食堂为他举办了一个小型庆祝会，向他祝

■ 上图为1939年秋，一名第1大队的飞行员坐在座机的机轮上，"奔跑的野猪"队徽清晰可见。

■ 左图为第1大队的队徽"奔跑的野猪"。与第2大队的各中队有队徽而没有大队队徽的情况不同，第1大队有统一的大队队徽。

■ 此照为1939年冬天在拉亨－施派尔多夫机场拍摄。这里停放的是第1大队的Bf 109E型战斗机，机场已完全被大雪覆盖。

酒并送了一套银质高脚杯给他。随后，克莱因－艾尔古特上尉宣布他将和副官克里斯托弗·格勒少尉（Christoph Geller）一道进行一次例行巡逻飞行。谁也未曾想到，这将是一个致命的决定。这两架向西飞行的"梅塞施密特"战斗机遭遇了6架法军"柯蒂斯－霍克"H－75A型战斗机（Curtiss－Hawk H－75A）。当时法机正在沿着法国边境作高空飞行。大队长的座机很快被击中起火，坠毁在皮尔马森斯以东。克莱因－艾尔古特上尉虽然成功逃生，却被严重烧伤。格勒少尉的座机尽管受损，但成功地与法机脱离接触，不过幸运并没有完全眷顾，这架战斗机最后还是在返回途中坠毁在离拉亨－施派尔多夫仅10公里处，好在格勒少尉得以逃生。

由于身负重伤，克莱因－艾尔古特上尉的飞行生涯也就此画上了句号，治疗了两年之后他才

得以重返部队，但已无法上天，他先是担任了一些地面职务，后于1944年诺曼底登陆之前不久被任命为驻法国的第4战斗机师（4.Jagd-Division）师长，军衔也逐渐晋升到了中校。1944年7月14日，克莱因－艾尔古特的座车遭到法国地下抵抗组织的伏击。他再次身负重伤，最终在凡尔登的一家医院伤重不治。

对包括JG 52联队在内的参加西墙防御的空军各单位来说，恶劣的天气意味着飞行活动的大大减少。在德法边境，1939年的冬天是多年不遇的寒冬，整个冬天德国空军出动甚少。正是因为几乎完全没有军事行动，所以在将近3个月的时间里都没有指定正式接替克莱因－艾尔古特担任JG 52联队第1大队大队长的人选，只是由第2中队中队长沃尔夫冈·埃瓦尔德中尉在拉亨－施派尔多夫暂行大队长职责。

11月22日，埃瓦尔德接过第1大队临时指挥权的次日，第2中队的一位成员不幸坠机，成为了JG 52联队史上的第1个战斗减员。二级下士汉斯－约阿希姆·赫尔维希（Hans-Joachim Hellwig）的"红4号"在执行边境高空巡逻任务时突然令人费解地作了一个急剧俯冲动作，一头坠毁在法国境内。德军方面的解释是他座机的供氧系统发生了故障。即使处于交战状态，法国人还是为这位德国飞行员举行了正规的军事葬礼。

■ 1939年的冬天是多年不遇的寒冬，整个德国空军在这个冬天都很少出动。图为1939年11月，第1大队第2中队的汉斯·贝特尔少尉给座机暖机，其他地勤人员则惬意地站在雪地上。

■ 上图为1939年8月，JG 52联队第2中队的格尔贝尔中士（Gerber）坐在"红13号"Bf 109E型战斗机的座舱中，与一名战友交谈。

■ 下图摄于1940年新年期间，第2中队的"红13号"Bf 109E型战斗机，涂装为老式的绿色。图中的两名飞行员头戴小帽，背着一把梯子和笤帚，装扮成"扫烟囱者"，希望在新的一年中获得好运。"扫烟囱者"为刊登在1789年的《纯真之歌》（Songs of Innocence）和1794年的《经验之歌》（Songs of Experience）上的两篇长诗诗名。

■ 上图及下图为1939年至1940年冬天，JG 52联队第6中队的机械师正在为"红1号"Bf 109E型战斗机调整机枪的射击协调器。

除了第1大队之外，驻扎在曼海姆－桑德霍芬的第2大队在1939年的冬天也几乎无所事事。

1939年圣诞节，希特勒决定在前线与战士度过战时的第一个圣诞节。希特勒先是乘坐专列来到诺伊施塔特，然后乘车来到拉亨－施派尔多夫机场，受到JG 52联队联队长贝尔内格少校和联队副官西格弗里德·冯·埃施韦格上尉（Siegfried von Eschwege）的迎接。希特勒在这里待了两小时，期间与官兵们一起吃了圣

诞大餐并收下了阿图尔·费舍尔二等兵（Artur Fischer）制作的Bf 109E型战斗机模型。临行前，希特勒还与官兵们合影，并向他们进行了约20分钟的演讲，向官兵们阐述这场战争的缘由和目的。

在这个寒冷的冬季，由于实在没有太多白天的任务，空军总司令部下达命令将JG 52联队第2大队第5中队（以前的JG 72联队第11夜战中队）重新改为夜战单位。于是12架老式的He 51双翼机被交付给该中队，并且命令该中队立即开

始换装。第5中队长"矮个儿舒曼"大声抗议这个对他的中队来说简直是侮辱的决定。最终在他的奔走交涉之下，该中队终于得以保留了 Bf 109 战斗机，但 He 51 双翼机也留了下来。于是出现了这种怪现象：他们白天用 Bf 109 战斗机，晚上开 He 51 双翼机。据说这种现象持续了大约2个月，但只有在月色明亮的夜间才会出动 He 51 双翼机。不管这个故事是真是假，有一件事情是确凿无疑的：JG 52 联队第2大队在1940年2月1日从曼海姆转场前往施派尔（Speyer，曼海姆以南16公里处）时，装备的是清一色的 Bf 109 战斗机。如果第5中队真的被迫接收了 He 51 双翼机，那么他们一定是在转场时毫不惋惜地把这些"老爷机"丢下了。在此还有一件事要提的是，第2大队于2月1日终于摆脱了两个舒曼容易混淆的问题，第4中队长海因茨·舒曼被调往 JG 51 联队担任第2中队长。从 JG 26 联队第10中队转来的约翰内斯·施坦因霍夫中尉（Johannes Steinhoff）

接替了"高个儿舒曼"担任第4中队长。

1940年2月，德军继续进行对法作战的筹备工作。曾被提名为接替克莱因－艾尔古特上尉人选的 JG 52 联队副官西格弗里德·冯·埃施韦格上尉于1940年2月9日正式就任第1大队长。2月底，第1和第2大队奉命抽出了部分人员和装备，组建第3大队。3月1日，第3大队在沃尔夫－海因里希·冯·霍瓦尔德少校（Wolf-Heinrich von Houwald，曾任 JG 25 联队第3中队长，最终战绩为5架）指挥下在施特劳斯贝格（Strausberg，柏林以东28公里处）正式组建。第3大队下辖第7、第8和第9中队，中队长分别是赫伯特·费梅尔（Herbert Fermer），洛塔尔·埃尔利希（Lothar Ehrlich）和卡尔·普隆泽尔（Karl Plunser），三人当时都是中尉。在这三位得力干将的辅佐下，霍瓦尔德少校立即着手将他的这个羽翼渐丰的大队尽快培养成一支具有凝聚力的作战部队。在施特劳斯贝格度过近6周之后，

■ 1939年12月在曼海姆－桑德霍芬机场，第5中队的机械师在检查调试"红13号"Bf 109战斗机的电台。引擎罩上的"射箭红小鬼"中队徽清晰可见，机体上部表面和机翼使用了暗绿色，而机体侧面、底部及机翼底部用了浅蓝色。

第3大队于4月6日转往曼海姆－桑德霍芬，以便在JG 53联队联队部的监督下继续训练。

在第3大队在施特劳斯贝格进行训练的同时，驻扎在西墙一线的另外两个大队只获得了一个战果，此时整个联队的总战绩还是让人不敢恭维。3月24日，第2大队第5中队的一个四机编队在皮尔马森斯以西进行巡逻时，在茨维布吕肯（Zweibrücken）上空拦截到一架法军的"波泰"637型侦察机（Potez 637）。二级下士莱奥·曹恩布雷歇尔（Leo Zaunbrecher）和阿尔伯特·格里纳（Albert Griener）合作将其击落，但最后战绩只算在了曹恩布雷歇尔一人头上。

JG 52联队在西欧"静坐战争"期间一共取得了6个战果，没有任何战斗减员。到此时该联队只有一人丧生——第1大队的赫尔维希。但在随后的一个月中，第2和第3大队都各损失了一名飞行员，一人是在起飞时发生事故身亡，另一人是在空中发生碰撞丧命。

迫在眉睫的法国战役开始之前，JG 52联队的最后一次空战发生在4月23日午后不久。当天，第1大队的12架战斗机护送多架"道尼尔"Do 17P型侦察机（隶属于第13侦察机联队第1中队）在萨尔布吕肯附近越过边境进入法国领空。在梅斯以东深入法国境内约32公里时，德军机群遭到了10架H-75A型战斗机的拦截。5架法机向德军侦察机追去，其他法机则与德军战斗机群纠缠在一起。在随后的混战中，双方的飞机都受到损伤。两架Bf 109战斗机被击中，拖着黑烟转身飞往德国一侧。其中一架飞机刚刚越过边界就不得不进行紧急迫降，好在飞行员弗朗茨·埃塞尔军士长（Franz Essl）虽然受了伤，但所幸没有大碍。埃塞尔是JG 52联队在"静坐战争"期间的最后一位伤员。不到三周之后，希特勒发动了针对西欧的全面进攻。虚假的战争结束了，真正的战争才刚刚拉开帷幕。

■ 上图为第3大队第8中队长洛塔尔·埃尔利希中尉，此照摄于1940年3月1日。他后来在参加不列颠空战的首日就被击落阵亡。

■ 下图为在茨维布吕肯南面击落了一架"波泰"637型侦察机的莱奥·曹恩布雷歇尔（左）与其座机的机械师合影。机械师由于身着一身黑色工作服，也常常被称为"黑人"。

■ 上图为1940年3月底，第5中队的一群"黑人"簇拥在中队的宣传板下。板子上画着两个"射箭红小鬼"的中队徽，中间有一架盟军的飞机图案，同时注意板子右边画着两条战果带，可能尽管官方不承认，但该中队一直都把古特布罗德在1939年9月6日打下的那架飞机算作他们的第一个战果，而曹恩布雷歇尔的是第二个。

■ 下图为1940年春季停在斯派尔机场航站楼前方停机坪上的 JG 52 联队第3中队的 Bf 109E 型战斗机机群。

■ 1940年2月1日，JG 52联队第2大队从曼海姆－桑德霍芬机场转场至斯派尔机场，后在这里一直驻扎到1940年5月16日。上图和左图为该大队驻扎在斯派尔机场期间的第6中队机群。

■ 上图为JG 52联队第6中队的早期"雄鹰"队徽。

■ 左图为JG 52联队第6中队发动机盖上的"雄鹰"队徽特写。

■ 上图为1940年3月，斯派尔机场上的JG 52联队第6中队的"黄3号" Bf 109E-1型战斗机。照片中还可以看到该中队的"黄8号" Bf 109E-1型战斗机。

■ 1940年3月，JG 52联队第6中队的"黄3号" Bf 109E-1型战斗机侧视涂装彩绘。

■ 左图和下图为1940年春天，迫降在法国边境附近地区的 JG 52联队第5中队的一架"红8号"Bf 109E-1型战斗机。这架飞机的飞行员为二级下士路德维希·比尔迈尔（Uffz. Ludwig Bielmeier）。

■ 上图为1940年春天，JG 52联队第5中队的"红8号"Bf 109E-1型战斗机侧视涂装彩绘。

■ 右图为1940年3月，JG 52联队第6中队的一些地勤人员与正在接受保养的"黄10号"Bf 109E型战斗机合影。

■ 下图为1940年3月，JG 52联队第6中队的"黄10号"Bf 109E型战斗机侧视涂装彩绘。

■ 右图为1940年春天，JG 52联队第5中队驻扎在斯特拉斯堡期间，2架在滑跑事故中受损的 Bf 109C 型战斗机。

■ 下图为1940年春天，JG 52联队第5中队的"红8号" Bf 109C 型战斗机侧视涂装彩绘。

■ 左图为1940年初，JG 52联队第6中队受损的"黄6号" Bf 109B-2 型战斗机。这架飞机当时被用作教练机，在降落过程中起落架没有及时放下（或者飞行员忘记放下起落架），导致飞机以机腹着地的方式着陆。

■ 右图为1940年初，驻扎在罗特的 JG 52 联队第3中队的一架受损的"黄18号" Bf 109D 型战斗机。这架飞机可能遭受过强风的侵袭，导致左侧起落架折断。

■ 1940年初，JG 52联队第3中队的"黄18号" Bf 109D 型战斗机侧视涂装彩绘。

西欧攻势

1940年5月10日凌晨，德军向西欧发动了"闪电战"，此时 JG 52 联队的各单位都驻扎在曼海姆及其周边地区。但是它们不是作为一个完整的联队并肩作战的。贝尔内格的联队部和第1、2大队隶属于第5航空军，奉命支援位于中路的 A 集团军群的左翼，而还没有战斗经验的第3大队暂时还要接受 JG 53 联队的指挥，担负边境防空任务。

西欧战役是以德军在北翼对低地国家的佯攻开始的，这在如今已经家喻户晓。当英法联军上当受骗，离开他们的防御工事（他们在上年的秋冬季节可是花了大力气来修建这些工事）而进军

比利时之时，德军真正的主攻部队（包括 A 集团军群的装甲部队）则隐蔽在阿登山区的森林峡谷中，等待时机以利用已经打开的缺口。因此对贝尔内格的飞行员们来说，西欧"闪电战"的最初4天还算平安无事。他们在多次巡逻时遭遇了法军的巡逻飞机，但没有发生决定性的战斗。直到德军的装甲部队朝色当附近的默兹河发起猛冲——必须先行夺取此地的桥梁，装甲部队才能够横扫法国东北部地区，冲向海峡海岸——中路的空战才真正开始。1940年5月14日，这天因为爆发了激烈空战在德国空军内部被称为"战斗机日"。英

■ 1940年5月10日上午，在刚刚执行完法国战役的首次作战飞行任务之后，第1大队的4名飞行员坐在一起讨论行动细节。尽管此次巡逻一无所获，但还是让他们感到十分兴奋。图中从左向右分别是二级下士莱因哈特 · 诺伊曼、二级中士赫伯特 · 比朔夫、二级中士海因茨 · 于林斯和施特拉克军士长。诺伊曼随后在跟随大队于6月份返回德国时遭遇撞机事故而丧生；比朔夫于8月24日在不列颠空战中被击落俘虏；于林斯则在9月份被击落，迫降后被俘。

■ 5月16日因起落架故障迫降在霍普施泰滕机场的第1大队的"白5号"Bf 109E-3型战斗机,飞行员为二级下士弗朗茨·吉尔豪斯。

法联军突然意识到有被德军分割的危险,于是在这天调用了所有可动的轰炸机对默兹河上一些具有关键意义的桥梁进行了长达整天的攻击,试图将桥炸毁,阻止德军装甲部队的前进。德军第3航空队的战斗机在这些桥梁周围空域迎战。当天夜幕降下时,默兹河谷周边已经散布了89架盟军飞机的残骸。

在此战发生的24小时之前,科纳茨基上尉的JG 52联队第2大队抵达了美因茨附近的奥伯奥尔姆(Ober-Olm),然后从那里前往摩泽尔河上游的文格罗尔,以此为基地接近即将展开战斗的现场。他们在5月14日这天的空战中击落了十几架英法飞机,其中包括8架费尔雷"角斗"式轻轰炸机。第2大队在此期间仅损失了1人,第4中队的二级中士汉斯·鲍尔(Hans Bauer)的"白4号"在文格罗尔降落时发生了尾旋,随后坠毁,鲍尔不幸遇难。

第1大队也于5月13日接到前往前沿的命令,随后前往霍普施泰滕(Hoppstätten,特里尔东南38公里处),此后的8天内就以此为基地。在此期间,第1大队执行了护送第5航空军的轰炸机对色当、凡尔登和更远的目标进行轰炸的任务,并沿着默兹河进行自由狩猎。在5月15日的一次自由狩猎中,库尔特·基希纳少尉的飞机在夏勒维尔(Charleville)上空遭到一群MS 406型战斗机的围攻并被击落,基希纳尔不得不在法军控制区跳伞逃生,随后被俘,他也是JG 52联队在整个法国战役中唯一一名被俘人员。但他的俘虏生涯非常短暂,因为一个月之后法德签订了停战协定,他因此得以从战俘营重返部队。5月16日,第1中队由二级下士弗朗茨·吉尔豪斯(Franz Gilhaus)所驾驶的"白5号"Bf 109E-3型战斗机在执行完任务返航时因起落架故障迫降在霍普施泰滕机场。

第2大队在5月15日这天却要比第1大队好过多了,他们也在夏勒维尔上空与法军的MS 406型战斗机机群交锋,结果击落了4架法军战斗机,己方没有任何损失。第2大队得到确认的总战果达到了19个,成为当时JG 52联队的3个大队中战绩最好的单位。但第2大队随后还是被调回了施派尔执行48小时的边境防空任务。霍瓦尔德麾下的第3大队摩拳擦掌许久,此时终于加入了战斗。5月15日，第3大队转移到美因茨西南的伊珀斯海姆（Ippesheim）前进机场，此时仍然接受JG 53联队的指挥。随后三天平安无事。18日，第3大队奉命派出10架战斗机与一架刚刚完成了侦察任务的He 111轰炸机会合，护送它返回德国境内。他们轻松地找到了这架"亨克尔"轰炸机，但在梅斯以南离法德边境还有40公里的地方，他们遇到了12架H-75A型战斗机，该大队第8中队的一位少尉对当时的情况记忆犹新："这是我们第一次遇到飞机。所有人都兴奋不已，我们一瞬间就把以前学过的东西，比如空战战术和无线电条例等，都抛到了脑后，全都在无线电频道上大呼小叫起来。我当时紧张得汗流浃背。"

法军的"霍克"战斗机群集中兵力攻击唯一的那架轰炸机，但被高空的Bf 109战斗机群击退。随后双方混战起来，杀得天昏地暗，"亨克尔"轰炸机趁机逃脱。第3大队的9架战斗机也立即转身返回伊珀斯海姆，毫发未伤，只有1架在迫降时轻微受损，一个轮胎被戳破了。德军在此战后先是确认击落了3架"霍克"，而做出上文记述的那

位少尉声称击中了第4架。最终在任务完成之后的报告中，他的僚机飞行员，赫尔穆特·吕斯尼茨少尉（Helmut Lössnitz，后于1941年7月1日失事阵亡）报告说他看到了第4架"霍克"的飞行员跳伞，于是这个战果得到了证实。这个初露锋芒的少尉便是京特·拉尔（Günther Rall），他在二战中的最终总战绩为275架，因此不仅是JG 52联队的前三名王牌之一，也是历史上排名第三的战斗机飞行员（仅次于哈特曼和巴尔克霍恩）！京特·拉尔后来这样回忆道：

"我们第8中队这天接到任务，引导一架执行完任务的He 111轰炸机进入梅斯上空并护送其返回基地。我们从特里尔附近的一个机场起飞。中队长洛塔尔·埃尔利希中尉当天驾驶着领头四机编队的长机，而我和另一名少尉则负责指挥第二个四机编队，在领头编队的上方和侧面游弋。

"后来我们在规定的时间和空域发现了那架He 111，同时也发现它后面跟着飞机。当我们靠近它们时，认出了飞机是'柯蒂斯-霍克'H-75型战斗机，同时也看见了机身上的法国空军的红-

■ 由航空画家海因茨·克莱贝斯（Heinz Krebs）所描绘的油画作品——《一个空战传奇的诞生》（Brith of a fighter Legend），表现了初出茅庐的京特·拉尔少尉击落法国空军'柯蒂斯-霍克'H-75A型战斗机时的情景。

■ 京特·拉尔（1918-2009），尽管后来成为历史排名第三的空战王牌，但是在战争初期他也只是一名默默无闻的空军少尉。

白－蓝三色机徽。我们先是转了弯，摆开了战斗阵形 —— 这可是我们的第一次战斗！

"在做了一个向左的爬升转弯后，我占据了一个位于一架 H-75 型战斗机下方的有利位置。我首先近距离开火，看见它被我击中，一会儿后那架飞机便开始下坠。不过那时候我还不能继续欣赏它的悲剧，因为我自己也在这个时候遭到了其他飞机的攻击，机身多处中弹。我的猎杀得到了齐默曼少尉（Zimmerman）的证实。当时他正指挥着另外几架飞机，在战斗中为我们掩护，因而从上空见证了整个空战的过程，直至飞机飞行员弃机跳伞。经过了一阵混战后，由于燃料即将耗尽，我们只能与飞机脱离接触。当我们返回曼海姆时，天色已经接近黄昏。

"第一次与飞机交战便获得了第一个战果，让我更加自信，同时也让我意识到在战斗中应该多加小心，因为我的座机也被敌人击中多处。"

拉尔等人这次战斗的对手来自一战老兵马塞尔·雨果（Marcel Hugues）指挥的法国空军第 5 战斗机大队第 2 中队。被拉尔击落的飞行员是一名在德国占领捷克后逃至法国的前捷克空军飞行员 —— 奥托·汉兹利切克军士长（Sgt.Chef Otto Hanzlicek），他在这场空战后曾这样回忆道：

"1940 年 5 月 18 日，我被一架 Bf 109 战斗机击落。我们当时总共有 9 架飞机在执行巡逻任务。当时我们盯上了一架由 10 架'梅塞施密特'战斗机护航飞越梅斯的德国轰炸机，然后便向他们发起了进攻。其中 4 架攻击那架轰炸机，其余战斗机则与'梅塞施密特'纠缠在一起。当我向一架飞机开火时，却遭到另一架飞机的攻击。我的飞机被击中并燃起了大火，迫使我不得不选择弃机跳伞。降落伞起先并没有打开，直至下降了上千米后我才最终打开了伞包。

"落地后，我被一群法国人团团围住，他们都以为我是个德国人，义愤填膺地谈论着应该把我

■ 捷克飞行员奥托·汉兹利切克军士长。曾先后服役于捷克斯洛伐克空军、法国空军和英国皇家空军。1940 年 5 月 18 日被京特·拉尔击落后获救，同年 10 月 10 日驾驶英国第 312 战斗机中队的"飓风"战斗机再次被击落，这次他没能生还。

枪毙。幸运的是，几个法国军人在这时围了上来，我便向他们求助，随后他们先后把我带到梅斯和图勒（Toul）。我的眉毛和睫毛都在战斗中被烧掉了，左臂也在打开座舱时受了伤。"

随后的一周发生了很多事。5 月 22 日，JG 52 联队联队部和第 2 大队转往卢森堡的桑德维勒（Sandweiler）。同日，第 1 大队的基地前进到了夏勒维尔，随后同第 3 大队一起接受 JG 53 联队的指挥。这样，联队长贝尔内格少校手下只剩下了第 2 大队。5 月 24 日，第 2 大队第 4 中队的马丁·蒙特少尉（Martin Mund）在法国城市隆维（Longwy）上空被法军的"霍克"战斗机击落；蒙特少尉曾在"战斗机日"当天击落过一架法军"波泰"637 型侦察机。同日，第 4 中队的 2 架飞机在桑德维勒机场发生了碰撞，所幸飞行员没有大碍。

两天后，JG 52 联队第 3 大队（其间已经在 5

月19日转场至特里尔，并击落了2架法机）也损失了一名飞行员——第9中队的赫尔穆特·普拉内尔少尉（Helmut Planer）驾驶 Bf 109E 型战斗机在迪登霍芬（Diedenhofen，今法国蒂永维尔）附近被法军的"霍克"战斗机击落。5月25日，埃施韦格上尉的第1大队转场至法国小镇拉翁－库富隆（Laon－Couvron）。次日，第8中队的二级中士阿尔方斯·巴赫尔（Alfons Bacher）在尚蒂伊（Chantilly，法国北部村庄，以奶油闻名）上空击落了一架"霍克"H－75A 型战斗机，这也是第1大队在法国战役期间的唯一战果。

第1大队在拉翁－库富隆停留了一周，其间多次派遣战斗机前往康布雷（Cambrai，法国北部城镇，也是一战时的著名战场）。此地已经被德国空军当作敦刻尔克上空作战的前进基地。此时德军成功地将英法联军分割开来，英国远征军正在全面撤退，企图从敦刻尔克的港口和海滩尽可能多地撤出部队。在一周多一点儿的时间内，大约33万英法军队成功从敦刻尔克撤出，渡过海峡返回英国。敦刻尔克大撤退于6月3日凌晨顺利完成，德军的"黄色"方案，即法国战役的第一阶段就此宣告结束。德军做好了执行第二阶段任务（即"红色"方案）的准备，即将向南进攻，直插法国的心脏，迎战主力尚存的法国军队。

在法国战役的第二阶段中，JG 52联队所属各部的参与情况和命运各不相同。为了准备向南方的攻势，空军的编组进行了很多变更，JG 52联队的第1、3大队脱离了 JG 53联队的指挥。第3大队于6月1日从特里尔转往霍普施泰滕，返回 JG 52联队的建制，而埃施韦格上尉的第1大队却退出了西线，被调往柏林西南100公里处的采尔布斯特（Zerbst），执行保卫德国中部工业区的任务。6月2日，该大队在特里尔进行中途转场起飞时，两架战斗机发生了碰撞并完全损毁，联队部的二级中士卡尔·蒙茨（Karl Munz）在事故中受重伤；第2中队的三等兵卡尔－海因茨·博克尔（Gefr.Karl－Heinz Bokel）则安然无恙地爬出了座舱。

同时，联队部和第2大队仍然停留在卢森堡的桑德维勒。6月1日，第2大队大队部的2架战斗机从此处起飞。有些资料称这是一次紧急起飞，也有资料表明这两架飞机是奉命前往姆松（Mouzon）以南的普宜（Pouilly）附近的一个树林，消灭安置在此处的一个法军观测气球。这个小组的长机飞行员是维尔纳·古托夫斯基中尉（Werner Gutowski），僚机飞行员是保罗·古

■ 第1大队在霍普施泰滕呆了一周之后，就越过边境前进至夏勒维尔。图为该大队的飞机在5月23日刚刚来到夏勒维尔时的机群。

特布罗德中尉（为第2大队打下第一个非正式战果的那个飞行员）。古托夫斯基随后的行动能够印证他们是奉命前去寻找法军气球的说法：

"我们接近了普宜附近的默兹河转弯处，在逐渐聚拢的乌云之下飞行，两机间隔约100米。我们在普宜以南的树林上空盘旋了几圈，一共花了大约5到7分钟，但没有发现气球的踪迹。古特布罗德中尉的飞机从普宜的中心再次向南飞去，又盘旋了几圈，随后缓缓地向云层中爬升。我跟了上去，但是钻进了一大团风暴云，于是重新俯冲脱离云层，以看清地面。此时我失去了与古特布罗德中尉的所有视觉和无线电联系。我立即再次爬升，通过云层中的一个空隙回到云团中，但在上方没有发现他的飞机。我继续在这一地区盘旋了大约10分钟，有时在云层上方，有时在下方，同时不断地在无线电上呼叫他，但他毫无音讯和踪迹。最后，我估计他已经单独返回了基地，而且我的燃油也已经告急，于是我停止搜索并返航。"

事实上，保罗·古特布罗德中尉失踪了，他的 Bf 109E 战斗机可能在浓密的带电风暴云中失

■ 卡尔·蒙茨（1915-？）
绰号"狐狸"，1940年夏进入 JG 52联队，参加了西欧和不列颠空战，后随该联队转战东线，于1944年6月1日击落一架苏军 P-39战斗机，将个人战果提高到30架，同时也是第1大队的第2000个战果。1945年1月25日，蒙茨成为第3中队长，晋升少尉；4月7日，转入 JG 2联队第3大队驾驶 Me 262喷气式战斗机，随后获得了3个战果。蒙茨被推荐授予骑士十字勋章，但最终没有获得。在600次作战飞行中他总共击落了60架飞机。

■ 保罗·古特布罗德中尉与其座机的留影。可以看到他的飞机上还写有自己的名字，挺自恋的。

去了方向，最后在普宜附近的树林坠毁了。

在法国战役的第二阶段中，贝尔内格的飞行员们的主要任务仍然是保护 A 集团军群的左翼。德军装甲部队的前进方向早已不是西进冲向海峡海岸了。这次，他们将向东南方向推进，越过已经失去作用的马其诺防线，冲向瑞士边境。在"红色"方案正式展开之前，德国空军于6月3日先行对大巴黎地区的目标进行了一次大规模空中打击。第3大队虽然没有直接参加这次行动，但当天还是在兰斯附近击落了2架 H—75A 型战斗机。6天后，第3大队在莱特尔（Rethel）附近又击落了两架法军的"莫拉纳"MS 406型战斗机，这是第3大队在法国战役期间的最后2个战果。第3大队在一周时间内先后使用了3个法国机场，随后于6月13日奉命调回霍普施泰滕。他们继续进行转场工作，在德国南部稍事停留，最后在6月24日转往北海岸边的耶福尔（Jever）。同时，科纳茨基上尉的第2大队仍然保持着全联队战绩最佳

的领先地位。在"红色"方案的大部分时间，第2大队都一直稳定地驻扎在卢森堡的桑德维勒。在此期间他们获得了10个战果，其中9个都是在一次对法国控制区的突袭中取得的。第2大队在拉昂（Laon）驻扎了5天，其中6月9日这天战果最为辉煌。当天他们在三次战斗行动中一共击落5架飞机。下午晚些时候击落的那3架飞机据说是英军的"飓风"战斗机，这是 JG 52联队在将近一个月前的"战斗机日"（当时击落了一些费尔雷"角斗"式轻轰炸机）之后在法国上空第一次也是最后一次击落英军飞机。

48小时之后，第2大队撤出了前线（此前又在兰斯以南击落了3架法军飞机）。6月17日，第2大队就返回了德国本土的卡尔斯鲁厄。同日，第5中队的威廉·霍费尔少尉（Wilhelm Hofer）在一次飞行事故中丧生。

法国战役期间，JG 52联队总共击落了38架飞机，自身有5名飞行员阵亡，并有1人被俘。

■ 第2大队在拉昂驻扎了5天，6月9日一天内便击落了5架飞机，其中第5中队击落了2架，从而将该中队的战果提高到11架。图中可见中队旗帜上的11个战果标志。

■ 上图为1940年春天，一些身着黑色工装的地勤人员正在为 JG 52 联队第1大队的一架 Bf 109E 型战斗机做维护。

■ 左图同样拍摄于1940年春天，JG 52 联队第1大队的一架 Bf 109E 型战斗机正在接受维护。

■ 下图为1940年春天，JG 52 联队第1大队的一架"黑3号" Bf 109E 型战斗机正在接受维护，3名地勤人员站在卸下的发动机盖旁边面对镜头合影。图中可以看到发动机盖上有第1大队的队徽。

■ 上图为第1大队于5月中旬前往霍普施泰滕途中在曼海姆－桑德霍芬机场停留加油的一张照片，图中我们也可以看到，该大队不是所有的飞机都有"奔跑的野猪"大队徽。

■ 下图为1940年5月中旬，驻扎在霍普施泰滕的JG 52联队第1大队的Bf 109E型战斗机机群。

■ 上图为 JG 52 联队第 1 大队的几名机械师正在为一架 Bf 109E 型战斗机维护 7.92 毫米机枪。

■ 上图为 1940 年 5 月 23 日驻扎在法国夏勒维尔的 JG 52 联队第 2 中队的 Bf 109E 型战斗机机群。

■ 下图为 1940 年 5 月 1 架驻扎在霍普施泰滕机场的 JG 52 联队第 2 中队的 "黑 15 号" Bf 109E 型战斗机。

■ 上图为第2大队在法国战役期间的一张照片，可见第5中队长奥古斯特－威廉·舒曼中尉的"黑1号"座机，人群中没有穿夹克者便是他。

■ 右图为3名机械师正在为 JG 52 联队的一架 Bf 109 战斗机维护发动机。

■ 下图为1940年5月，JG 52联队1架停在一座野战机场上的"黑15号" Bf 109E 型战斗机，其机头已经被卸下，双翼部分遮盖着伪装网，以免机翼上的铁十字识别标志被敌军飞机发现。

■ 上图为在晚春云层低矮的天空下，第3大队静静地停在特里尔－奥伊伦机场，等待新的任务。该大队声称在特里尔的两周时间里击落了2架法军飞机，但自身也损失了1架。

■ 上图为第3大队驻扎在霍普施泰滕机场的另一张照片，该机场似乎还在进行整修，旁边堆满了木材。第3大队驻扎在这里期间又添加了两个战果。

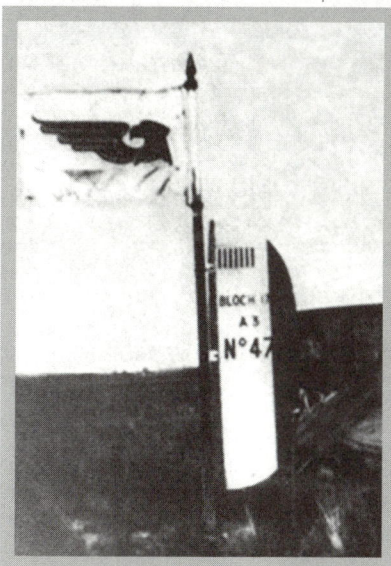

■ 上图为1940年6月在法国的一座机场上，JG 52联队第6中队的队旗以一架法国战机的垂尾为支杆随风飘舞，此举无疑带有一定的炫耀及示威意味。

■ 上图为一名机械手正在为第6中队的一架 Bf 109E-3 型战斗机检修起落架，引擎罩上的中队鹰徽非常醒目。

■ 1940年6月，第6中队长维尔纳·莱德雷尔中尉的"黄1号"Bf 109E 型战斗机侧视涂装彩绘。

■ 1940年5月24日，第2大队的两架飞机在桑德维勒机场发生碰撞。上图和左图为碰撞现场。

■ 1940年5月，JG 52联队第4中队长的"白3号" Bf 109E-3型战斗机侧视涂装彩绘。

■ 右图为1940年5月第1大队驻扎在霍普施泰滕期间的一张照片，前景处为该大队的一架"红4号" Bf 109E 型战斗机。

■ 下图为1940年5月，JG 52联队第1大队的保罗·古特布罗德罗德中尉"红5号" Bf 109E 型战斗机侧视涂装彩绘。

■ 右图为1940年5月在法国北部一处农场迫降的 JG 52联队第5中队的 Bf 109E 型战斗机，飞行员为二级下士阿尔布雷希特·格里纳（Albrecht Griener）。

■ 下图为1940年5月，JG 52联队第5中队阿尔布雷希特·格里纳的"黑13号" Bf 109E 型战斗机侧视涂装彩绘。

■ 1940年6月，JG 52联队第8中队驻扎在霍普施泰滕期间的"黑13号"Bf 109E型战斗机侧视涂装彩绘。

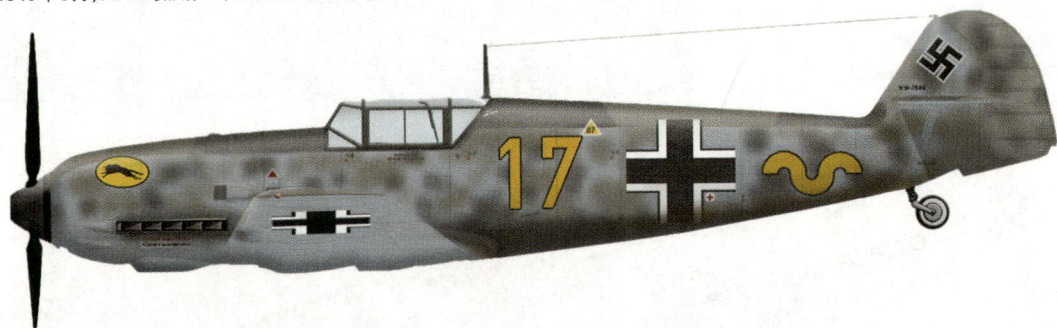

■ 1940年3月，JG 52联队第9中队驻扎在德国国内期间的"黄17号"Bf 109E型战斗机侧视涂装彩绘。

■ 上图为1940年6月，JG 52联队第9中队正准备起飞的"黄1号"Bf 109E-4型战斗机。

■ 1940年6月，JG 52联队第9中队在法国战役期间的"黄1号"Bf 109E-4型战斗机侧视涂装彩绘。

不列颠空战

JG 52联队在法国战役中担当的角色顶多可以算得上是敲敲边鼓、跑跑龙套。在随后的不列颠空战中，JG 52联队将参加横跨海峡的激烈空战，但它在整个战役中的表现和贡献仍算不上令人满意。战争已经持续了一年，在此期间，德国空军的大多数战斗机联队都已经在作战序列中站稳了脚跟，而JG 52联队却仍然被拆散使用，执行各种零星任务或在必要时填补缺口。有的联队在二战之前就拥有自己的历史和传统，因此凝聚力非常强，而组建较晚又战绩平平的JG 52联队的成员们却几乎没有什么集体荣誉感可言，这也不足为奇。在法国战役结束时，JG 52联队只有联队部还驻扎在海峡岸边的勒图凯（Le Touquet），而其下属的3个大队却分散在德国全境天南海北的各个地区，执行本土防空任务。

出师未捷

第1个与贝尔内格少校在法国的联队部会合的单位是第3大队。该大队离开耶福尔之后在柏林及其周边地区停留了将近3周，然后取道荷兰，于7月22日抵达位于加莱西南方几公里处的考科尔（Coquelles）。该大队在海峡岸边只驻扎了8天，而且是灾难重重的8天。

第3大队在海峡的第一次行动计划于7月24日下午早些时候（13时）展开。这是一次自由狩猎行动，以掩护对泰晤士河口的护航船队进行攻击的18架Do 17Z轰炸机撤退。第3大队越过多佛，然后向北飞行穿过肯特郡（Kent），一切进展顺利，直到在河口上空遭遇了英军第54和第610中队的

9架"喷火"战斗机。这场空战发生在马尔盖特（Margate，伦敦以东城镇）外海，4架"梅塞施密特"被击落坠海，随机坠落丧生的4名飞行员中有3位是指挥官：大队长沃尔夫－海因里希·冯·霍瓦尔德和他的两名中队长——第7中队长赫伯特·费梅尔中尉和第8中队长洛塔尔·埃尔利希中尉。还有一位被击落的飞行员是第7中队的二等兵埃里希·弗兰克（Erich Frank）。更糟糕的是，德军声称此战取得的战果中只有三分之一后来得到了证实。击落埃尔利希中尉的新西兰飞

■ 沃尔夫－海因里希·冯·霍瓦尔德（1911–1940）
出自贵族家庭，拥有男爵封号，1935年起就在"里希特霍芬"联队服役，1936年又跟随"秃鹰"军团前往西班牙参战，他也是德国空军在二战中损失的第一位战斗机部队大队长。

■ 科林·格雷（1914—1995）
以27个空战战绩、2个分享战绩、6个疑似战绩和另外0.5个疑似分享战绩，成为二战新西兰头号空战王牌，获得优异服务勋章（DSO）和卓越飞行十字勋章（DFC，含2枚勋饰）。

行员科林·格雷少尉（Colin Gray）对这场空战有这样的回忆："1940年7月24日，我在大约中午的时候击落了1架Me 109战斗机，迫使飞行员跳伞落水。我看见他向什么东西游了过去，我想那可能是一座浮标，于是我向基地报告，通报了飞行员落水位置，但是我们最终没能找到他。我当时不知道他是不是埃尔利希中尉。"

联队领导层的逻辑似乎是"落马的骑手应当立即重新上马，受挫的战士也应当立即重新上战场"。于是在24小时之后，第3大队再次奉命出击，这次是为攻击多佛海峡内英国护航船队的"施图卡"机群护航。他们不幸地再次遭遇可怕的敌手——英军第65中队的"喷火"。这次又有4架Bf 109被击落，损失的飞行员包括维利·比勒费尔德中尉（Willy Bielefeld，刚上任的第7中队代理中队长）和威廉·凯德尔中尉（当时战绩已达7架）。联队部的汉斯·施密特少尉（Hans Schmidt）和第8中队的二级下士马克斯·莱斯（Max Reiss）则在英国迫降并被俘。第3大队付出了如此沉重的代价，却只有第8中队的奥托·德克少尉（Otto Decker，最终战绩为40架）在当天19时50分击落了一架"喷火"。实际上比勒费尔德的座机并不是被击落的。当时英军飞行员威廉·亨利·富兰克林中士（William Henry Franklin）驾机在后面紧紧地咬住了比勒费尔德的座机。正当他试图开火攻击时，后者做了个急转弯，导致机翼末端扎进水中，随即因巨大的冲击力而坠海。富兰

克林尽管未发一弹，但还是汇报称击落了这架德机。同日，他还击落了一架Bf 110双发战斗机，进而获颁卓越飞行勋章（DFM）并晋升为上士。富兰克林于1940年10月晋升为少尉，后在1940年12月12日在海峡上空被击落阵亡，其个人总战绩为13架击落和3个分享战果。

未来的骑士十字勋章获得者，第7中队的二级下士埃德蒙·罗斯曼（Edmund Rossmann）在近日已经连续有2个战果被否定：一架"剑鱼"和一架"喷火"，前者是在荷兰吕伐登（Leeuwarden）上空，当时第3大队在当地稍事停留。这天又不走运，当天他声称击落了一架法军

■ 埃德蒙·罗斯曼（1918—2004）
1940年3月1日进入JG 52第7中队，随后参加了法国战役和不列颠空战，在部队转移到东线前获得了6个空战战果。在执行了250次战斗飞行任务，并获得49个战果后于1943年3月19日被授予骑士十字勋章。1943年7月9日，罗斯曼试图营救一名降落在苏军战线后方的飞行员时不幸遭遇同时赶到事发地的苏军步兵。那名飞行员随即被射杀，而罗斯曼则受伤被俘，直至1949年10月才获释。罗斯曼在640次作战飞行中总共击落93架飞机。

■ 第3大队的飞机在法国的战斗末期开始使用一种独特的交叉迷彩，并一直延续至不列颠战役中。此照摄于该大队在不列颠战役的8天惨痛经历期间，上图中的飞行员全部穿着救生衣，右侧的2人分别为海因里希·福尔格莱贝（Heinrich Fullgräbe，立者）和卡尔·斯特芬（Karl Steffen），日后都成为骑士十字勋章获得者。斯特芬的"黄8号" Bf 109E 型战斗机在7月29日击落了2架飞机。

的"布雷盖" Bre 690重型轰炸机（Breguet Bre 690），这个说法未免有点荒唐，因此也被否定了！

JG 52联队第3大队在24小时内连续损失了大队长、2名中队长和2名代理中队长，这种悲惨遭遇在德国空军的历史上还是破天荒的头一遭，于是该大队被迅速地从海峡空战中撤出。虽然该大队于7月29日在多佛外海击落了2架英机，但也于事无补。次日，全大队在代理大队长威廉·恩斯伦上尉（Wilhelm Ensslen）率领下撤往荷兰吕伐登，然后返回采尔布斯特进行整补，并执行本土防空任务。驻扎在勒图凯的联队部不久得到了新的支援。

蹈火不列颠

为了填补第3大队留下的空缺，第1大队在埃施韦格上尉的率领下于8月2日从伯宁哈特（Bönninghardt）飞来。在此前的一个月时间里，第1大队一直都在 JG 77联队的编成内执行本土防空任务，还为希特勒的公开活动保驾护航。7月19日，希特勒在柏林克罗尔歌剧院发表了重要讲话，向英国提出和谈建议，但此后一小时不到就遭到了英国首相温斯顿·丘吉尔的断然拒绝。4天后希特勒乘飞机前往拜罗伊特参加一年一度的"里夏德·瓦格纳"音乐节，观看了他最崇拜

■ 1940年6月，JG 52联队第9中队的"黄12号" Bf 109E 型战斗机侧视涂装彩绘。

的这名音乐家创作的歌剧《诸神的黄昏》。在希特勒的此次出访活动中，由JG 52联队第1大队为其提供空中护卫。

到了8月6日，海峡战线上的JG 52联队兵力再次得到加强，第2大队来到了考科尔附近的珀普兰格机场（Peuplingues）。自6月底以来，科纳茨基上尉的第2大队一直在德国的北海沿岸地带执行防空任务，其间在弗里斯兰群岛外海击落了2架英军的"布伦海姆"IV型轰炸机。

可能是吸取了第3大队仓促上阵而遭到惨重损失的教训，第1大队在抵达前线之后得到了一周多的时间来熟悉环境。这的确非常有用，因为当他们于8月11日首次接敌之时便一举击落了4架英机，己方则没有任何损失。参与了此次战斗飞行的乌尔里希·施泰因希尔普中尉曾在家信中这样写道：

"2天前我们刚刚执行了第一次战斗飞行并击落了4架飞机。我们在海峡中段为一架海上救援飞机进行护航之后，正当我们的飞机燃料快耗尽时，我发现在3500米高度上有机群正从西面向我们靠近。我立即向编队通报了这一情况，同时我也认出了一架'布伦海姆'轰炸机。编队长机当即调转机头，抢占了一个不错的攻击位置，随后便向飞机开火。他的僚机也紧跟着开火，飞机当即被击中并燃起大火。在稍稍停顿了片刻后，编队的四号机也开了火，而我则最后开火，直至飞机以约每小时550公里的速度俯冲坠海。很难想象的是，该机当时可能有4名乘员，全部在同一时刻丧生，而整个战斗持续时间都不到2分钟。我们返航时，整个中队一片雀跃。这可是我的首个战果（实际上并没计算在他头上——编者注）。我们第1中队的其他战友们则在10分钟后击落了3架'喷火'战斗机，同样自己也没有任何损失。"

而第2大队由于适应新水土的时间比较短，在当天只获得了1个战果，并在24小时之后遭受

重挫，3架飞机失踪，其中2架坠于海峡内，第3架——莱奥·曹恩布雷歇尔的"红14号"则在英国东苏塞克斯郡海斯廷斯（Hastings）附近一块收割完毕的玉米地中迫降，随后被俘。

JG 52联队在法国战役中虽然也有人被俘过（基希纳），但被俘人员很快就重新归队，现在的情况不一样了，曹恩布雷歇尔是JG 52联队在不列颠空战期间被俘的第一位飞行员，而在战役中

■ 莱奥·曹恩布雷歇尔的飞机迫降后，英国人立刻赶到了迫降现场，俘获了他。上图和下图为皇家空军搜寻队的人员正试图从引擎罩上割下第5中队的队徽作为纪念品。

■ 上图和下图为1940年8月12日在东苏塞克斯郡海斯廷斯附近一块玉米地中迫降的JG 52联队第5中队的"红14号"Bf 109E型战斗机。上图中一些皇家空军搜寻队的士兵正在检查这架飞机的受损状况。下图中可以看到这架迫降的德国战斗机吸引来了一些当地平民。

■ 1940年8月，JG 52联队第5中队莱奥·曹恩布雷歇尔的"红14号"Bf 109E型战斗机侧视涂装彩绘。

■ 本页组图为皇家空军搜寻队正在检查迫降在玉米地中的JG 52联队第5中队的"红14号"Bf 109E型战斗机。

■ 上图为两名皇家空军专家正在检查JG 52联队第5中队的"红14号"Bf 109E型战斗机机身上的弹孔。

■ 下图为后来在英国城市利兹街头展览的"红14号"Bf 109E型战斗机。注意发动机罩上被割开的第5中队队徽没有被取走。

该联队有将近30名飞行员被俘，相当于损失了一个大队的全部兵力。

第1、2大队都参加了"鹰日"（Eagle Day，8月13日）对英国的大规模空袭行动。德国空军意图借此一举摧毁英军战斗机部队在英格兰南部的各个机场，但由于天气状况不佳，而且通讯故障频发，这次行动很快陷入了一片混乱。"鹰日"的战斗也许是不分胜负，但次日的情况就不同了。8月14日，第2大队在坎特伯雷（Canterbury）上空损失了3名飞行员，却只获得了一个未获证实的战果（"喷火"）。4天后，损兵折将的第2大队被撤离海峡前线，返回德国北部的海湾，执行本土防空任务。

第2大队撤离的那天，即1940年8月18日，按照一些历史学家的说法，这一天是整个不列颠空战中"最艰难的一天"。当天，沃尔夫冈·埃瓦尔德上尉率领他第1大队第2中队的大约6架飞机向肯特郡曼斯顿（Manston）的英军前进机场发

■ 图为8月18日德军再度空袭曼斯顿机场时拍摄的一张照片，捕捉到了停在机位中的英军第64中队的一架"喷火"战斗机，可以注意到远景处的硝烟，那可能是德军炸弹的"杰作"。

动了攻击。埃瓦尔德注意到地面上有一群"喷火"战斗机，显然是在利用出击的间歇补充燃料。

第2中队向机场发动了2次攻击，声称击毁了至少10架战斗机以及3架"布伦海姆"轰炸机。而事实上，皇家空军第266中队在这次袭击中只有2架"喷火"全毁，另有6架严重受损但仍然可以修复。还有一架孤零零的"飓风"战斗机不幸恰好在

■ JG 52第1大队第2中队在8月18日空袭了皇家空军曼斯顿机场。实际上德国空军早在8月12日便向机场发起过空袭，上图为一幅油画作品，表现的是在8月12日的空袭中英军的"喷火"战斗机在强行起飞。

曼斯顿降落加油，也撞到了德军的枪口上被摧毁了。施泰因希尔普中尉也参与了这次行动，他后来这样回忆道："最初我十分的紧张，心跳也异常得快，直至我们降低高度并开始攻击时，我才找回了状态。我先后攻击了一辆刚给一架'喷火'补充了燃油的油罐车、另一架'喷火'和第3架'喷火'。只见那辆油罐车在被击中的瞬间被炸飞，并引燃了其附近的所有东西，而那2架受到攻击的'喷火'也燃起了大火。"

8月18日发生的一件意义更为重大的事情是联队长胡伯特·梅尔哈特·冯·贝尔内格少校的离职。贝尔内格和他的指挥部成员们都是参加过一战的老飞行员，在JG 52联队从来没有亲自执行过作战飞行任务。戈林认为"将帅无能、累死三军"，正是这种老朽的领导层导致他的战斗机部队战绩不佳。为了提高部队的战绩，戈林决心大力启用和提拔新人。

接替贝尔内格的联队长职务的是汉斯·特吕本巴赫少校（Hanns Trübenbach），此前担任驻扎在加莱－马克（Calais–Marck，JG 52联队的联队部此时也迁往此地）附近的第2教导联队第1战斗机大队长。特吕本巴赫少校时年38岁，在飞行员中已经算是高龄，但和老派的贝尔内格完全不同的是，他是个满怀激情而且富有天赋的飞行

■ 汉斯·特吕本巴赫
曾在1938年到1939年带领德国国家特技飞行团，先后担任第2教导联队第1大队长、JG 52联队长、第4战斗机学校校长、JG 104联队联队长，其最终战绩为9架。

员，曾在1938年到1939年间带领过德国特技飞行国家队，并在最近获得了3个战果。特吕本巴赫少校决心继续亲自带队执行飞行任务，无奈他在JG 52联队的新幕僚们没有一个能跟着他上天作战，于是特吕本巴赫把他过去的僚机飞行员——第2教导联队第1战斗机大队副官路德维希·伦茨中尉（Ludwig Lenz）借调到了JG 52联队。但随后的5天中阴云密布、狂风阵阵，英德双方的航空活动都大大减少，因此特吕本巴赫暂时还没有机会参战。

8月24日，天气终于转晴。第1中队的卡尔－海因茨·莱斯曼中尉在当天初试锋芒，于17时12分在马尔盖特以东5000米的外海击落了一架"喷火"。但他同中队的二级中士赫伯特·比朔

■ 莱斯曼中尉在一群地勤人员面前手舞足蹈地演示一次空战过程，戴大檐帽抽烟的是同一中队的罗伯特·戈贝尔中尉。

■ 1940年夏位于加莱附近的考科尔机场的停机坪一角，JG 52联队第1大队的 Me 109战斗机在简易的掩体中待命。该大队在不列颠战役期间一直都驻扎在这座机场上。

夫（Herbert Bischoff）在英国滨海韦斯特盖特（Westgate-on-Sea）的一片田野中迫降，结束了他的战斗生涯。比朔夫在战后曾这样回忆道："1940年2月，我加入JG 52联队，随后同联队执行了60到70次任务，其中大概有20到25次飞到英国。1940年8月11日，在加莱和多佛之间的空战中，我与二级中士伊格纳茨·施纳贝克（Ignaz Schinabeck）分享了一个战果（该战果实际上被记给了后者——编者注）。在我8月24日的最后一次行动中，一架'喷火'从上面咬住了我，击中了我的引擎，击毁了散热器。就在离伦敦不远的6000米高空，我的座机迅速下坠，以至于我无法操纵飞机飞回考科尔。所幸我还是成功迫降，并在后来的7年中成了英国人的俘虏。"

这场空战的胜利者、英军第54中队B小队小队长多利安·格里贝勒少尉（Dorian George Gribble）曾这样回忆道："当天我带领着B小队同中队一起在多佛上空攻击了9架德军的He 111轰炸机。期间我也成了数架 Me 109战斗机的目标，我们缠斗在了一起，尽管我攻击了数架飞机，但并没有获得战果。随后我在曼斯顿上空碰到了另外3架'喷火'，然后我们一起朝霍恩彻奇（Hornchurch）飞去。就在曼斯顿和赫尔默海湾（Herme Bay）之间，我发现了大约50架以V形编队飞行的 Me 109战斗机。我飞到了德军编队的后面，然后在250米的距离上处理掉了我所有的弹药，我击中了一架 Me 109的左散热器，随后便同敌人脱离了接触。"

两天后，在肯特郡上空的一系列自由狩猎和为轰炸机护航的战斗中，第1大队又有4名飞行员被俘，还有一人丧生，但也击落了5架英军战斗机。当天又发生了新的人事变动，第1大队长西格弗里德·冯·埃施韦格上尉离开了大队，转为执行训练任务。第2中队长沃尔夫

■ 多利安·格里贝勒（1919-1941）
1938年3月加入皇家空军，同年12月进入第54中队。1940年5月25曾被击落迫降在敦刻尔克附近，后乘船返回英国。1940年8月13日被授予卓越飞行十字勋章。1941年6月4日在同2架 Me 109的缠斗中战机引擎被击毁，格里贝勒随后在1500英尺的高空跳伞，但是海上搜救部门后来未能找到他。

■ 上图为赫伯特 · 比朔夫的"白9号"Bf 109E 型战斗机迫降现场,螺旋桨片弯曲,机翼折断,座舱盖也不见了,推测其在迫降时发生了翻滚。

■ 下图为1940年9月,赫伯特 · 比朔夫座机"白9号"Bf 109E-1 型战斗机侧视涂装彩绘。

■ 上两图为1940年9月初,英军用一辆民用卡车运走 JG 52 联队第1中队的"白12号"Bf 109E-4 型战斗机的残骸。

■ 下图为1940年9月初,JG 52 联队第1中队的"白12号"Bf 109E-4 型战斗机侧视涂装彩绘。

冈·埃瓦尔德上尉接过了大队长职务，由卡尔－海因茨·莱斯曼中尉接任第2中队长。8月30日，第1大队在为8架执行轰炸比金山机场（Biggin Hill）的Do 17轰炸机护航时，再度遭遇英国战机。在随后的空战中，奥斯卡·施特拉克军士长（Oskar Strack，后于10月26日被击落阵亡）击落了一架"喷火"。但是第2中队的克里斯托弗·格勒少尉却在多佛外海的飞行中报告说座机发生了引擎故障，随后坠海。

8月31日，第2中队又损失了一名飞行员。但这天是第1大队在整个不列颠空战中战果最辉煌的日子，至少取得了10个战果，己方仅损失了一人。曾经在1939年10月6日为第1大队取得首个战果的汉斯·贝特尔少尉在8月31日又击落了2架"飓风"。次日，德军在肯特郡空域一共击落5架英机，其中贝特尔再次斩获一架"飓风"。第1大队在当天的唯一损失又是发生在第2中队，该中队的一架战斗机在阿什福德（Ashford）以南

上空遭到英机攻击，飞行员彼得·韦伯（Peter Weber）尽管受了重伤，但还是坚持驾机在马奎斯岛（Marquise）附近迫降。5天后，韦伯在法国阿尔丹冈（Hardinghen）医院伤重不治。9月2日，第1大队又在肯特郡北部击落5架英机，只有第1中队的二级中士海因茨·于林斯（Heinz Uelings）被英军高射炮击落后迫降在英国小村伊斯特彻奇（Eastchurch）东南面，被英军俘虏。

战事就这样继续下去。虽然第1大队在不利的条件下取得了不俗的战绩，但人员和装备消耗得实在太快，再加上缺少补充，所以到9月第一周的周末，该大队的飞行员和飞机数量已经下降到了定额的一半以下。9月5日，在一次为前往轰炸肯丽（Kenley）的一队Ju 88轰炸机护航的飞行中，第1大队遇到了差不多40架"飓风"战斗机。随后的缠斗中，第1中队的二级下士欧根·京德（Eugen Kind）丧命。第3中队的阿尔贝特·瓦勒中尉（Albert Waller）则被皇家空军

■ 在1940年9月5日的空战中，第1中队的二级下士欧根·京德不幸丧命。图为此次行动前在其座机前休息的京德。

第303中队的捷克王牌飞行员约瑟夫·弗朗齐歇克中士（Josef Frantisek）驾驶的"飓风"战斗机击落，因而被俘。弗朗齐歇克回忆道："我发现了2架飞机，我从后面攻击了其中一架，它在距离我150码的前方被击中着火后下坠，我还试图继续攻击，希望能够击中它的座舱。但是这架飞机一直在下坠，引擎右侧也在不停地冒着火焰。也就在同时，我遭到了2架飞机的攻击，他们击中了我的机翼，但我还是成功逃脱并返回了诺索尔特（Northolt）。"值得一提的是，弗朗齐歇克就是战争影片《烈日长空》的主人公原型。

9月7日，不列颠空战达到了高潮，第1大队首次执行了为轰炸伦敦的轰炸机群护航的任务。当天德军的出动规模可谓遮天蔽日，其机群涵盖了上下高度2400米、面积足有2070平方公里的空域。兵力严重不足的第1大队在此次大规模空袭行动中表现特别成功，在掩护轰炸机群从泰晤士河口稳步北上时，埃瓦尔德手下的4名飞行员各击落了1架英军战斗机，而受其保护的He 111机群全部安全返航。赫尔曼·戈林亲自指挥了这次行动，并且在他的幕僚的陪同下亲自来到法国北部海岸与英国隔海相对的灰鼻角（Cap Gris Nez）观看这支庞大的空中舰队出航。次日他打电话给JG 52联队第1大队，祝贺他们取得优异战绩。

第1大队随后又在短期内连续执行了2次袭击伦敦的任务。9月11日夜间，战场突然转移到了法国海岸。英国海军航空兵的12架费雷尔"大青花鱼"双翼轰炸机（Fairey Albacore）飞临加莱港上空，对德军在此集结准备用来入侵英国的驳船发动了攻击。第1中队紧急起飞迎战，迅速击落了2架"大青花鱼"，以及2架护航的"布伦海姆"夜间战斗机。4天后的9月15日（即著名的"不列颠空战日"），第1大队再次飞往伦敦，这次是为一群Ju 88轰炸机护航。第1大队先在肯特郡和泰晤士河口上空击落了8架"飓风"，随后就

■ 约瑟夫·弗朗齐歇克（1914–1940）
二战著名的捷克斯洛伐克空战王牌，曾先后服役于捷克斯洛伐克空军、波兰空军和英国皇家空军。不列颠空战中，他以击落17架飞机的战绩，成为战役中最出色的盟军飞行员。1940年10月8日在飞行事故中丧生。弗朗齐歇克曾获得过波兰英勇军事十字勋章（Order of Virtuti Militari）和英国卓越飞行勋章。

■ 戈林亲自指挥了9月7日的大规模行动，他来到灰鼻角观看空中编队出击。

■ 上图为1940年9月，刚刚执行完一次跨海峡任务的卡尔－海因茨 · 莱斯曼中尉驾机返回加莱基地，在地勤人员的帮助下从座舱中爬出。

■ 下图为卡尔－海因茨 · 莱斯曼中尉取得第11个战果之后，地勤人员在他的座机垂尾上画上了相应的战果标志。

卷入了一场残酷的空战。第2中队长卡尔－海因茨·莱斯曼中尉又击落了2架"飓风"，个人总战绩达到了11架，他是JG 52联队第1位战绩升到两位数的飞行员。大队副官、未来的骑士十字勋章获得者——赫尔穆特·贝内曼中尉（Helmut Bennemann）在此役中获得了3个战果，总战绩上升到了8架，在JG 52联队的排行榜上紧紧跟在莱斯曼后面。当天的唯一损失是汉斯·贝特尔，他在斯德帕赫斯特上空与一架"飓风"相撞，随后跳伞逃生，被英军俘虏，这架"飓风"虽然被撞落，但是没有被算作贝特尔的第7个战果。贝特尔后来回忆道：

"我卷入了一场同大约4到5架'飓风'战斗机的盘旋缠斗，我们当时的Bf 109战斗机数量大概也是这么多。我咬住了一架飞机，但是正当我准备开火时，忽然感觉到一股强大的冲击力撞到了我的座机。只见我的'梅塞施密特'急剧下坠——另一架飞机撞到了我的机尾。我努力试图重新将飞机拉起，但还是无法恢复控制。当时我的引擎状态还行，但是机尾已经被撞毁了！

"我推了一下座舱开启杆，座舱盖当即松开，当时我可能会被穿过座舱的高速气流吹走。接着我解开了坐垫，进而可以自由转动身体。我当时心里只有一个念头，那就是不要立即打开座舱，不然我会撞碎座舱盖。过了一会儿，我推开了座

■ 赫尔穆特·贝内曼（1915-2007）
总战绩为93架，后晋升中校并任JG 53联队长，曾获空军荣誉奖杯、一级和二级铁十字勋章、金质德意志十字奖章以及骑士十字勋章。

舱盖，爬出了飞机。后来我便打开了降落伞，向下望去，试图寻找我的座机，但是却看见了一架螺旋下坠的'飓风'消失在了云层中。可能就是这架飞机撞到了我。

"那天是星期天，我在空中可以看见地上散布的人群和踢足球的小孩。随后他们也发现了在空

■ 1940年夏末在加莱附近的考科尔基地，第1大队的Bf 109E机群在起飞滑跑中，主翼和水平尾翼翼尖上的黄色带为快速敌我识别带。

中滑翔的我。我看到他们惊讶地看着我降落时脸色的变化，这简直太美妙了，他们都惊呆了！"

随后的3天，第1大队多次为轰炸机和战斗轰炸机群护航，前去轰炸伦敦和埃塞克斯郡的提尔伯里 (Tilbury)。9月23日，第1大队在为8架 He 111轰炸机执行护航任务时在格雷夫森德 (Gravesend) 附近遭遇皇家空军第72中队的"喷火"战斗机机群。中午11时，库尔特·基希纳中尉击落了一架飞机。9月24日，第1大队取得了不列颠空战期间最辉煌的一次胜利，声称在多佛地区上空击落了7架"喷火"，己方没有任何损失。参加了这次战斗的施泰因希尔普中尉回忆道：

"正当我们即将飞临英国上空时，发现了一个'喷火'机群正在英国人布置在多佛的阻拦气球前低空飞行。天空十分的明朗，因此它们的外形很容易从蓝绿色的海水中显现出来。从我们的视野上看，他们正以一个很奇怪的阵形飞行——向下的阶梯状编队，由2架被称为'纺织工'（Weaver）的战机保护编队后部。'喷火'战斗机编队做了一个大幅度转弯时，两架'纺织工'则在后面盘旋游荡。他们肯定没有发现我们，因为他们并没有作出反应。赫尔穆特·屈勒中尉冷静地向领头四机编队的飞行员们分配任务。我负责解决其中一架'纺织工'，而他则负责另一架。编队其余人员则各自寻找目标。

"我离开了编队，来到那架'喷火'的机尾后面，当然期间我也开启了我的反射式瞄准具并为机枪和机炮重新充电。我的目标在这个时候还没有发现到我们，只见他的机身在我的瞄准线里越来越大，直至完全占据了黄色的指示环。我先是扣动了机枪扳机，然后便发现子弹击中了目标。紧接着我又按下机炮射击按钮，炮弹拖着4道亮光迅猛地朝目标飞去。随后那架飞机便右翼倾斜地拖着浓烟下坠。接下来，我稍微改变了一下飞行路线，在瞄准线里重新找到了一架飞机。我再

次扣动扳机，击中飞机。在我重新拉起飞机时，那架飞机已经着起了火。

"屈勒的运气可就没我好了，他的目标发现了他，并在他准备开火前做了一个规避动作。这次战斗中，我获得了两个战绩。这两架'喷火'战斗机全部来自驻扎在霍恩彻奇的英军第41中队。落水的飞行员尽管随后被救起，但后来还是在不列颠空战中丧命。"

次日，JG 52联队第2大队飞回了珀普兰格。该大队已经在北海海岸休整了5个星期，其间发生了一次人事变动。霍斯特－京特·冯·科纳茨基上尉于8月26日被调往位于柏林郊外的韦尔诺伊兴（Werneuchen）的第1战斗机学校指挥部。第9中队长威廉·恩斯伦上尉接替了他的职务。

■ 威廉·恩斯伦
曾在"秃鹰"军团参加过西班牙内战，并获得钻石双剑饰西班牙十字奖章，1940年11月2日在作战中被击落，跳伞落地后被英军枪杀，最终战果为9个。

9月27日，第1和第2大队共同参加了肯特郡上空的战斗。据说第1大队此时只有13架飞机，他们在这场战斗中击落了5架飞机，己方没有损失。第1中队的京特·毕斯根中尉（Günter Büsgen）击落了其中一架"喷火"，这也是他个人的第6个战果；第2大队可能因为许久没有参战，技术有些生疏了，只是在查塔姆（Chatham，伦敦以东城镇）击落了3架"喷火"，己方却又损失了7架战斗机，其中5名飞行员被俘，另外还有一名飞行员在拉姆斯盖特（Ramsgate）外海上空负伤，跳伞落入了海峡。

9月的最后一天，第1和第2大队又各有两名飞行员被击落俘虏，第1大队的是队部的库尔特·基希纳中尉和第3中队的二级下士库尔特·武尔夫（Kurt Wolff）。基希纳已经是第2次被俘，上次因法国战败而被释放，这次就没那么幸运了。而武尔夫曾在1939年10月13日击落了一架"布伦海姆"远程侦察机，获得了JG 52联

■ 第2大队刚刚重新投入战斗却又遭到重大损失，9月27日被击落俘虏的飞行员中就包括了第4中队的二级下士弗朗茨·博加施。图为英军正在用起重机吊起博加施迫降在肯特郡圣尼古拉斯附近的座机残骸。

■ 京特·毕斯根中尉为第1中队代理中队长，9月27日曾击落了一架"喷火"，后在10月12日被击落跳伞。

队第1大队的第2个战果，后来又击落了2架"喷火"。9月30日这天JG 52联队执行了它的最后一次轰炸机护航任务。从此以后，德国空军轰炸机部队对英国的大部分空袭都改在夜间进行，而不需要战斗机护航。昼间轰炸的任务落到了若干个战斗轰炸机中队的肩上。德国空军在海峡战线上的几乎所有战斗机中队都奉命将部分战斗机进行改装，以便执行轰炸任务，JG 52联队却是个例外，一直只承担战斗任务。就9月30日的护航战斗，施泰因希尔普这样回忆道：

"我永远也无法忘记1940年9月30日。那天我们执行了3次突击任务和一次自由狩猎行动，分别在9时到10时、12时43分到14时07分、16时到17时35分和18时22分到18时31分。当时我们只有4架可执行行动的飞机。洛塔尔·洛塔尔·席费尔赫夫军士（Lothar Schieverhöfer）放弃了他的第一次实战机会。我们穿越了海峡后便同轰炸机群脱离，被允许进行自由狩猎。我们在9时30分左右高空飞跃苏塞克斯附近的海岸线，也就在这个时候我们发现了一个中队的'飓风'战斗机，出现在我们前方侧面和下面，他们分成3个机群一架接一架地向上爬升，然后以我认为是过时的紧密阵形飞行。这对于我们来说，无疑是一次有利于攻击的好机会。我用无线电镇定地通告称已经锁定了第一个目标。而西格弗里德·福斯（Siegfried Voss，10月12日坠机被俘）则负责解决第2架，吕特格（Rüttger）和武尔夫的目标则是第3架。尽管飞机的数量要比我们多，但我相信以我

们的出色攻击速度和高度优势，可以让我们脱险。

"我们发起进攻，垂直俯冲加速，然后从后面和下面接近'飓风'。这样我们便可以从下面突然袭击飞机。我下令道：'进攻后，左转集合！'没有人知道接下来会发生什么：我在保持一直开火的情况下，穿越了整个飞机机群。但是这时其他战友们却停止了进攻。后来返回考科尔时，他们都聚集在我身边，问我为什么在进攻的中途下令'左转集合'。似乎没有人听到这句话前面还有'进攻后'这句。现在看来，可能是我们的无线电受到了干扰，或者是我先扣动扳机，然后才打开了无线电。不管怎么说，大家都气坏了！

"不幸的是，武尔夫听到命令后当即做了个左转弯。英国战斗机已经注意到了我们的进攻，然后咬住了落单的武尔夫。我们的这个小编队也散了开来，我和福斯返回了考科尔，而吕特格晚了一会儿才返回。武尔夫则失踪了，此前他曾报告称击落了一架飞机。我则受到了中队长屈勒中尉的责备。"

在整个10月中，JG 52联队的2个大队几乎一直在为第2教导联队的Bf 109战斗轰炸机护航，偶尔也进行自由狩猎或者空海搜救行动。此时不列颠空战的势头已经逐渐减弱，10月份的战绩也印证了这一点。仍在海峡战斗的JG 52联队的2个大队中，疲惫不堪的第1大队的残部又遭受了严重的损失。它在这个月只取得了5个战果，却损失了7名飞行员，其中6人被俘，一人在海峡上空失踪。被俘人员中有3人是在10月27日第1

■ 1940年10月，乌尔里希·施泰因希尔普中尉的"黄2号"Bf 109E 型战斗机侧视涂装彩绘。

大队对英国的最后一次行动中折载的，他们分别是卡尔·博特(Karl Bott)、乌尔里希·施泰因希尔普和洛塔尔·席费尔赫夫。4天后原先的36名飞行员中仅剩4人的第1大队撤出了战斗，奉命返回杜塞尔多夫附近的克雷费尔德(Krefeld)，进行休整和补充。巧合的是，英国方面把这一天视为不列颠之战结束的日子。在海峡上空激战的3个月时间里，该大队共击落了72架英军飞机，己方有7名飞行员阵亡，另有16人被俘，损失了24架 Bf 109战斗机。

JG 52联队新组建的补充中队的基地也设在克雷费尔德。此时德国空军每个联队都组建了一个这样的补充中队。它们的任务是对已经完成训练的飞行员进行磨合，使其能够承担前线作战任务。其实补充中队就是各个联队内部的训练单位，类似于英国空军的作战训练单位。JG 52联队补充中队于10月6日正式组建，由前第6中队中队长维尔纳·莱德雷尔中尉担任该中队指挥官。

第2大队在10月份总共获得了8个战果，己方损失4人，其中2人丧生，2人被俘。还有一名飞行员在10月29日在海峡上空被英军击伤，跳伞后坠入大海，但幸运地被德军的海空搜救部队救起。这位死里逃生的飞行员就是格哈德·巴尔

■ 格哈德·巴尔克霍恩(1918–1983)
他是历史上排名第二的超级空战王牌，在二战中执行了1104次飞行任务，驾驶 Bf 109和 Fw 190总共击落了301架飞机，战绩仅次于哈特曼。

克霍恩少尉(Gerhard Barkhorn)，当时没有人知道，这个年轻人将成为 JG 52联队战绩排名第二的飞行员，而且会成为历史上仅有的两位击落300架以上飞机的战斗机飞行员之一！

不幸的是，巴尔克霍恩的大队长威廉·恩斯伦上尉没有他那么好运。11月2日，恩斯伦在肯特郡海岸也遭遇了英军的"喷火"战斗机并被击落。一般认为，击落恩斯伦的是英军第92中队指挥官、加拿大王牌约翰·亚历山大·肯特少校(John Alexander Kent)。恩斯伦上尉的座机坠毁在戴姆彻奇(Dymchurch)附近，他虽然成功地跳伞逃生，但在降落之后被英军击毙。他的僚机也被击落在附近，飞行员奥托·容格军士(Otto Junge)被俘。这是 JG 52联队在不列颠空战中损失的最后两位飞行员。3天后，第2大队也奉命撤出战斗，返回位于克雷费尔德西南约20公里处的门兴格拉德巴赫(Munchen-Gladbach)。整个不列颠空战中，第2大队总共击落了13架英国飞机，自己却损失了21架战斗机，6名飞行员丧命，10人被俘，可谓得不偿失。

就在第2大队撤出战斗的同日，特吕本巴赫少校的联队部来到克雷费尔德，与第1大队和新建的补充中队会合。

■ 上图为1940年9月驻扎在法国加莱地区的 JG 52联队第6中队正在举办一场庆祝活动。照片中可以看到一支军乐队。前景处的 Bf 109E 型战斗机的发动机罩上可以看到第6中队的队徽。

■ 下图为1940年9月，第6中队的一架"黄2号"Bf 109E-1型战斗机在降落划跑时因飞行员操作不慎，刹车过急而发生前倾，出现了如此滑稽的一幕。

■ 下图为1940年9月法国加莱，JG 52联队第6中队的"黄2号"Bf 109E-1型战斗机彩绘。

■ 1940年9月30日，JG 52联队第3中队的卡尔·武尔夫驾驶一架"黄14号"Bf 109E型战斗机在英国苏塞斯克郡上空的空战中腿部受伤，在飞机引擎停转之后被迫跳伞，后被俘。在同年8月的一次行动中，武尔夫曾驾驶"黄15号"战斗机在法国的一处野战机场迫降，上图为他在迫降后与"黄15号"Bf 109E型战斗机的合影，右图和下图为迫降现场的飞机残骸照片。

■ 下图为1940年8月，JG 52联队第3中队库尔特·武尔夫的"黄15号"Bf 109E型战斗机侧视涂装彩绘。

■ 1940年9月30日被"击落"的还包括第4中队的一等兵埃里希·穆默特（Gefr.Erich Mummert），他的飞机在空战缠斗之后引擎温度过热，认为无法飞回法国基地之后他选择在一个英国机场降落，随即被俘。上图和右图为一名皇家空军的飞行员在这架送上门来的德国飞机前留影。下图为停放在英军机场上的JG 52联队第4中队的"白2号"Bf 109E型战斗机，其螺旋桨桨叶因迫降时与地面发生碰撞而严重扭曲。

■ 1940年9月，JG 52联队第4中队埃里希·穆默特的"白2号"Bf 109E型战斗机侧视涂装彩绘。

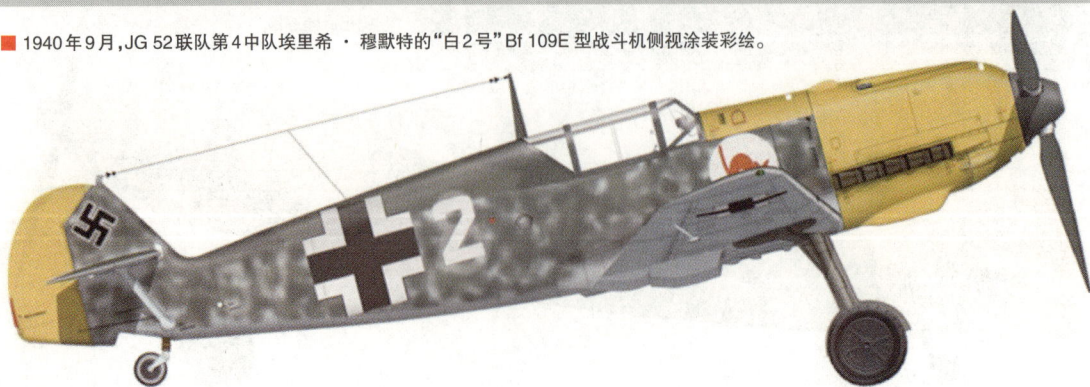

■ 1940年10月8日，JG 52联队第4中队的二级中士保罗 · 博施（Paul Bosche）驾驶的"白2号"Bf 109E 型战斗机，被击中引擎散热器，导致发动机过热停机，最后在英国埃塞克斯郡的一个农场中迫降，撞上干草堆后机身折断，博施本人成为 JG 52 联队第2大队在1940年10月份被俘的第一名飞行员。上图和下图为一些英军正在迫降现场检查这架战斗机的残骸。

■ 1940年10月，JG 52联队第4中队保罗 · 博施的"白2号"Bf 109E 型战斗机侧视涂装彩绘。

■ 上图和下图为 JG 52联队第1大队大队长埃瓦尔德上尉在不列颠空战期间的一次行动结束后，平安返回机场受到了第1大队广大官兵的迎接。埃瓦尔德在战争中的总战绩为78架。

■ 下图为 JG 52联队第1大队在"不列颠空战"期间的一张照片，照片前景处的 Bf 109E 型战斗机为大队长埃瓦尔德上尉的座机。

■ 上图为1940年9、10月份的几架JG 52联队第1大队的Bf 109E-4型战斗机，前景处为大队副官赫尔穆特·贝内曼中尉的"黑5号"Bf 109E-4型战斗机。

■ 左图为1940年8月中旬，几名地勤人员正在维护贝内曼中尉的"黑5号"Bf 109E-4型战斗机。

■ 1940年9、10月份，JG 52联队第1大队副官赫尔穆特·贝内曼中尉的"黑5号"Bf 109E-4型战斗机侧视涂装彩绘。

■ 1940年7月，驻扎在法国勒图凯的JG 52联队第2中队的"黑13号"Bf 109E-3型战斗机侧视涂装彩绘。

西线 1941

从 JG 52 联队在法国战役和不列颠空战中不尽如人意的表现来看，没有任何迹象表明它有朝一日会成为德国空军战绩最高的战斗机联队。他们的确已经积累了接近90个战果，但是自己的死亡、失踪和被俘人员总数也达到了这个数字的一半以上。事实上，德军在不列颠空战中一共投入了8个主力战斗机联队，其中 JG 52联队的战绩和交换比率是最低的，远远落后于其他联队。在随后的几个月中，他们也没有奋起直追的机会了。从1940年底到1941年中期，特吕本巴赫少校手下的3个大队变得更加分散。第一个重新参战的大队是第2大队，它此前在门兴格拉德巴赫休整了7周，并迎来了新任大队长埃里希 · 沃伊特克上尉（Erich Woitke）。在门兴格拉德巴赫休整期间，第1大队补充了几批新飞行员，有的是新近从航校毕业的菜鸟，有的则是从其他单位调来的。

从外单位调入的人员中有一位年轻的候补军官，他是个柏林人，此前在第2教导联队第3战斗机中队服役时已经在海峡空战中取得了4个战果，不过也使得所在中队损失及报废了3架战斗机。被转调给 JG 52联队的主要原因也许是他的行为举止不合常规，因为他留着毫无军人风纪的长发，还对被纳粹视为颓废艺术的爵士乐情有独钟！这个年轻人就是汉斯－约阿希姆 · 马尔塞尤（Hans-Joachim Marseille）。当时有人说，马

■ 埃里希 · 沃伊特克（1912-1944）
参加过西班牙内战，1940年2月起担任 JG 3联队第6中队长，1940年11月转任 JG 52联队第2大队长，随后又先后在 JG 27第2大队、JG 11联队第2中队和 JG 300联队第2大队任职。1944年5月成为 JG 1联队第3大队长，12月24日在亚琛附近被英军战斗机击落阵亡。沃伊特克的个人最终战绩为30架。

■ 海峡空战期间在战机前留影的约阿希姆 · 马尔塞尤，未来的"非洲之星"。他也曾在 JG 52联队第4中队待过短暂的2个月。

著名的二战空战王牌，战后曾担任联邦德国空军高级军官和北约军事指挥官。1940年2月从 JG 26第10中队转入 JG 52第4中队。施坦因霍夫在二战期间获得了176个战果，而且还是世界上首位在实战中驾驶 Me 262喷气式战斗机的飞行员。

尔塞尤是"整个国防军中最没有军人气质的人"。

　　马尔塞尤和他的新上司，JG 52联队第4中队长约翰内斯·施坦因霍夫中尉之间很快就互相反感起来。施坦因霍夫曾经在德国海军和空军的军官学校学习，是一个典型的严肃刻板的职业军人，而马尔塞尤则放纵不羁，无视各项繁杂的军规。施坦因霍夫很快就把马尔塞尤调出了自己的中队。1941年初，马尔塞尤来到了第27战斗机联队第1大队。几个月后，这个大队被调往北非，马尔塞尤就在那里成就了自己"非洲之星"的传奇威名，并长眠在那里。

　　1940年12月22日，JG 52联队第2大队离开门兴格拉德巴赫，前往荷兰。他们的新任务是保卫荷兰的北海海岸，基地起初在吕伐登，后来改为位于谢尔特河口舒温岛（Schouwen）上的伊彭堡（Ypenburg）。

　　第2大队抵达吕伐登之后的第5天，第1大队也转往荷兰。它在克雷费尔德补充了装备和人员，于12月27日抵达荷兰海滨小镇卡特维克（Katwijk，海牙以北），任务是保卫荷兰和德国西北部北海的各个入海口。这2个大队的任务性质很不相同，第1大队的任务是向外海巡逻，因此被认为是"前线单位"，所以直接受联队部的指挥，而第2大队负责保卫沿海地区，所以接受地区指挥部——"荷兰空域指挥部"（Luftgaukommando Holland）的指挥。这段时间非常困难，而少有战果，而且2个大队都不得不在又一个寒冬执行费力不讨好的任务。

　　1941年初，JG 52联队第1大队得到消息，他们将离开严寒的北海地区，前往阳光明媚的西西里，这让大家着实兴奋了一阵。但是，这道命令在最后的关头被撤销了，正如大队日志所说："就在20架满载物资和人员的 Ju 52/3m 运输机对引擎进行预热，

■ JG 52联队队徽。

■ 1940年至1941年冬天，联队长汉斯·特吕本巴赫少校为 JG 52联队设计了"带翼宝剑"队徽，目的是在分散部署各地的各大队之间建立统一的纽带，这个徽标后来在1943年东线作战期间出于保密原因而被下令停止在飞机上继续涂绘。上图展示了这个新队徽的样式，照片中的飞行员是绰号为"狐狸"的卡尔·蒙茨，此时他已经来到第2中队，并晋升为军士长。他直到1941年5月25日才在弗里斯兰群岛获得第一个战果——一架"布伦海姆"轰炸机。

■ 第2大队抵达吕伐登后不久,第1大队也转往荷兰。图为第1大队的机械师们聚在一起,欣赏战友的即兴吉他演奏,远景处便是大西洋海岸。

准备起飞时,得到了行动取消的命令。"

2月10日,第2大队离开伊彭堡,前往法国海峡海岸上的梅尔河畔贝尔克(Berck-sur-Mer,勒图凯以南),他们将在此处返回JG 52联队建制。联队部则于1月22日离开克雷费尔德,在德伯里茨(Döberitz)停留了一段时间,于2月13日返回加莱-马克。

一天后,重返海峡"伤心地"的JG 52联队一改以前的颓势,在肯特郡上空一举击落4架"喷火"(可能属于英军第66中队)。其中一架是由联队长汉斯·特吕本巴赫少校在多佛以西空域击落的,这是他本人的第4个战果,也是联队部人员在开战18个月以来的第一个战果(以前的联队部人员是只坐办公室,不上战场的)!次日,第1大队也在卡特维克交了好运,取得了不列颠空战以来的首批战果:第3中队的卡尔·吕特格击落了英军第114中队的1架沿荷兰海岸进行侦察的"布伦海姆"轰炸机;第2中队长莱斯曼中尉和第3中队的二级中士海因里希-威廉·阿内特(Heinrich-Wilhelm Ahnert)则击落了英军第615中队的2架飞至比利时上空的"飓风"战斗机。

此后不久展开了一轮新的调动。法国防空的

■ 海因里希-威廉·阿内特(1915-1942)
高中毕业后加入德国空军,先是接受侦察机驾驶培训,随后参加波兰战役和法国战役。1940年春转入战斗机部队来到JG 52联队。到1940年9月他已经被证实了4个战果,此后跟随联队转战东线,在1942年7月9日获得了个人第50个战果。同年8月23日在攻击1个苏军Pe-2轰炸机群时被苏军轰炸机的防御火力击中,坠机身亡。总战绩57个,阵亡当日被追授骑士十字勋章。

任务被完全交给了已经晋升为中校的阿道夫·加兰德率领的 JG 26 联队。JG 52 联队联队部和第 2 大队转往邻近的比利时，联队部迁往玛尔德格姆（Maldeghem），而第 2 大队在随后的 3 个月中先后使用了 5 个不同的机场。同时，第 1 大队奉命离开卡特维克，把它的各个中队分散到了大约 12 个不同的海岸机场，这些机场构成了一道弧线，穿过荷兰和德国海岸一直延伸到丹麦的埃斯比约（Esbjerg）。在欧洲西北部的防空体系中，驻扎法国的 JG 2 联队、JG 26 联队和防守德国海湾的 JG 1 联队之间存在一个空隙，JG 52 联队的任务就是填补这个空隙。

　　第 2 大队由于驻扎在离英国较近的比利时，所以肩负着双重任务。他们不仅要继续攻击英国海岸（为此"矮个儿舒曼"的第 5 中队在春季被改编为战斗轰炸机单位），还必须抵御英国空军对欧洲西北部越来越频繁的袭击。在随后的 12 个星期中，第 2 大队击落了 8 架"喷火"和一架"布伦海姆"，己方没有损失。同时，第 1 大队分散在荷兰及其以东地区，完全处在英国空军的单引擎战斗机航程之外，所以他们的角色完全是防御性的，因此

■ 上图为第 2 大队第 5 中队的一架 Bf 109 在装载 250 公斤炸弹，准备出击执行战斗轰炸任务。注意该机已经画上"带翼宝剑"联队徽。

■ 上图为第 2 大队第 4 中队的瓦尔特·克内（Walter Koene）在座机上留影，引入"带翼宝剑"联队徽之后，该中队的红猫队徽也相应缩小。

■ 1941 年春天驻扎在玛尔德格姆机场上的一架 JG 52 联队第 4 中队的 Bf 109E-4 型战斗机。机身座舱位置上有 JG 52 联队的队徽和第 4 中队的队徽。

他们在北海海岸防空战斗中取得的战果几乎全都是轰炸机——39架，大部分是"布伦海姆"。但他们也付出了至少4架飞机的代价。到了4月中旬，第2大队在肯特郡上空进行了一次低空袭击，遭遇了一些挫折。他们的原定任务是对曼斯顿机场进行低空扫射，但是由于天气原因，行动被取消。不过第4中队的一个四机编队却没有得到行动取消的消息，仍然出动，发现了目标并按照原计划发动了攻击。

他们在回到玛尔德格姆之后被命令前去向大队长报告。沃伊特克上尉给每人倒了杯白兰地，然后告诉他们："JG 53联队刚刚报告说遭到攻击。9架飞机被毁，一人负伤。"

原来，这个四机编队在浓密云层中完全迷失了方向，冲出云层后看到一个机场就扑下去乱射一气，然后扬长而去，谁知这是 JG 53联队第2大队在法国阿克地区圣奥梅尔（St.Omer-Arques）的基地！包括 JG 53联队第4中队长在内的2名飞行员和5名地勤人员受了轻伤。JG 52联队的这个四机编队的成员被排除了蓄意破坏的嫌疑，只是受到了轻微的惩戒，其中两人——四机

■ "圣奥梅尔四贱客"之二：阿道夫·格隆茨（1916–2002），1940年11月加入 JG 52，并分别在1941年5月7日和19日各击落一架"喷火"。JG 52联队被调往东线后，他又获得了3个空战战果并摧毁了2辆坦克。1941年7月被调入驻扎在法国的 JG 26联队第2大队，1943年8月成为该联队唯一一名获得骑士十字勋章的军士。在升任第5中队长后（1944年1月），于同年3月转任第6中队长，继而在4月晋升为少尉。1944年6月24日被授予橡叶饰时已经获得了65个战果。1945年1月1日击落一架"喷火"，继而获得了第71个，也是他的最后一个战果。1945年3月，格隆茨转入 EJG 联队第3大队，接受 Me 262喷气式战斗机训练。随后进入 JG 7联队直至战争结束，但未能驾驶 Me 262战斗机参战。尽管经历了4年多的空战，但格隆茨从未在空战中被击落和受伤。唯一一次受伤只是在1942年4月英军空袭阿伯维尔机场时被玻璃渣划伤。

■ "圣奥梅尔四贱客"之一：西格弗里德·西姆施。1913年生于上西里西亚的波森，战前在 JG 134，后于1940年秋天加入 JG 52第5中队，1941年2月14日获得首个空战战果。1941年7月9日随部队抵达苏联腹地柳班并升任中队长。1942年5月29日在撤离的空战中受伤。同年10月30日在获得52个战果后获骑士十字勋章，后在11月4日在一次迫降时脊椎受了重伤，进而在一段时间里远离了座舱。1943年秋被任命为驻扎丹麦的 JG 11联队第11中队长，后在1944年6月1日升任该联队第1大队长。盟军登陆西欧后的6月8日在法国雷恩（Rennes）以东上空被击落阵亡，个人总战绩为54架。

编队的队长西格弗里德·西姆施中尉（Siegfried Simsch）和三等兵阿道夫·格隆茨（Adolf Glunz）——后来在其他单位服役时获得了骑士十字勋章。西姆施于1944年盟军登陆诺曼底之后的第二天在法国上空被击落身亡，当时是 JG 11联队第1大队上尉大队长。格隆茨最后晋升为中尉，骑士十字勋章上还加挂了橡叶饰，战争结束之前在 JG 7联队驾驶 Me 262喷气式战斗机。事件中的另外两名飞行员则在1941年夏天的"巴巴罗萨"行动初期阵亡。

4月24日，也就是"圣奥梅尔事件"的9天之后，第1大队在肯特郡上空发动了一次袭击，其间第2中队的军士长京特·施特鲁克（Günter Struck）在邓杰内斯（Dungeness）上空被击落跳伞，随后被俘。击落他的战绩算在了英军第92中队的两名飞行员头上，其中一人是"喷火"王牌、卓越飞行十字勋章获得者詹姆斯·兰金少校（James Rankin）。施特鲁克的"黑6号"是 JG 52联队最后一架在英国土地上损失的飞机。这里值得一提的是，许多身陷战俘营的德国飞行员试图通过越狱途径返回德国，但只有少数人成为二战中的"迈克·斯科菲尔德"（美剧《越狱》的主角——编者注）。比如1940年9月5日被俘的弗朗

茨·冯·维拉中尉（Franz von Werra，JG 3 联队第 2 大队）便是在加拿大越狱成功之后又趟过了寒冷刺骨的圣劳伦斯河（St. Lawrence River）逃到当时仍处中立状态的美国，然后经墨西哥、巴西、西班牙和意大利，最终在 1941 年 4 月 18 日回到德国。他也是第二次世界大战中唯一一名从加拿大成功越狱返回德国的飞行员，因而成为一时的英雄，受到希特勒的表彰并被授予骑士十字勋章，其传奇故事也在 1957 年被拍成电影搬上荧幕——《跑掉的那个》（The One That Got Away）。许多其他被俘德军飞行员的越狱企图大多失败，因此一些人便另想办法，以疾病为由通过红十字会回国。京特·施特鲁克便是这么一位聪明人，他假装患上了精神病，成功令盟军不得已将其遣送回国。回到德国后，他作为梅塞施密特公司的试飞员一直活到了战争结束。

4 月下旬，第 2 大队开始接收新式的 Bf 109F 型战斗机。5 月，联队部和第 1 大队也开始换装 Bf 109F 型战斗机。

5 月 1 日，第 2 大队取得了这一时期的唯一一架"布伦海姆"战果。虽然这个战果无法得到证实，但当天英军第 105 中队的确有一架"布伦海姆"在执行航运攻击任务时被"梅塞施密特"严重击伤，

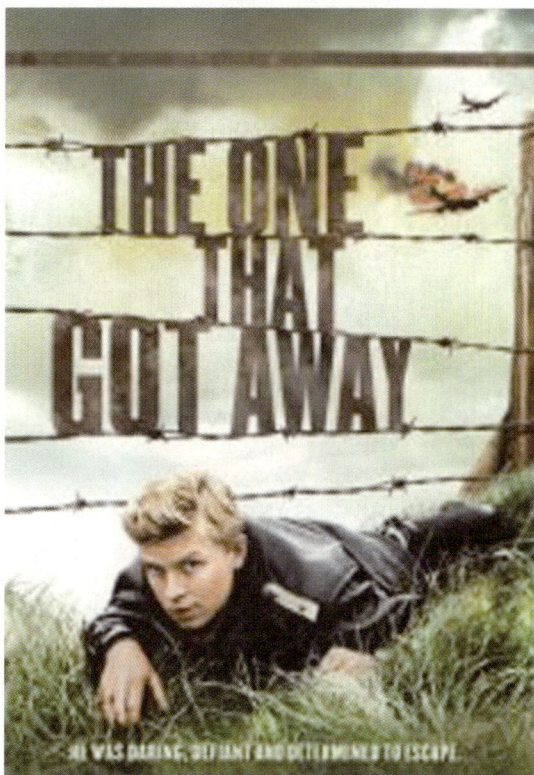

■ 影片《跑掉的那个》海报，该片以维拉中尉的越狱事件为原型。

最后在英国境内迫降。5 月 7 日，"圣奥梅尔事件"的其中两位肇事者——未来的战斗机"专家"阿道夫·格隆茨和格奥尔格·迈尔（Georg Mayr）分别击落一架"喷火"，这也是他们各自的首个战果，算是将功补过了。迈尔后来在 1941 年 8 月 8 日在东线被地面炮火击落身亡。

■ 等待出击命令的同时，第 4 中队长施坦因霍夫中尉在他的座机旁呼呼大睡。

第 2 大队在西欧的最后 4 个战果是于 5 月 19 日在多佛附近击落的 4 架"喷火"。格隆茨和迈尔再次分别包办一架，第 4 中队长施坦因霍夫中尉则包办了另外 2 架。但战后的文献却表明，他们当天的战果其实是英军第 306 波兰中队的 3 架"飓风"战斗机。

同时，第 1 大队在荷兰和德国海岸战绩稳增，4

■ 为随时拦截英国轰炸机，第1大队的飞行员们经常要穿好救生衣，在座机前面等待出击的命令，但是英国轰炸机往往都不怎么露面。

月份击落了2架"布伦海姆"轰炸机，5月份击落了7架，其中包括一架"惠灵顿"轰炸机。不过5月15日该大队在击落一架"布伦海姆"的同时也损失了大队的第一架Bf 109F型战斗机：弗朗茨·贝恩哈特少尉（Franz Bernhard）的座机在泰克瑟尔岛（Texel，荷兰西北方）外海被英国轰炸机的还击火力击中坠海。

这段时间第1大队的指挥岗位又发生了一些人事变动。4月27日，第3中队长赫尔穆特·屈勒中尉被调往联队部，赫尔穆特·贝内曼中尉接替了他在第3中队的职务。近1个月之后的5月24日，大队长沃尔夫冈·埃瓦尔德上尉被调入第2战斗机部队司令部（Jafü，负责若干个联队的战术指挥协调），接替其职务的是原第2中队长卡尔－海因茨·莱斯曼中尉。第2中队新任中队长为罗伯特·戈贝尔中尉（Robert Göbel）。

6月9日，埃里希·沃伊特克上尉的第2大队突然接到撤离比利时的命令。他们被调往德国的明斯特，随后向东经过一系列转场，最后来到波兰，准备参加即将展开的入侵苏联的行动。第2大队离开比利时奥斯坦德－施蒂纳（Ostend-Steene）的4天之后，特吕本巴赫少校也率领联队部离开了比利时的玛尔德格姆，先是前往阿姆斯特丹－施福尔（Amsterdam-Schiphol），然后又转往奥地利。

正当在全世界的目光都聚焦在苏德边境地区时，JG 52联队只有第1大队还停留在北海岸边。为了缓解其东方盟友（苏联）的压力，英国皇家空军加紧了对欧洲大陆西北部的空袭力度，当然，英国人的努力是徒劳的。皇家空军出动强度的增加也助长了第1大队的战绩不断攀升。6月份他们一共击落了13架"布伦海姆"轰炸机。6月30日，大队长莱斯曼中尉击落了英军第107中队的两架侵袭荷兰维斯特兰（Westerland）的"布伦海姆"

■ 1941年春，第1大队沃尔夫冈·埃瓦尔德上尉的"黑色双箭头"Bf 109E型战斗机彩绘。

■ 1941年春末，担任北海地区防务的 JG 52联队第1大队改变了大队原来的"野猪"队徽，换成了北海地图背景上一只黑手抓着一架红色"喷火"战斗机的图案（见右图）。

轰炸机，个人总战绩也就此上升到22架。

当月，第1大队还连续2天各击落了一架"哈德逊"轰炸机（Hudson），但是在6月10日，第1大队有史以来第一次与四发轰炸机交手。英军第75中队（1945年更名为皇家新西兰空军第75中队）的2架"斯特林"重型轰炸机（Stirling）空袭了德国西北部军港城市埃姆登（Emden），第1大队第2中队在拦截行动中损失了一名飞行员。6月28日，英军第7中队派出6架飞机袭击不来梅港，第1大队再次出动拦截。第3中队的汉斯－莱因哈特·贝特克少尉（Hans-Reinhard Bethke）死死咬住其中一架英机，越过北海进行追击，一直追到了几乎可以看得见英国海岸的地方，终于功夫不负有心人，将这架倒霉的英机击落。但贝特克返航时由于燃油耗尽坠海，好在毫发未伤被救了上来。

比较难以解释的是，在这架英军的 N6007 号"斯特林"轰炸机在弗兰布罗海岬（Flamborough Head）外海约32公里处被击落的15分钟之后，德国空军却声称是击落了一架美制 B-17"空中堡垒"轰炸机。德国空军很清楚英国空军得到了少量美制 B-17"空中堡垒"轰炸机的补充，但是这种轰炸机的首次实战应该是在10天之后。

第1大队在7月份的5个战果全部是在第一周取得的，包括3架"布伦海姆"，以及2架"斯特林"或 B-17轰炸机 —— 其中第一架无疑是7月1日下午早些时候在泰克瑟尔岛西北报告遭到2架 Bf 109战斗机攻击的那架属于第7中队的轰炸机，它被击落的30分钟后，德军声称击落了第二架"斯特林"或 B-17轰炸机，但这第二架究竟是怎么回事，至今仍然是个谜团。

1941年7月23日，第1大队长卡尔－海因茨·莱斯曼中尉凭借22个战果获得了骑士十字勋章，战友们在汪尔鲁格岛上的大队部为他举行了庆祝活动。莱斯曼是JG 52联队第一位获得这项高级荣誉的成员，但这一喜讯却无法驱散他手下飞行员们心中的郁闷之情。虽然每天都接触到报纸和广播的溢美之词，但是他们心中非常清楚，他们的战友此时此刻在东线正在积累着天文数字般的战果，而他们的这些微小建树简直是不足挂齿的。他们认为，在战争的这个阶段，北海是个次要战场，而他们在此地的防务不受重视，而且是吃力不讨好的。

8月份，他们的战绩仍然没有改观，这更助长了大家的不满情绪。第3中队的二级下士威廉·舒莫雷尔（Wilhelm Summerer）曾在将近1个月前的7月1日击落了当天的第2架B－17轰炸机，他在8月2日却被袭击泰克瑟尔外海的"布伦海姆"击落。在连续几周毫无建树的巡逻之后，第1大队终于在8月26日在弗里斯兰群岛的尤伊斯特岛（Juist）以北击落3架"布伦海姆"。但是当天英军第82中队的报告是有4架飞机被德军战斗机击落。

第1大队一度认为自己被排除在了"真正的战场"之外，所幸，这种"流放生活"终于快要结束了。在9月的前3周，第1大队一共击落8架英国战机，其中4架是"布伦海姆"，另外4架则是9月12日在赫尔德（Den Helder，荷兰西北港口城市）外海击落的一队"喷火"战斗机，这倒是令人吃惊。随后，第1大队终于接到撤离北海地区的命令。他们在第1战斗机联队的领导下已经在北海战斗了4个月，现在他们终于要向东方调动，返回自己的联队建制，前往东线作战了。第1大队将得到很多战斗的机会，仅在随后2个月中的战果就将达到此前两年时间内以很大代价获得的总战绩

■ **亚历山大·冯·温特费尔德（1898－1942）**
1918年成为战斗机飞行员，一战中获得4个战果。一战结束后先是进入志愿军"钢铁"师，在波罗的海东岸三国地区作战，后加入德国空军。西欧战役时在JG 2联队第3中队，1940年5月18日获得二战首个战果，6月26日升任第8中队长。1940年8月1日转任JG 52联队第3大队长，10月6日转任JG 77联队第3大队长，参与入侵南斯拉夫、希腊以及克里特的战役。1941年7月5日获得骑士十字勋章，当时他已经获得了6个空战战果和15个对地攻击战果。苏德战争爆发后他指挥着该大队转战苏联并获得了3个战果。1941年8月3日被任命为第4战斗机初级学校校长，后又在12月19日转任第3战斗机初级学校校长。1942年5月16日驾机发生事故坠毁身亡，个人总成绩13个（含4个一战战果）。

的两倍。

第3大队在经历了不列颠空战灾难性的8天（7月22日至29日）之后就突然撤离了海峡，他们在此期间又有什么经历呢？

1940年的整个8月第3大队都在新任大队长亚历山大·冯·温特费尔德上尉（Alexander von Winterfeldt）的领导下，在柏林西南方向的采尔布斯特进行整补。大队接受空军第III（柏林）战区司令部的指挥，名义上的任务是保卫位于德绍（Dessau）的容克工厂，实际上采尔布斯特主要是第3大队休养和补充的基地。

■ 卡尔 – 海因茨 · 莱斯曼（1915–1943）

1936 年加入德国空军，后进入 JG 52 联队。不列颠空战中的 1940 年 8 月 27 日，莱斯曼在指挥部队经历了一次重大任务后，被任命为第 2 中队长。1940 年 10 月 5 日获得空军荣誉奖杯，其个人战果也在这个月底上升到 15 个。1941 年春，莱斯曼在荷兰海岸地区再次击落了 7 架英国轰炸机；5 月 25 日被任命为第 1 大队长，随后在 7 月 23 日获颁骑士十字勋章；莱斯曼此后又在东线击落了 10 架苏联飞机，1941 年 11 月 6 日被击落而受重伤，直至 1942 年 5 月 6 日才返回部队，担任地面指挥职务。1943 年 3 月 27 日，已经晋升为少校的莱斯曼被任命为 JG 1 联队第 1 大队长。同年 7 月 25 日，他在驾驶 Bf 109G–6 型战斗机在北海上空截击美军 B–17 轰炸机时被击落身亡。个人总战绩为 37 架，其中 27 个在西线获得。右图为 1941 年 7 月 23 日在第 1 大队为庆祝其获得骑士十字勋章所举办的庆典上，莱斯曼在画着战果标记的座机尾翼旁留影纪念。下图为莱斯曼当时的座机机尾彩绘，每个战果标志都记录了飞机型号和国籍。

■ 上图为卡尔 – 海因茨 · 莱斯曼中尉在 1941 年夏天时的座机 ——"双黑色 <" Bf 109F–2 型战斗机。

■ 1941 年夏天，JG 52 联队第 1 大队大队长卡尔 – 海因茨 · 莱斯曼中尉"双黑色 <"号 Bf 109F–2 型战斗机彩绘。

■ 右图为1940年底至1941年初，JG 52 联队第4中队的"白5号"Bf 109E-4型战斗机正在接受维护。这架飞机的飞行员为瓦尔特·克内。

■ 下图为1940年底至1941年初，JG 52 联队第4中队瓦尔特·克内二等兵的"白5号"Bf 109E-4型战斗机侧视涂装彩绘。

■ 上图为1941年春，JG 52联队联队部的"黑<1号"Bf 109E-4型战斗机。

■ 1941年春，JG 52联队联队部的"黑<1号"Bf 109E-4型战斗机侧视涂装彩绘。

南 进

1940年8月30日，JG 52联队第3大队被调往离柏林更近的新鲁平（Neuruppin），随后又转场至申瓦尔德（Schönwalde），以更好地保卫帝国的首都。此时不列颠空战还没有结束，但希特勒已经在筹划在次年入侵苏联了。作为这个准备工作的一部分，希特勒急于加强和扩大自己在东南欧的势力范围和影响。这不仅能够为朝向俄国南部的进攻提供跳板，还可以保护该地区的油田，防止其受到英国从地中海东部发起的空袭。

希特勒的计划得到了罗马尼亚独裁者伊安·安东内斯库的有力支援。9月6日，安东内斯库迫使罗马尼亚国王卡罗尔二世退位，将大权攥为己有。安东内斯库于1940年11月23日操纵罗马尼亚加入了轴心国，德国很快向该国派驻了一个军事代表团。

JG 52联队第3大队成为这个代表团中的空军部分。最初加入代表团的只是戈特哈德·汉德里克少校（10月7日接任大队长职务）领导下的大队部和得到加强的第9中队。他们于10月12日离开申瓦尔德，途经下西里西亚的利格尼茨，2天后抵达布加勒斯特－皮珀拉（Bucharest–Pipera）。奇怪的是，在他们离开申瓦尔德的那一天，JG 52联队第3大队被更名为JG 28联队第1大队，原JG 52联队第9中队也相应地改称JG 28联队第3中队。11月，JG 52联队第7和第8中队经维也纳飞往布加勒斯特，随后也改称JG 28联队第1和第2中队。

德国空军高层原计划在德国本土重新为JG 52联队组建第3大队，但经过三思之后，汉德里克少校的JG 28联队第1大队及其下属的3个中队又全部于1941年1月4日改回了原先的番号！这个大队在布加勒斯特－皮珀拉驻扎了7个多月，几乎无所事事。相比而言，第1大队在北海的"流放"生涯可以算得上惊心动魄了。德军一直担心英军会对罗马尼亚的油田发动空袭，但这一直没

■ 第3大队原来并没有大队徽，1940年夏末才开始使用"野狼"大队徽。关于这个徽标的由来说法不一，有的说是为了纪念不列颠空战中殉命的首任大队长沃尔夫－海因里希·冯·霍瓦尔德，因为他的名字中有个"沃尔夫"（德语意为"狼"）；也有说法称这个徽标来自温特费尔德家族的纹章。不过这个大队徽也没使用多久，大队来到南欧之后就慢慢从飞机上消失了。

■ 上图和下图为1940年9月，JG 52联队第8中队驻扎在德国泽布斯特（Zerbst）期间的 Bf 109E 型战斗机机群。

■ 下图为1940年秋季，JG 52联队第3大队的一张照片。照片中的3架战斗机都没有第3大队的"野狼"队徽。

有发生，汉德里克少校的飞行员们的时间主要花在帮助罗马尼亚飞行员熟悉新配发的 Bf 109E 型战斗机上。

1941年4月6日，德军发动了"马丽塔行动"入侵了邻近的南斯拉夫，但 JG 52联队第3大队在罗马尼亚的平静生活没有受到任何影响。希特勒仍然担心罗马尼亚脆弱的油田设施会遭到英军袭击，因此把第3大队划作预备队。他们对南斯拉夫战役的唯一贡献就是把自己的部分 Bf 109E型战斗机转让给直接参战的其他战斗机大队，以弥补其装备损失。

5月25日，第3大队突然接到命令南下前往希腊的伯罗奔尼撒本岛南端的莫拉奥机场（Molaoi）。此时南斯拉夫和希腊都已投降，德军于5月20日向克里特岛发动了空降攻势，此时激战正酣。莫拉奥机场此时驻扎着 JG 77联队，于是汉德里克少校的大队被配属给这个联队，为其提供支援，可谓雪中送炭。在将近三周的时间里，

JG 52联队第3大队主要是以莫拉奥为基地，但也有部分单位后来进驻了克里特岛上的马莱迈机场（Maleme），为征服克里特的行动做出了一些贡献。由于德军已经掌握克里特的制空权，所以第3大队很少有空战的机会，起初主要是对仍然在岛上顽强抵抗的英军进行扫射。后来他们参加了对试图将岛上部队残部撤往埃及的英军船只的攻击。大队在这些行动中没有任何战斗减员，但是在莫拉奥和马莱迈有大约6架 Bf 109E 型战斗机由于紧急迫降而损毁，两名飞行员受伤。

6月10日，也就是德军彻底控制了克里特岛的10天之后，第3大队取道塔拖伊（Tatoi）返回了布加勒斯特－皮珀拉。在此地，飞行员们在一周多一点的时间内全部换装新 Bf 109F 型战斗机。这次匆忙换装的原因很快就众人皆知了，在第3大队换装完成的几个小时之后，德军先头部队越过了苏德边境。JG 52联队即将奔赴广袤的苏联空域，揭开令该联队传扬后世的战斗篇章。

■ JG 52联队第3大队第9中队转场至罗马尼亚后的一张照片，图中飞机的引擎罩上已经不见了野狼徽标。

■ 1940 年 8 月，JG 52 联队第 8 中队的"红 7 号"Bf 109E-1 型战斗机侧视涂装彩绘。

■ 1941 年春天，驻扎在罗马尼亚布加勒斯特 – 皮珀拉机场的 JG 52 联队第 9 中队"双黑色 <" Bf 109E-1 型战斗机侧视涂装彩绘。

■ 上图为 1941 年春天，驻扎在罗马尼亚布加勒斯特 – 皮珀拉机场的 JG 52 联队第 9 中队的 Bf 109E 型战斗机机群。

■ 下图为 1941 年春天，驻扎在罗马尼亚的 JG 52 联队第 7 中队的 Bf 109E 型战斗机机群。

■ 左图为1940年至1941年冬天，JG 52联队第8中队（JG 28联队第2中队）驻扎在罗马尼亚期间的Bf 109E型战斗机机群。

■ 下图为1940年至1941年冬天，JG 52联队第8中队（JG 28联队第2中队）的"黑12号"Bf 109E型战斗机侧视涂装彩绘。

■ 上图为1941年春天，布加勒斯特 – 皮珀拉机场上的JG 52联队第9中队的"黄12号"Bf 109E-1型战斗机。右图为同一座机场上第7中队的"白12号"Bf 109战斗机。这两架飞机在黑白照片中很难判断究竟是属于哪个中队。

■ 下图为1941年春天，JG 52联队第9中队的"黄12号"Bf 109E-1型战斗机侧视涂装彩绘。

■ 上图为1941年堆放在罗马尼亚首都布加勒斯特某机场上的 JG 52 联队第3大队的几架受损的 Bf 109E 型战斗机。

■ 上图为1941年5月，JG 52 联队第9中队的莱奥波德·施泰因巴茨(Leopold Steinbatz)与自己的"黄8号" Bf 109E-4 型战斗机的合影。

■ 1941年5月，JG 52 联队第9中队的"黄8号" Bf 109E-4 型战斗机侧视涂装彩绘。

"巴巴罗萨"的利剑

1941年6月22日凌晨，希特勒筹划已久、入侵苏联的"巴巴罗萨"行动终于拉开了帷幕。希特勒迈开了实现其人生两大主要目标——捣毁"共产主义策源地"和为德意志民族在东方攫取"生存空间"——的关键一步。纳粹德国为准备这场声势浩大的攻势，集结了360万德军和其他轴心国军队、60万辆各型车辆、3600辆坦克和超过3000架前线战机。当"巴巴罗萨"行动开始时，赫尔曼·戈林的德国空军无疑是当时世界上最为出色的空军，装备了大量性能出众的先进战机，并拥有一支高素质的飞行员和地勤队伍。在经历了西班牙内战、闪击波兰和西欧战役以及不列颠空战后，德国空军已经积累了大量作战经验，他们将在苏联大地上继续展现出强悍的战斗力。

在东线战场上，JG 52联队也获得了新生。他们将从一个专门用来填补其他单位空缺的二流联队成长为一支英勇善战的部队，最终成为德国空军战绩最高的战斗机联队；单个飞行员的战绩也不会再像以前那样1个、2个地缓慢积累，很多人的战果很快就增长到了几十个。那些技艺更为精湛（或者运气更好）的飞行员们的战绩将达到三位数，而历史上仅有的两名战绩超过300架的战斗机王牌都是JG 52联队的成员。每个大队的总战绩都将飙升到几千，整个联队的集体总战绩在"巴巴罗萨"行动之前仅有200架不到，最终却达到了让人难以置信而且史无前例的10000架！

JG 52联队在东线战场获得了极高的官方认可，其飞行员获得的各种荣誉就是明证。该联队在西线时只有一人（卡尔－海因茨·莱斯曼）获得骑士十字勋章，而转战东线后却有多达56人获得这项荣誉！此外他们中还有14人获得了橡叶饰，5人获得双剑饰，2人获颁钻石饰！而且，让JG 52联队获得了如此之辉煌荣誉的战场也和以往大不相同。东线的空战大部分是战术性质的，只要天气允许，联队就会不断调动。但是并不是像以往在西线那样从某个地区重新部署到另一个地区。东线战争是由地面部队的机动决定的，空军总是跟随陆军部队前进，或者在陆军部队后撤之前先行撤退。因此，联队的调动非常频繁，而且往往是短距离的调动，在东线期间，JG 52联队的各个大队和中队转场总次数达到了约400次。很多飞行员的日志在两年不到的时间就记录了多达50次转场。

由于战果数量庞大，已经不可能像过去那样对战果一个一个地进行详细记载、分析和证实；叙述所有调动和转场事件也是不大可行的，因为部队在某些基地度过的时间往往只有短短的几个小时。事实上，这些"基地"往往只是一大片田野或者开阔的草原，都是随意选择而后便被草草抛弃。这些临时基地在其短暂的使用寿命中被按照附近的村庄或者集体农场的名字来命名。

砺剑直击

"巴巴罗萨"行动之初，JG 52联队还是和以前一样，各个单位被拆散开来，零星地投入战斗。特吕本巴赫少校的联队部还在维也纳，准备与第3大队会合，共同作为"德国空军驻罗马尼亚代表团"的一部分参战，这个改名换姓的代表团此时隶属

■ "巴巴罗萨"行动之初,第2大队分散在波兰与立陶宛国境附近的两处机场。图为索伯利沃机场上的第6中队的战机。为躲避苏军的侦察,战斗机被隐蔽在机场旁边的树林中。

于第4航空队,参与东线南部的航空作战。第2大队此时被配属给了JG 27联队,后者的任务是为东线中部第2航空队的里希特霍芬将军的第8航空军所属近距离支援单位提供护航,该大队在"巴巴罗萨"行动前夜总共拥有39架战斗机,其中37架可以投入战斗。至于第1大队,此时仍在北海地区执行防空任务。

"巴巴罗萨"行动首日凌晨2时50分,埃里希·沃伊特克上尉的第2大队旗下各中队从以前波兰和立陶宛旧国界附近的两座邻近的机场:苏瓦乌基(Suwalki)和索伯利沃机场(Sobolevo)出发,掩护"施图卡"俯冲轰炸机越过国境线攻击苏军前沿机场及其他军事设施。行动中他们击落了苏军16架轰炸机和战斗机,但相较于其他单位,这个成绩并不算突出。据估算,6月22日当天德军战斗机和高炮部队击落了超过320架苏军飞机,而苏军飞机在地面上被摧毁的数量则是这个数字的将近5倍 —— 约1500架! 有资料表明,JG 52联队第2大队在6月22日当天除了空战之外,也参与了对地攻击。"巴巴罗萨"行动开始时,该大队第4和第5中队已经换装Bf 109F-2型战斗机,但鲁道夫·雷奇中尉(Rudolf Resch)率领的第

■ 第2大队长埃里希·沃伊特克上尉在完成东线首次战斗飞行后顺利返航。1941年6月22日上午9时53分他击落了一架苏军I-15战斗机。

6中队仍装备有老式、加装了ETC 250型炸弹挂架的Bf 109E-7型战斗轰炸机。第6中队的海因茨·科诺克少尉（Heinz Knoke，1945年4月担任JG 11联队第3大队长时获得骑士十字勋章）后来这样回忆道：

"我中队包括我在内的4架加装了投弹器的飞机在几周中执行了一系列轰炸任务。机腹下面加装挂架可以携带重102.5公斤的破片炸弹……当飞跃广袤的苏联大地时，我们看到望不到边际的地面部队正浩浩荡荡地向东进军。在我头顶则是我军的水平轰炸机机群和令人生畏的'施图卡'机群。我们当时的目标是苏军位于德鲁基尼卡（Druskininka，位于立陶宛南部，靠近白俄罗斯和波兰交界地区）西面森林中的一座机场。在这寂静的深夜里，苏联国境那边的一切似乎还沉浸在沉睡之中，但是我们深知一会儿后那里将化成一片火海。随后我们发现了目标，降低高度，飞越散落在野地上的小木屋。我们根本就没有发现任何苏军士兵的影子。于是我调转机头，扑向其中的一座木屋并按下了炸弹释放按钮，然后将机身拉起。其他人在这个时候也投下了炸弹。伴随着声声爆炸的巨响之后，目标在瞬间化成升腾起的尘土和烟云，留下满目疮痍的残骸。其中的一座木屋燃起了大火，爆炸也波及了停在周围的几辆卡车并将其卷到了一旁。随后'伊万'们从一些房

■ 鲁道夫·雷奇（1914-1943）
1914年4月7日生于萨克森地区卡门茨（Kamenz），1934年加入了正在秘密组建的德国空军。1938年被调入"秃鹰"军团JG 88大队第2中队，在西班牙获得首个战果，1939年6月回国后被授予钻石金质西班牙十字奖章。二战爆发后，雷奇中尉先是在驱逐机学校担任教官，后在1940年6月10日调入JG 52联队第6中队，但在抵达前线后不久即被皇家空军击伤。养了几个月的伤后，在苏德战争爆发前返回部队，不久后再次受伤。复出后的雷奇上尉被任命为第5中队长，1942年9月6日以50个战果被授予骑士十字勋章。1943年2月末升任JG 51联队第4大队长并晋升为少校。1943年7月11日，他驾驶Fw 190A-5型战斗机被苏军战斗机击落阵亡，总战果为94架（不含在西班牙的那个战果）。

子中夺命而出，像没头的苍蝇一样向各个方向逃命。这些'斯大林的儿子们'身上只穿着裤衩，如同一群丧家的蚂蚁奔向机场旁边的树林。但是毕竟他们也是军人，一些轻型高炮随后开始反击。我瞄准了一处高炮阵地并用机枪和翼炮向他们开火，一名穿着裤衩的苏军士兵随后倒在了他的炮位旁边……后来我又在机场上穿梭了5、6次，几乎所有的房子在这个时候都已经陷于一片火海之中。我又击中了一辆卡车，将其炸成个巨大的火球……5时56分，我们中队全部返航并安全降落。"

第2大队在东线获得首个战果的是第5中队的二级下士赫尔曼·施普伦格勒（Hermann Spengler）。他在6月22日上午9时32分击落了1架DB-3型轰炸机。大队长埃里希·沃伊特克上

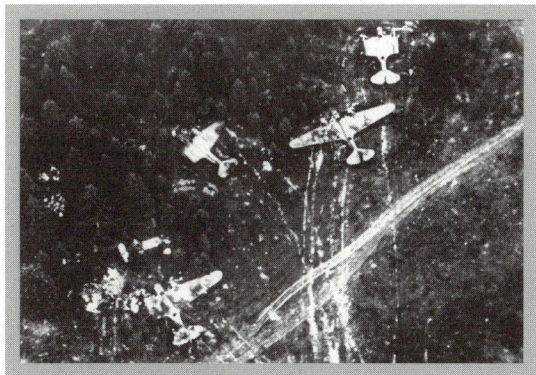

■ "巴巴罗萨"行动开始后，大量苏军战机被摧毁在机场上。图为苏军某处机场上4架SB-2轻型轰炸机残骸。从图中的轨迹上判断，这几架飞机应该是在起飞时被摧毁的。

尉和第5中队长奥古斯特－威廉·舒曼中尉则各声称击落2架。全大队仅损失了一架 Bf 109F-2 型战斗机，这架飞机是因发动机故障迫降报销。还有一架"黄12号"Bf 109F-2型战斗机在战斗中被苏军高炮击中，只是轻度受损，飞行员瓦尔特·居内二等兵受伤。

进攻首日的战绩如此之高，起初连包括总司令戈林本人在内的德国空军总司令部都难以相信。直到作为当日攻击目标的全部31个苏军空军基地都被陆军占领，并对破坏的程度进行了评估之后，这些数量庞大的战果才得到了完全证实，甚至还被证明是大大低估了。

从6月23日到25日，第2大队依旧在苏瓦乌基地区作战，但期间只有第4中队的二级中士阿道夫·里德迈尔（Adolf Riedmeier）在25日击落了一架 R-10 侦察机。对于这期间的战斗，该大队的海因茨·科诺克少尉后来这样回忆道：

"陆军的进展远远超出了我们原先的预想。苏军根本无法阻挡我们前进的脚步，我们已经进入到苏军国境守军的后方。红色空军似乎根本没有能力升空与我们作战。一些'马丁'轰炸机（即 SB-2 轰炸机）冒险飞临我们的后方，但只给我们造成了微不足道的破坏。苏军显然训练不足，其战术水准如同他们所驾驶的飞机那样落后。"

6月26日早上，第2大队才再次遭遇数量可观的苏军飞机。他们在瓦伦纳（Varena）附近上空遇到了一个DB-3轰炸机机群。在随后的猎杀中，他们轻松地击落了其中8架，而自己没有任何损失。第4中队长约翰内斯·施坦因霍夫中尉在这场战斗中获得了其个人的第10个战果。未来的橡叶饰骑士十字勋章获得者、第4中队的二级中士海因茨·施密特（Heinz Schmidt）则于14时27分获得了大队在当天的第9个战果。

苏联边境防线被突破后，德军装甲矛头立刻在全线开始猛冲。由于陆军进展神速，空军得以对首日战果进行评估，得出了前文的结论。沃伊特克上尉的第2大队在 JG 27 联队的指挥下，于6月28日前进转场至白俄罗斯马拉奇耶济纳机场（Maladzyechna，位于立陶宛首府维尔纽斯东南110公里处），奉命为当时正穿过立陶宛准备从北面包围白俄罗斯首府明斯克的第3装甲集群提供空中掩护。明斯克位于长达640公里的莫斯科高速公路的最西端，因此夺取明斯克便成为德军占领莫斯科的首要目标。明斯克战役是苏德战争中的第一场大规模合围战。6月27日，德军完成了对明斯克的合围，随后仅用12天便攻克了这座城市，俘敌近33万人。这个数字只比盟军从敦刻尔克撤走的全部兵力少了约1.5万人。

■ "巴巴罗萨"行动之初，JG 52联队第2大队在 JG 27联队的指挥下，参加东线中段的战斗。在1941年7月的第二周中，该大队被部署在明斯克西北130公里处的莱佩尔机场（Lepel）。图中可见第5中队的"黑3号"Bf 109战斗机。

第2大队在明斯克上空，尤其是包围圈以东的鲍利索夫（Borrisov）上空的战斗同样精彩和壮观。7月1日，施坦因霍夫获得了其个人的第11个战果——一架I—16战斗机。接下来在7月2日至3日的48小时之内，他们一共击落了36架苏联飞机，其中有27架是试图在德军装甲包围圈上打开缺口的DB-3轰炸机。第6中队的二级中士格哈德·格吕维茨（Gerhard Gleuwotz）在7月2日1天之内击落了4架，而施坦因霍夫则在两天内击落了5架。此外还有2架分别是两位未来的骑士十字勋章获得者——二级下士维利·内米茨（Willi Nemitz）和格哈德·巴尔克霍恩少尉的首个战果。内米茨时年30岁，被战友们亲昵地称为"老爹"，是德国空军年纪最大的一线战斗机飞行员之一。他在1940年在英吉利海峡海岸加入了第2大队，最后于1943年4月在高加索上空被击落阵亡，最终总战绩81架。而巴尔克霍恩已经执行过120次战斗飞行任务，并且还在英吉利海峡坠海一次，到今天才终于取得了第一个战果，在战争结束之前他还将取得另外300个战果！一名德军战地记者在其新闻稿中这样描述道：

"突然，一架苏军轰炸机出现在了巴尔克霍恩座机上空几百米处。显然这架轰炸机已经执行完了任务，正在毫无戒备地返航。一会儿后，巴尔克霍恩便在瞄准具中捕捉到了这架轰炸机。他迅速按下机枪按钮和机炮扳机，只见这架DB-3轰

■ 维利·内米茨，1943年4月11日阵亡。这张照片可能摄于1942年，手中抱着一座飞机螺旋桨式的风车模型。

炸机被击中，凌空解体……当巴尔克霍恩的座机平安着陆后，人们发现它已经用完了弹药。基地上曾流传巴尔克霍恩在此次行动中独自同苏军一整个航空兵团战斗。走下飞机的巴尔克霍恩满身疲惫，嘴唇也早已因极度口渴而泛起白色的死皮。一次艰难的开始，但着实是一次伟大的胜利！"

在两天的战斗中，第2大队仅损失了一架战斗机，它在苏军控制地区迫降，但飞行员库尔特·布林克中尉（Kurt Brink）无恙地徒步归队。

在7月的余下时间里，第2大队伴随狂飙突进的德国装甲部队横扫立陶宛，进入俄罗斯大地，向斯摩棱斯克挺进。斯摩棱斯克是通往莫斯科公路上的下一个大城市，位置几乎恰好在整条公路的中点，这里即将上演另一场大规模合围战。在此期间，沃伊特克上尉的飞行员们一边为轰炸机护航，一边进行自由攻击，又取得了70个战果。7月30日，鲁道夫·雷奇中尉的座机在降落时与

■ 1941年7月7日，一名地勤人员在拉佩尔机场在第4中队长施坦因霍夫的"白1号"Bf 109F-2型战斗机的垂尾舵片上涂抹战果标记。照片中可以看到他此时的战绩为20架（含8架西线战果）。

1架Ju 52/3m运输机相撞，座机损毁30%。

8月5日，陷入斯摩棱斯克包围圈的3个苏联集团军残部终于放下了武器，31万人沦为俘虏，德军总共击毁和缴获3205辆坦克和3120门各型火炮。此外，自"巴巴罗萨"行动开始以来，德军声称已经摧毁了9082架苏军飞机。仅从7月10日到8月6日德国空军便声称摧毁苏联战机3000架以上，其中第1航空队摧毁771架，第2航空队1098架，第4航空队980架。但是德国空军也损失了1023架飞机，另有657架受到不同程度的损伤。

8月5日，第2大队接到第8航空军调令，与JG 27联队第3大队一道离开斯摩棱斯克包围圈西北维捷布斯克郊外的基地，北上320公里来到伊尔门湖以西30公里处的索利齐(Solzy)。第2大队在此被纳入东线北段的第1航空队的序列，支援德军装甲部队进攻什利谢利堡(Shlisselburg)和列宁格勒。

8月8日，德军掀起了进攻列宁格勒的总攻。

但是糟糕的天气和苏军明显增强的抵抗，严重地滞缓了德军前进的脚步。恶劣的天气自然也降低了空战频率。8月10日，天空终于清澈。在德军装甲部队缓慢前进路线的上空也终于爆发了大规模激烈空战。德国空军第1航空队在这天总共出动1126架次，而苏联空军也在该地区进行了908架次出击。第2大队在8月10日和11日两天里损失了4架战斗机，2名飞行员身亡，另2人受伤，却仅获得了2个战果。尽管如此，德国战斗机依然主宰着这片蓝天。第1航空队在8月10日当天总共收获54个战果。

来到北段后战绩不佳的现象到8月14日终有改观，从这天起到8月20日，第2大队共击落了14架飞机。8月16日，第6中队的瓦尔特·克鲁平斯基少尉(Walter Krupinski)获得了参战以来的首个战果。当天凌晨5时48分，他在西姆斯卡(Shimska)以北12公里处的上空击落一架MiG-3战斗机。8月19日在伊尔门湖北面，第2

■ 上图为1941年7月30日，鲁道夫·雷奇中尉的座机在降落时与一架Ju 52/3m运输机相撞，座机损毁30%，所幸本人没有受伤。照片摄于斯摩棱斯克附近的安德雷耶瓦机场(Andreyeva)。

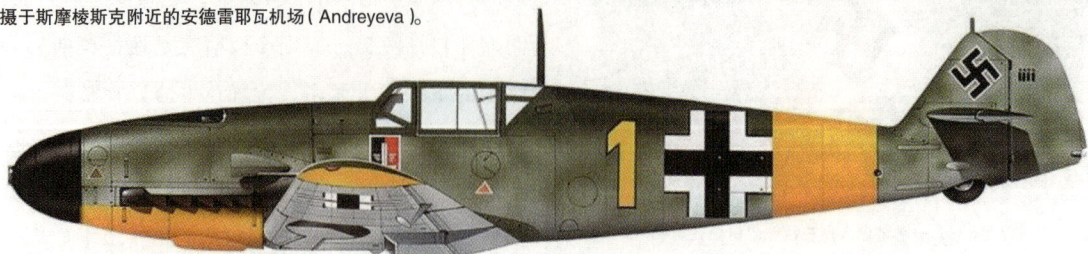

■ 1941年7月，JG 52联队第6中队中队长鲁道夫·雷奇中尉的"黄1号"Bf 109F-2型战斗机侧视涂装彩绘。

大队与执行掩护莫斯科到列宁格勒之间补给线的苏联战斗机展开了激战，自己损失了2架战斗机。22日，巴尔克霍恩少尉击落了一架被记录为"伏尔蒂－11"（Vultee 11）的攻击机，实际上这可能是一架Il-2攻击机，这也是其个人的第5个战果，从而跻身王牌飞行员之列。到8月底，第2大队总共击落了39架苏联战机，其中8月25日和26日分别击落了11架。施坦因霍夫中尉再次成为大队耀眼的人物，在这期间他获得7个战果，将总战绩提高到35架。

也就在8月底，苏俄大地的气温开始明显下降，首场秋雨也在这时如期而至，将第2大队所驻扎的斯帕斯卡雅－波利斯特（Spasskaya-Polist）灌成一片沼泽。9月2日，大队转往位于列宁格勒以南70公里处的柳班，掩护计划打击苏军在沃尔霍夫河和姆加河地区集结部队的俯冲轰炸机和水平轰炸机部队。

自从列宁格勒成为苏联红军的主要据点后，这里的天空便不再平静，苏德两国空军的战机在这里展开了激烈的战斗。JG 52联队第2大队大展拳脚，整个9月份总共击落58架苏联战机。这一时期的"猎杀之王"当属"圣奥梅尔四贱客"之一、第4中队的西格弗里德·西姆施中尉，他共击落了6架（个人第12到第17个战果）。当然如此高的战果下，大队也有损失，5架飞机被击落，另外7架严重受损，其中大多是由恶劣的天气造成，两名飞行员丧命，一人失踪。阵亡的两名飞行员当中包括第5中队的二级下士卡尔·基希鲍姆（Karl Kirschbaum），他在蒂戈达－扎尔科夫村（Tigoda-Shalcov）上空的空战中被击落。第二天（9月7日），沃尔夫冈·特拉普少尉（Wolfgang Trapp）的"黄9号"也被击落，自此失踪。

在第2大队配合第3装甲集群的7个师向着莫斯科进军，并参加了两场大规模合围战的同时，第3大队在东线南段的战斗情形又是如何呢？

■ 瓦尔特·克鲁平斯基（1920-2000）

1939年9月1日加入德国空军，同年11月1日进入柏林第2空军学院，后又于1940年8月进入第6战斗机学校，随后在10月15日分配到JG 52联队补充中队。1941年2月1日，克鲁平斯基以少尉军衔进入第6中队。至1942年8月22日，他已经获得了50个战果，为此被授予金质德意志十字奖章。在击落第56架飞机后，又于1942年10月29日被授予骑士十字勋章。从1943年1月到3月，作为教官调入东线战斗机补充大队并在期间晋升为中尉，随后在3月15日被任命为第7中队长。1944年3月2日以174个战果被授予橡叶饰。再又获得3个战果后于同年4月18日被调回德国本土，进入JG 5联队第1中队。1944年5月1日晋升为上尉，随后在5月中旬升任JG 11联队第2大队长，前往诺曼底前线。此后从9月27日起，他又转任JG 26联队第3大队长。1945年3月26日进入第44战斗机部队（Jagdverband 44），改驾驶Me 262喷气式战斗机并获得了2个战果。战争结束时，他已经执行了超过1100次作战飞行任务，获得197个战果。1945年5月5日被美军俘虏。1956年11月1日，克鲁平斯基进入联邦德国国防部。从1957年，他被任命为第33战斗轰炸机联队联队长。1965年1月1日再次进入国防部，随后在1966年7月以准将军衔接管驻扎在美国德克萨斯州的德国空军训练特遣队。1969年7月1日，克鲁平斯基被任命为第3航空师师长。1971年10月1日调任盟军第2战术航空队参谋长。1974年10月29日被任命为该航空队司令员，并在一年后晋升为中将。1976年春天，具有新纳粹主义色彩的德国帝国党领袖汉斯－乌尔里希·鲁德尔邀请一批空军高官参加第51侦察机联队老兵聚会。尽管包括克鲁平斯基在内的众多将军并不认同鲁德尔的思想，并称其为新纳粹主义者，但此次聚会被媒体披露后，受到了多方的指责。联邦德国国防部长格奥尔格·勒布（Georg Leber）只能要求众位与会的将军们提前退休。同年11月8日，克鲁平斯基被迫退休。"鲁德尔事件"也标志着联邦德国军队同第三帝国国防军传统的彻底决裂。2000年10月7日，克鲁平斯基在诺伊基兴－泽尔沙伊德（Neukirch-Seelscheid）去世。

■ 1941年6月22日，索伯利沃机场，JG 52联队第6中队的几名飞行员围站在该中队的"黄6号"Bf 109F-2型战斗机旁。上图右侧第4位倚靠在机翼上的是未来的空战王牌飞行员瓦尔特·克鲁平斯基少尉（左图左侧）。右图右侧为恩斯特·夸希诺夫斯基少尉（Ernst Quasinowski）。夸希诺夫斯基少尉曾在西班牙内战中获得过4个战果。注意这架飞机上的联队徽旁边有一个第6中队的"绿色眼镜蛇"中队徽（见下方彩绘）。

■ 1941年6月，JG 52联队第6中队瓦尔特·克鲁平斯基少尉的"黄6号"Bf 109F-2型战斗机侧视涂装彩绘。

■ 1941年7月5日到12日，莱佩尔机场一直是JG 52联队第2大队行动的主要机场（上图和下图）。上图中可见第4中队的"白7号"Bf 109F-2型战斗机。

■ 下图为1941年夏季，JG 52联队第6中队巴尔克霍恩少尉，在索伯利沃机场，准备登上自己的"黄7号"Bf 109F-2型战斗机执行任务。

■ 上图为1941年7月，JG 52联队的一架 Bf 109F-2型战斗机正在苏联某地的一座前进机场上接受维护。

■ 上图为1941年6月28日，JG 52联队京特·维特少尉（Günther Witt）的"黑5号" Bf 109F-2型战斗机在从马拉奇耶纳机场起飞时，发生空难，所幸京特·维特少尉没有受伤。

■ 下图为1941年夏天，JG 52联队的一架 Bf 109F-2型战斗机准备在苏联境内的一座前进机场降落，正缓慢放下起落架。

■ 上图和下图为1941年夏天，JG 52联队联队长汉斯·特吕本巴赫少校的Bf 109F-4型战斗机。

■ 上图为汉斯·特吕本巴赫在1941年夏天的座机机身侧面照片。"黑 <<–"的联队长座机识别标志下方依稀有一个黑色数字2，代表这架飞机原先为联队的"黑2号"Bf 109F-2型战斗机。

■ 右图为1941年夏天，JG 52联队联队长汉斯·特吕本巴赫坐在座机座舱内。

■ 1941年7月25日，罗马尼亚布加勒斯特–皮珀拉机场，JG 52联队联队长汉斯·特吕本巴赫少校的Bf 109F-2型战斗机侧视涂装彩绘。

■ 上图为1941年夏天，JG 52联队第6中队迫降受损的"黄6号" Bf 109F-2型战斗机。

■ 右图为1941年夏天，几名地勤人员正在为第4中队的一架 Bf 109F-2型战斗机补充弹药。

■ 下图为1941年夏天，一群地勤人员正在维护第5中队中队长奥古斯特－威廉·舒曼中尉的"黑1号" Bf 109F-2型战斗机。

黑海上空的鹰

1941年6月20日，第3大队长戈特哈德·汉德里克少校卸下指挥权，赴任JG 77联队长。3天后，前第77联队补充大队长阿尔伯特·布卢门萨特少校（Albert Blumensaat）前来接任第3大队长职务。这时的第3大队总共拥有41架Bf 109F-4型战斗机，全部可以投入战斗。

在"巴巴罗萨"行动前夜，第3大队大队部及第8、9中队全都离开了布加勒斯特，来到该城以北64公里处的米希尔机场（Mizil），此地离普洛耶什蒂油田很近。希特勒非常看重这些战略意义关键的设施的保护工作。这是有道理的，虽然此时英国皇家空军在地中海战区只有几个不堪重负的中队，而且疲于与轴心国空军交战不得脱身，对罗马尼亚油田已经不能构成实质性的威胁，但是这些油田离俄国边境只有不到75公里，一旦与苏联开战，苏联空军的威胁要明显得多。然而开战后的事实证明，苏军轰炸机似乎不愿意进行这种短距离的冒险，突入罗马尼亚领空。虽然苏军在后来也对普洛耶什蒂油田的设施发动过空袭，但在苏德战争初期他们只局限于轰炸罗马尼亚在黑海海岸附近的目标，包括

■ 战斗在东线南段的第3大队的 Bf 109F-4型战斗机依然保留着硕大的数字编号以及波浪形识别标志，但自布卢门萨特少校履新后，便将温特费尔德上尉在任时的"冬季野狼"大队徽改为"红色箭十字"（见左侧彩绘）。

该国主要海港和输油管终端：康斯坦萨（Constanza）。由于第3大队驻地到海岸线地区只有180公里，所以苏军轰炸机往往可以在德军战斗机赶到之前完成轰炸任务悠闲返航。因此在东线战争最初的48小时内，第3大队仍然比较空闲。为了及时拦截苏军轰炸机，第8中队随后转场至黑海岸边的马马亚机场（Mamaia，距康斯坦萨15公里）。不过这座新机场仅有一座简陋的机库，没有油库，甚至连根电话线也没有。部队驻扎在该机场的那段时间里，油料仅靠几架 Ju

■ 不列颠空战后，JG 52联队第3大队被调往罗马尼亚。图为该大队在罗马尼亚机场上检修的一架 Bf 109F-2型战斗机，背景为两架运送补给的 Ju 52/3m 运输机。

52/3m 运输机在夜间运来，然后由地勤人员手工为飞机加油。

6月24日，第3大队终于迎来了苏德战争爆发后的首战，第8中队在导航指引下来到康斯坦萨上空拦截袭击此地的几个编队的苏军DB-3轰炸机机群。没有战斗机护航的DB-3轰炸机非常脆弱，德国战斗机很快就击落了12架苏联轰炸机，其中一架成为第8中队长京特·拉尔中尉的第2个战果，也是他在东线的首个战果。这天的战斗中仅有一架Bf 109F-4型战斗机被苏军轰炸机的尾炮击落，飞行员阿道夫·瓦尔特二级中士（Adolf Walter）安全跳伞。正当德国飞行员们还沉浸于上午大胜的喜悦之中时，一波数量更多的苏军轰炸机在当天下午绕行了更远的距离，飞到马马亚机场上空投弹，着实出乎第8中队的意料。幸运的是，大多数战机得以及时升空，只有两架被摧毁在跑道上。空袭中，飞行员贝恩哈特·布劳恩二级中士（Bernhard Braun）被炸死，奥托·莱因哈德二级中士（Otto Reinhard）受伤，另外还有3名地勤人员丧生。

■ 开战48小时后，未来的空战王牌京特·拉尔中尉击落了一架DB-3轰炸机，取得了在东线首个战果。

■ 1941年6月，JG 52联队第3大队所驻扎的罗马尼亚布加勒斯特–皮珀尔机场。照片中可以看到该大队的一些Bf 109F-2型战斗机。

次日，拉尔又击落了一架图波列夫SB-2轰炸机。然而第3大队在罗马尼亚期间最辉煌的一天是6月26日。当天早上，黑海舰队出动了一支强大的舰队，在18架空军SB-2轰炸机的支援下，向康斯坦萨发起联合进攻。结果，黑海舰队驱逐舰分队旗舰"莫斯科"号不慎触雷沉没，"哈尔科夫"号驱逐舰则挨了几发德军岸防炮的炮弹。苏联空军所有没有护航的轰炸机也全部化为JG 52联队第3大队的战果。未来的王牌、来自第7中队的阿道夫·迪克费尔德少尉（Adolf Dickfeld）也在此战中捞了两个战果。他后来这样回忆道：

"天空刚刚泛起一丝鱼肚白时，我们便接到了登机的命令。当我坐在座舱里时，眼前出现了一幅绝妙的美景：一轮巨大的红日从海面上缓慢地升起，四散出耀眼的光芒，照亮灰暗的地平线。但我们并没有时间继续惊叹这一壮观时刻，发动机和螺旋桨转动的轰鸣声很快便刺穿了黎明的宁静。领航员随后示意我们开始滑行，于是我们便一架接一架地从马马亚机场的沙质跑道上起飞。

"'苏军轰炸机正接近康斯坦萨'，我们的新任大队长在无线电里这样向我们通报道。当遭遇到这些轰炸机时，我们立即爬升到4000米高度。这是我第一次与红色空军交手。一整个团的苏联轰炸机正从冉冉升起的太阳方向上向我们扑来。这些轰炸机全部涂着绿色涂装，机翼和机尾上则有鲜红的红星识别标志。他们一直保持着密集的阵形，似乎下定决心扑向康斯坦萨。

"'准备战斗！'于是，我们开始重新编队。我检查了机枪，轻轻地将反射瞄准具摆好。也就在这时，我已经来到轰炸机群的左后方，我的速度太快了。我掉转机头，重新扑向轰炸机机群，很快便捕捉到了其中一架并向它开火。只见那架被我击中的轰炸机迅速燃起大火并脱离编队，随后几个降落伞在飞机的身后展开，缓慢地向海面降落。

阿道夫·迪克费尔德（1910-2009）

1937年加入德国空军并在二战爆发后进入JG 52联队第3大队，随部前往罗马尼亚前曾先后在法国、英国、希腊和克里特执行过飞行作战任务。1941年8月16日获得个人第10个战果，同年10月24日一举击落5架飞机，将自己的战果提升到20个。1942年3月19日以47个战果被授予骑士十字勋章。5月8日，他更是在一天之内击落11架飞机，后在5月14日再次击落9架，18日击落10架。如此出色的成绩（101个战果）让他在5月19日被授予橡叶饰，并在5月21日晋升为中尉。当他在1943年1月离开JG 52联队时，其个人战果已经达到了128个。后来他率领JG 2联队第2大队转战北非，并在1月8日的一起飞行事故中严重受伤之前在突尼斯又获得了5个战果。1943年4月17日，伤愈复出的迪克费尔德被任命为JG 1联队第2大队长。此后他曾声称击落多架美军四发轰炸机，但只有两架得到了证实。迪克费尔德在同年5月18日晋升为少校，随后在一次拦截盟军轰炸机的任务中被击落跳伞坠海。尽管他被营救了上来，但还是因伤势过重只能住院治疗。这次伤愈后他被任命为帝国航空部后备人才负责人和希特勒青年团飞行总监。战争结束后他才返回战斗部队，先是驾驶加装了"战场噩梦"火箭弹的Bü 181教练机对付苏军战车，后来又成为He 162喷气式战斗机飞行员，在战争结束前几周击落一架P-47战斗机。他在1072次作战飞行中总共获得132个战果（128个东线战果），另有15个未经证实的战果。

"我又在轰炸机机群中穿过，击中了第二架并迫使其同样燃起大火。也就在这个时候，我也发现自己正处于混战的漩涡中心。我们的座机在苏军机群中来回穿梭，轰炸机一架接一架地被击中并下坠。天空中散落着大量燃烧的碎片，其中点

103.

缀着一些白色的伞花。随后我看见一些苏军战舰正在攻击康斯坦萨港，却不慎误入一片罗马尼亚雷区，其中一艘军舰发生剧烈爆炸，强大的爆炸冲击波甚至将我的飞机抬了起来……"

在24日到26日的三天紧张战斗中，第3大队一共击落了35架苏军轰炸机，己方只损失一架战斗机。6月27日，JG 52联队联队部也来到了罗马尼亚，从而结束了第3大队隶属于德国空军驻罗马尼亚代表团的局面。

尽管3个中队轮流调往康斯坦萨以北滨海地区的马马亚进行驻防，但随后的一周里第3大队却再无战果。7月4日，大队长阿尔伯特·布卢门萨特少校接到空军总司令戈林发来的一封电报，上面的内容让大家极为震惊，电文如下：

"你部的无能在全军独树一帜。还要允许俄国人大摇大摆地进入你们的领空多久？"

这封气势汹汹的电文表明这个胖子完全不了解前线的实情。此时东线中段正在进行规模宏大的地面战，空军的战绩也随之飙升。戈林被这胜利冲昏了头脑，想当然地以为各条战线上都应当能够取得这样的战果，如果不这样，他就视为玩忽职守。而在罗马尼亚海岸地带并没有东线中段那样的大规模空战，苏军以少量轰炸机执行打了就跑的战术，突然从黑海广阔的海面上出现，对长达320公里的海岸线任意一处进行打击，然后迅速脱离撤退，在这种情况下是不可能像"收割"一样大量击落苏联战机的。但抗议是徒劳的，向戈林解释实情也没用。

为了平息空军最高指挥官的怒火，必须要为第3大队的"无能"找出一个替罪羊。由于某种原因，责任被推给了第7中队长埃尔温·巴克斯拉上尉（Erwin Bacsila），他的中队在这一时期的大部分时间里一直停留在布加勒斯特－皮珀拉机场而没有大规模参战，这位倒霉的中队长于7月11日被解职。

■ 埃尔温·巴克斯拉（1910-1982）
出生在匈牙利布达佩斯，在奥地利长大。高中毕业后进入奥地利特蕾西亚尼军事学院，1931年加入奥地利陆军服役于一支炮兵部队。1935年9月1日转入奥地利空军，以少尉军衔在某个高炮团中供职，随后参加飞行训练，在成为战斗机飞行员之前担任过侦察机飞行员。德奥合并后，巴克斯拉转投德国空军并在1938年6月1日晋升为中尉，同年11月1日进入JG 333联队第1大队任大队副官。1939年5月1日该大队更名为JG 54联队第1大队，又在5月15日再次更名为第1驱逐机联队第2大队。波兰战役结束后被任命为第2教导联队第11（夜间）中队长。1940年8月1日转任驻扎在海峡前线的JG 52联队第7中队长，随后随部转往罗马尼亚，"巴巴罗萨"行动时获得了几个战果，还曾一度暂时代理大队长职务，此后被解职，调入第3战斗机师部。1942年9月进入JG 77联队联队部。1943年1月转入第3空军司令部，领导第4战斗机指挥部。1943年11月，巴克斯拉少校又进入空军第1突击中队（Sturmstaffel 1），后在1944年1月30日首次击落一架美军B-17轰炸机，但手臂却严重受伤。伤愈复出后先后进入第16测试部队（Erprobungskommando 16）、JG 400联队补充中队和第1大队，驾驶Me 163火箭动力战斗机。1944年11月在JG 301联队担任中队长。1945年1月5日，巴斯克拉成为JG 3联队第4大队末任大队长。2月5日调入JG 400联队。战争结束后巴克斯拉回到奥地利，1982年3月3日在维也纳去世。战争期间，他总共获得了34个战果，另有8个未证实的战果。

■ 上图为1941年6月,JG 52联队第7中队位于罗马尼亚的一处前进机场。照片前景处为该中队的一架"白6号"Bf 109F-4型战斗机。

■ 下图为1941年6月,驻扎在罗马尼亚某机场的JG 52联队第8中队的"黑5号"Bf 109F-4型战斗机。

■ 上图为1941年7月初，JG 52联队第7中队的一些飞行员在罗马尼亚的马马亚机场上站在一起，听取行动任务简报。从左向右分别为阿道夫 · 迪克菲尔德、二级下士海因里希 · 普法费尔(Heinrich Pfeffer)、二级下士保罗 · 埃贝哈特(Paul Eberhardt)、二级中士约瑟夫 · 茨韦内曼和二级下士埃德蒙 · 罗斯曼。

■ 下图为1941年6月，JG 52联队第7中队中队长汉斯－约尔格 · 齐默曼中尉(Hans–Jörg Zimmermann)的"白1号"Bf 109F–4型战斗机。

■ 1941年6月，JG 52联队第7中队"白1号"Bf 109F–4型战斗机侧视涂装彩绘。

■ 上图为1941年夏天罗马尼亚的酷热中，第7中队的一名飞行员光着身子戴着一顶遮阳帽与自己的飞机合影，图中可见方向舵上的5个战绩标志。

■ 上图为1941年6月24日，第7中队的"白8号"战机准备升空。这架飞机的飞行员维尔纳·施塔佩尔（Werner Stapel）后在1941年10月16日因发动机故障坠机身亡。

■ 1941年6月，JG 52联队第7中队"白8号"Bf 109F-4型战斗机侧视涂装彩绘。

深入乌克兰

戈林兴师问罪电文发出的当天，JG 52联队第3大队就声称击落了两架DB-3轰炸机，但未获证实，而7月的余下时间里他们也只继续获得了12个战果，其中3架还是苏联海军过时的单引擎水上侦察飞机。直到8月1日，第3大队转场至乌克兰首府基辅以南75公里处的别拉亚-泽尔科夫地区（Belaya-Tserkov），这时他们的运气才开始好转。

8月的第一个星期，布卢门萨特少校的飞行员们暂时接受JG 3联队的指挥，一周内就击落了38架苏联战机。8月4日，第3大队首次在基辅附近上空作战，一天内击落苏军19架战斗机和一架轰炸机。京特·拉尔中尉包办了其中的3架I-16战斗机，这也是其个人的第5到第7个战果。另外两位未来的著名王牌也在这场战斗中分别获得了首个战果，一位是第9中队的赫尔曼·格拉夫少尉（Hermann Graf），他在基辅东南方向为一群"施图卡"护航时击落了一架I-16；另一位则是格拉夫的僚机飞行员——二级下士莱奥波德·施泰因巴茨，他在格拉夫获得战果后的5分钟也击落

■ 赫尔曼·格拉夫。这张照片摄于1940年10月初，此时谁也不会知道这位歪脸少尉将成为德国空军最著名的战斗机王牌之一。

了一架I-16战斗机。赫尔曼·格拉夫后来这样回忆道：

"当两架飞机从我头顶飞过时，我和施泰因巴茨都在同时向中队长大声叫喊，但是他并没理会

■ 第3大队驻扎在罗马尼亚期间，换装当时最新型的 Bf 109F 型战斗机，而将老旧的 Bf 109E 型战斗机转交给了罗马尼亚人，并负责培训罗马尼亚飞行员。图为罗马尼亚飞行员驾驶 Bf 109E 型战斗机与第3大队一起执行训练任务。

我们，只是向其他方向飞走。我只能乖乖地跟着编队长机飞行，但是随后便头脑冷静了下来。这种情况我们已经事先从中队的老手们那里有所获悉。我和施泰因巴茨在起飞之前就已经讨论过。于是我摇摆了一下机翼，脱离了施泰因巴茨。尽管我知道可能会有麻烦，但是我太想得到第一个战果了。数年来我一直期待这么一个机会能早点到来，现在我根本不想错过它。这些'拉塔'战斗机（I-16）太诱惑我了。

"当我突然转向一边时，看见施泰因巴茨竟然跟在我后面。我们俩开始向下俯冲。突然，我们发现俄国人并不只有两架飞机，我们起码面对着10架以上的飞机。正当我们还在计算着飞机数量的同时，发现在右下方有一个苏军机场。'拉塔'机群则在机场上空穿梭。这时，我也发现了几架'米格'机（MiG-3）。苏联人的高炮也在下面开火。同时，一群'施图卡'俯冲轰炸机从上面俯冲发起进攻。这可真是一场诱人的盛宴，而我们早已饥肠辘辘。正当我几乎从后面咬住一架'拉塔'时，它竟然突然转了一圈并向我发起进攻。我看到了它机炮上的火光，我的机身上的一片蒙皮顿时被撕开。尽管我也按下了开火按钮，但机枪却没有任何反应。就在千钧一发之刻，它竟然拉起爬升，从我右上方呼啸而过。当我猛拉起操纵杆爬升时，发现机枪的安全销竟然还在操纵杆上面。

"施泰因巴茨和我随后再次分开，但也屡次相互配合。苏军地面高炮疯狂地向空中开炮，根本不考虑空中战机的国籍。我从耳机中听到'老手'这样喊道：'下面这帮该死的！'巴茨迎面攻击了一架'拉塔'。起初这架飞机将我误认为跟他是一伙的。随后它意识到了自己的错误，猛然拉起机身，向我扑来。我本能地闭起双眼并按下了开火按钮。我拉起机身，差点就撞上了它。这架'拉塔'显然是被我击中了，急剧螺旋下坠，在撞向机场地面的瞬间发生剧烈爆炸。这时我从耳机里听到巴茨对我喊：'现在让我们离开这个鬼地方！'这就是我的第一个战果。航空时钟显示6时20分。"

8月7日，第3大队的总战绩超过了100架（第2大队早在5周前就跨过了这个里程碑）。8月9日，第8中队的约瑟夫·费恩泽布纳军士长（Josef Fernsebner）在获得个人第15个战果后被苏军战斗机击落身亡。也就在同时，乌曼包围圈战役也以德军的胜利宣告结束，约10.3万苏军沦为德军俘虏。德军接下来的目标是乌克兰首府基辅。

1941年8月上半月在乌曼包围圈战役获得胜利后，南方集团军群便集中兵力冲击苏军第聂伯

■ 莱奥波德·施泰因巴茨（1918-1942）

1918年10月25日出生在维也纳。1939年从奥地利军队转入德国空军，接受飞行员培训。1940年11月进入JG 52联队第9中队，经常担任赫尔曼·格拉夫的僚机，参加了巴尔干战役和克里特岛战役。1941年8月初在苏联获得首个战果，而到当年11月底时已经获得了25个战果。1942年2月，施泰因巴茨以42个战果被授予骑士十字勋章，同年6月获得橡叶饰。6月15日，他获得了个人的第99个战果，但是在返航途中遭遇苏军地面防空火力，坠毁在位于沃尔察尼斯克（Volchansk）附近的一座森林并当场身亡。施泰因巴茨随后被追授为少尉，并在6月23日被追授双剑饰。

河中游防线。8月23日,德军已在扎波罗日和切尔卡瑟等地建立起几个立足点。该集团军群的这次大进军得到了第4航空队的空中支援,其中的战斗机部队包括JG 3联队、JG 52联队联队部和第3大队、JG 77联队联队部及其第2、第3大队以及第2教导联队第1(战斗机)大队。为了遏制这些桥头堡阵地,阻止德军渡河并进入第聂伯河东岸的大草原,苏联空军也发起猛烈反击,派出了大量轰炸机空袭这些德军桥头堡。这和一年前英法空军对默兹河渡口的攻击非常相似。

9月初出现了反常的天气,秋雨连绵、雾气弥漫。尽管如此,第3大队还是竭尽全力保卫第

■ 阿尔弗雷德 · 格里斯拉夫斯基(1919—2003)
1919年11月2日生于鲁尔地区的瓦内-艾克(Wanne-Eickel)。1940年10月加入JG 52联队第3大队第9中队,后在1941年9月1日获得首个战果。1942年7月1日以43个战果获得骑士十字勋章,随后在8月份转入第7中队。1943年1月26日晋升为少尉,同年10月初晋升为上尉并被任命为第50战斗机大队代理大队长,11月转任第1联队第1中队长。1944年3月13日又被任命为第8中队长,随后在4月11日以122个战果被授予橡叶饰,7月在诺曼底升任第3大队长,月末转任第53联队第11中队长。同年9月26日在击落1架P-39战斗机(第133个战果)后被P-51战斗机击落,在医院中度过了战争的剩余时间。战争结束后他拒绝参加新成立的联邦德国空军,2003年9月19日去世。

聂伯河桥头堡。9月1日,他们声称击落7架飞机,却损失了3架战机和3名飞行员。接替巴克斯拉上尉担任第7中队长的汉斯-约尔格 · 齐默曼中尉在最大的一个桥头堡——第聂伯罗彼得罗夫斯克上空执行一次低空扫射任务时,不幸与自己的僚机相撞丧生。6月24日在罗马尼亚被击落过一次的阿道夫 · 瓦尔特士长再次被击落,迫降在战线后方,但营救人员未能找到他。同日,JG 52联队未来的强人——二级下士阿尔弗雷德 · 格里斯拉夫斯基(Afred Grislawski)也获得了他的首个战果,在克列缅丘格(Kremenchuk)南面遭遇4架I-16战斗机时,他先是向苏军战斗机俯冲下去,然后在400米高度上拉平,将那4架飞机置于他上空600米处。在耗尽了俯冲所累积的速度后,格里斯拉夫斯基迅速拉起机身并瞄准左前方的一架苏联飞机。但是当他即将按下开火按钮时,苏联人竟然聪明地四散开来,而被瞄准的那架飞机突然向北转向并兜了一圈。格里斯拉夫斯基追它追了将近5分钟,然后击中了它,浓烟从它的机腹外罩不断地涌出,随后便开始在空中翻转并急剧垂直下降,坠落在克列缅丘格东北30公里处。

格里斯拉夫斯基后来回忆道:

"我生于1919年11月2日,从小就想加入海军或者成为战斗机飞行员。当时海军正在大量征召新兵,我想终于可以实现了儿时的梦想,于是我成了一名海军飞行员。但随后我被分配到一支轰炸机部队,而这根本不符合我原来的愿望。我只想做一名战斗机飞行员,而不是'巴士司机'。在各类培训学校和非战斗类部队中呆了将近两年时间后,我才终于可以转入前线战斗机部队,奉命前往杜塞尔多夫。但当我赶到那里时,一封电报又让我去柏林-德布里茨。当时JG 52联队第3大队在不列颠空战中遭受到了沉重损失,不得不撤回到柏林-德布里茨重组。

"没过多久,第3大队便恢复了实力并被调往

罗马尼亚布加勒斯特,负责保护普洛耶什蒂油田。同时我们也负责帮忙培训罗马尼亚飞行员。对苏作战爆发后,最初罗马尼亚还比较平静,随后我们便转移到东线南段并获得了非凡的胜果。起初,驾驶双翼战斗机的苏军飞行员还比较容易对付。他们一看到德国战斗机接近便会四散而逃。但此后大量'雅克'、'米格'和'拉格'战斗机在士气高涨的飞行员们驾驶下出现在东线,给我们造成了极大的危险。他们的飞机性能很好,重量更轻也更容易操纵。

"在此期间,第9中队经常被分成两部分。这样,当一部分飞机降落时,另外一部分可以立即起飞并继续战斗。一部分飞行员在执行完任务后,地勤人员会重新加注燃料并重装弹药,以让飞机能够做好再次起飞的准备。这期间飞行员可以抽空迅速填饱肚子,或者休息那么一会儿。事实上,在夏天里我们的帐篷并不适合休息。我们的机场往往是那种临时机场,而我们的敌人却享受着基础设施不错的永久机场。不过当冬天到来时,食物倒是不错,不易变质。1941年9月1日,我获得了首个战果,击落1架I-16战斗机。我的第二个战果又是一架I-16战斗机,同时也是第9中队的第50个和第3大队的第242个战果。"

9月5日和6日两天,第3大队又击落12架飞机,埃德蒙·罗斯曼包揽了其中的3架(个人第12到第14个战果)。9月12日,第3大队前往第聂伯河下游的贝里斯拉夫(Berislav)。按原计划,他们将支援第11集团军的先头部队越过彼列科普地峡进入克里米亚半岛,但第3大队在贝里斯拉夫刚刚待了3天(获得9个战果),就奉命立即返回别拉亚-泽尔科夫,此时基辅战役已近尾声。但他们在别拉亚也只待了不到一周(击落7架飞机),又于9月23日向几乎正东的方向前进了320公里,来到乌克兰中部的波尔塔瓦(Poltava)。当天上午,苏军第98远程轰炸航空兵团的16架DB-2轰炸机飞临德军前线,第8中队立即升空截击,迅速击落两架,中午时格拉夫少尉又击落一架(个人第17个战果),下午第3大队再度击

■ 1941年9月,第9中队多名飞行员的合影。从左向右分别是海因里希·福尔格莱贝、阿尔弗雷德·埃姆贝格、二级中士埃瓦尔德·迪恩(Ewald Dühn)、汉斯·克莱因、中队长弗朗茨·赫尼希上尉、赫尔曼·格拉夫、施泰因巴茨、恩斯特·聚斯和二级下士哈恩(Hahn)。

落3架。23和24日两天时间第3大队总共击落了9架苏军战机，但是也损失了一架战斗机。这里要特别提出一个人——第8中队的二级下士格哈德·克彭（Gerhard Köppen），他于1941年6月24才在罗马尼亚收获首个战果，而到了9月24日，他的战绩已经累积至第19个，当天他击落了一架MiG-3战斗机和一架SB-2轰炸机，今后曾有一段时间他攀上了JG 52联队头号王牌的宝座，直至1942年5月坠海失踪。

9月27日清晨，第9中队的格里斯拉夫斯基和韦尔哈德·罗伊特中尉（Wilhard Reuter）一起起飞。由于罗伊特中尉在飞行员们心中一直都是位朴素而飞行技能高超的飞行员，因而格里斯拉夫斯基根本不会想到他会有什么差错。当2架飞机离开机场并向东爬升，格里斯拉夫斯基注意到罗伊特的"黄3号"仍然没有收起起落架。格里斯拉夫斯基试图在无线电通知罗伊特，却没有收到任何回复。他又试着通报了一次，但依旧没有得到回复。他随后降低速度，以同罗伊特保持距离。他最终还是放弃了呼叫，加速从罗伊特头顶飞过。也就在这时，耳机里传来了后者愤怒的喊声："你飞到上面做什么？回到你的位置上去！"格里斯拉夫斯基并没有听从他的命令，仍然在罗伊特的前面并放下起落架，希望能让后者知道自己的起落架没有收起。他再次在耳机里听到了后者的声音："你的起落架掉下来了！怎么回事？"格里斯拉夫斯基心中顿时泛起愤怒，他回答道："你没有收起起落架！"但是罗伊特似乎并没有领会到并说："你的飞机和你都出毛病了！你立即返航！"

"返航？这倒不错！"格里斯拉夫斯基这样想道。于是，他掉转机头，朝机场飞去。

第9中队官兵们都在焦急地等待罗伊特归来，但是几个小时过去后仍然没有见到他的影子。随后，一支陆军部队传来消息，称他们救起了一名身负重伤的"梅塞施密特"飞行员。他被苏军战斗

■ 格哈德·克彭（1918-1942）
1918年5月17日生于普鲁士霍尔岑多夫（Holzendorf），从小便接受了滑翔机驾驶训练。1936年加入空军第1轰炸机大队。1939年转训战斗机飞行员，后在1941年进入JG 52联队第7中队。1941年12月18日以40个战果获得骑士十字勋章。两天后又被授予金质德意志十字奖章。在执行空战任务外他还消灭了大量苏军坦克、人员以及地面设施，还曾在第聂伯河上击毁一艘苏军炮艇。1942年2月20日，在先后击落了4架苏军战机后成为联队第一王牌，随后在2月28日以72个战果成为德军第79枚橡叶饰获得者并登上了《国防军公报》。同年5月1日他击落4架飞机，又在第2天又再次击落5架。5月5日，已经被破格晋升为少尉的克彭在亚速海上空被击落，自此杳无音讯。5月6日，德军总司令部还是在报告中报道了他的第85个战果。

机击落并跳伞，再也无法重返蓝天了。

两天后，德军第6集团军消灭了基辅包围圈内的苏军，俘虏66.5万人，苏军西南方面军几乎全军覆灭。在第6集团军对基辅进行合围的同时，陆军的其他部队仍然在势不可挡地继续推进。第17集团军的所属部队已经接近了哈尔科夫。

随后的四周中，第3大队的作战区域就主要集中在这座工业城市及周围地区。第3大队此时直属于第4航空军，按照惯例执行护航和自由猎杀的任务。这期间第3大队的个人和集体战绩都

开始猛增，而格拉夫和拉尔这种层次的优秀飞行员战果更是稳步增加。10月3日，格拉夫首次在一天中击落两架战斗机。他先是在17时击落一架Yak-1战斗机，5分钟后又击落一架I-16战斗机。10月4日，拉尔获得了第19和第20个战果。格里斯拉夫斯基也获得了第二个战果，他曾在报告中这样写道：

"1941年10月3日17时02分，在哈尔科夫以北5公里处的1500米高空击落一架I-16战斗机。10月3日，我同格拉夫少尉的长机一起袭击哈尔科夫北面的一座机场，期间格拉夫在地面上摧毁了两架飞机。执行攻击任务后，我们在哈尔科夫西北面爬升到1500米高空，发现在2000米高空上有一个苏军20架不同型号战斗机组成的编队。随后，我从后面攻击了一架I-16战斗机，只见那架飞机冒出浓密的黑烟垂直坠毁在地面上。我根本没有时间确定那架飞机的坠毁地点，因为好几架飞机在那时也在攻击我，但是我的战果得到了格

拉夫少尉的证实。"

从10月3日到14日，第3大队总共击落了超过50架飞机，自身仅损失一架。10月14日的一天里就击落了17架飞机，其中赫尔曼·格拉夫包揽了其中的两架。这场战斗也是格拉夫整个战斗生涯最为艰难的一场战斗。他后来这样回忆道：

"福尔格莱贝有麻烦了！敌人的长机正缠着他。我立即跟了上去，俄国人分明也发现了我，他们的僚机也跟了上来。但是随后便退缩了，与我们保持着几千米的距离。我命令在我前面的福尔格莱贝让开。这是我来到东线以来所经历的最为兴奋和艰难的一场空战。我同敌人的长机相互追逐，在半径约1000米的空中来回追逐了数圈。当时我全身冒汗，我意识到碰到了跟我一样出色的对手。我在空中来回追逐，几次在相互开火并即将相撞时，他都能及时地拉起机身从我头顶穿过。突然，其他飞机搅了进来。我看到二号飞机突然转到一边，而先前的对手也再次来到我的后

■ 赫尔曼·格拉夫在获得第9和第10个战果后，自豪地与地勤人员一起在座机方向舵前留影。照片摄于1941年10月3日波尔塔瓦机场。

方400米处。我并没有浪费时间，继续降低高度追逐二号飞机，在第一次飞跃时击中了它。只见这架飞机突然拉起失速并翻转了过来，向地面急剧下坠。我肯定是击中了飞行员座舱。

"幸运的是，我从耳机里听到了福尔格莱贝持续的实况报道。要知道，当时我根本没有时间去观察周围的其他飞机。实际上，后面的那位苏军高手一直在追着我，试图为战友报仇。也就在这期间，他已经距离我不到200米。他在这时已经击中了我的装甲板。我看到空速仪表已经显示时速达到了600公里。我想这个速度已经足够了，戴姆勒－奔驰发动机已经全速运转。我爬升到自我感觉安全的1200米高度，随后又爬升到比他还要高的高度。同时他也在爬升，最终我们一直爬升到3000米高空。他再次向我发起进攻，企图给我致命一击。在不断追逐的缠斗中，我们又继续爬升。10分钟过后，他每次进攻时，我似乎都能感觉到他已经近在咫尺。我逐渐有了一种想法：他肯定是苏军最伟大的王牌飞行员。所幸，几年来我学过不少飞行特技，不然的话我估计早已成为他的枪下鬼了。

"福尔格莱贝向我报告称他的燃料快耗尽了，准备返航。5分钟后，我的红色燃料预警灯也亮了起来。这意味着发动机将在20分钟后停车，而我现在距离己方战线大约有50公里。我必须立即退出战斗，但是我又不情愿与这么一位高手失之交臂，转过身来给他从后面进攻我的机会。而且他也正疯狂地追着我，不会轻而易举地让我逃脱。我们再次来了一次对飞，随后我并没有再次扑向他，而转到了一边。同样，他也做了一个类似的动作。现在该怎么办？他会不会让我继续笔直向前，然后在我左右转圈，将我击落？我不敢让他在我的视线中消失，被他不知不觉地攻击。然而不可思议的事情却发生了，他突然向东飞去，而我正朝着西面飞行。当我带着浓烟返回，在跑道

■ 海因里希·福尔格莱贝（1916–1945）
1916年7月26日生于黑森地区维岑豪森。1941年春天加入 JG 52 联队第9中队，在1942年夏天获得了其总战果的大部分。在获得52个战果后于1942年10月2日获得骑士十字勋章。1943年6月调入 JG 50联队，同年10月份进入空军东线补充大队。格拉夫成为 JG 52联队长后，在1944年年底将福尔格莱贝带回到了联队部。1945年1月30日，福尔格莱贝在一次低空进攻中被苏军高炮击中毙命，其总战绩为67架。

上滑行时发现燃油已经耗尽，螺旋桨都被冻住了。

"当我爬出座舱时，我的膝盖不停地在颤抖。多么传奇的一次战斗啊，多么厉害的一位对手啊！我艰难地将注意力集中到战友们的欢呼声中，他们在为我的两个战果而高兴。但是那位攻击我的苏联飞行员似乎仍然在我脑子里萦绕着。我希望能有机会，私下同他见面，坐下来聊聊。他应该能同我成为好朋友，我想知道他是怎么看待我的。这个问题在那天一直困扰在我心头，尽管这天我分别在16时整和16时08分获得了第13和第14个战果……"

10月17日，拉尔中尉击落一架"雅克"战斗机，将自己的战果提高到25架。当第3大队于10月23日离开波尔塔瓦时，在哈尔科夫和第17集团军战区总共获得了115个战果。战绩排名第一的仍是第8中队的格哈德·克彭，其战果已达31个。

■ 左图为1941年6月，JG 52联队第7中队"白3号"Bf 109F-4型战斗机准备起飞执行任务，注意这架飞机驾驶舱前风挡额外安装了一块装甲板。

■ 1941年6月，JG 52联队第7中队"白3号"Bf 109F-4型战斗机侧视涂装彩绘。

■ 上图为1941年8月拍摄的第8中队"黑4号"Bf 109F-2型战斗机。为防止起落架轮胎被烈日晒坏，地勤人员为其盖上了帆布。

■ 1941年8月，JG 52联队第8中队"黑4号"Bf 109F-2型战斗机侧视涂装彩绘。

■ 上图为1941年夏末，驻扎在东线某机场上的 JG 52 联队第9中队的"白7号" Bf 109F–4 型战斗机。这架飞机旁边停着一架 Ju 52/3m 型运输机。

■ 上图为1941年9月初，JG 52 联队第8中队的"黑6号" Bf 109F–4 型战斗机。图中可见机场上跑道已经出现泥泞。

■ 1941年9月6日的空战行动后，埃德蒙 · 罗斯曼与自己的"白9号" Bf 109F–4 型战斗机合影，可见尾舵上的14个战果标志。

■ 1941年9月，JG 52 联队第3大队的埃德蒙 · 罗斯曼的"白9号" Bf 109F–4 型战斗机侧视涂装彩绘。

"台风"惊魂

第3大队在东线南部不断移动，为在该地段作战的陆军3个集团军分别提供支援，与此同时，第2大队在北方的列宁格勒－伊尔门湖战线的生活却相对平静，基本没有调动。但是没有调动并不意味着没有行动。沃伊特克上尉的飞行员们的战绩仍然领先于本联队的其他两个大队，并且不断取得新战果。在8月末的三天时间里他们打下了30架飞机，其中6架是被第4中队中队长施坦因霍夫中尉击落的，其个人总战绩达到了35个，并在8月30日获颁JG 52联队在东线的第一枚骑士十字勋章。

但胜利也是要付出代价的。在东线北部作战期间，第2大队失去了两位老飞行员。8月11日，"圣奥梅尔四贱客"之一的格奥尔格·迈尔军士长的"白5号"座机，在进行低空扫射时被地面火力击落。9月6日傍晚18时20分，第5中队中队长奥古斯特－威廉·舒曼中尉意外身亡，此时

"矮个儿舒曼"刚刚取得了他的第30个战果，驾驶着他的"黑1号"Bf 109战斗机在柳班的大队基地上空盘旋以示庆贺，不料乐极生悲，因飞行高度过低迎头撞上了维雷特耶村（Veretye）附近的一座山头。接替他担任第5中队长的是西格弗里德·西姆施中尉。巧合的是，西姆施也是"圣奥梅尔四贱客"之一。

随着时间的推移，第2大队的飞机损耗越来越严重。东线北部此时也是秋雨瓢泼，泥泞不堪，而且雾气弥漫。大队的多架战斗机因为天气状况不佳而发生事故，被注销或者损坏。9月底，第2大队奉命南下前往东线中部的维亚济马，此时该大队只剩下了19架战斗机，其中可用的只有11架。第2大队南下的原因是德军即将发动旨在一举攻克莫斯科的"台风"行动，为此中央集团军群雄心勃勃地投入了14个装甲师、8个摩托化步兵师和56个步兵师。

为支援如此庞大的地面部队，德国空军也进行了相应的重新部署。沃伊特克上尉的第2大队

■ 1941年8月30日，施坦因霍夫中尉以35个战果获颁骑士十字勋章，图为在授勋仪式后他手持鲜花与一位军士交谈。

■ 上图据说是奥古斯特－威廉·舒曼中尉的最后一张照片，当时他正在向手下的飞行员们传授空战中的飞行技巧。

■ 左图为第5中队长奥古斯特－威廉·舒曼中尉的坟墓。

■ "台风"行动发起时，第1大队驻扎在斯摩棱斯克东面的一座机场。图为该机场上的第1中队的战斗机。

绝非 JG 52 联队中仅有的参加东线中部兵力大集结的单位。1941年9月21日，空军总司令部终于也同意 JG 52 联队第1大队从荷兰奔赴东线中段，参加即将开始的"台风"行动。此时的第1大队拥有39架 Bf 109F-2 型战斗机。

卡尔-海因茨·莱斯曼中尉的第1大队于9月24日离开荷兰，10月2日抵达东线。当天下午该大队便旗开得胜，击落4架飞机，其中第1中队的军士长罗伯特·波茨（Robert Portz）收获了一架 I-16 战斗机。这架苏联战斗机同时也是他个人的第4个战果。10月2日也是"台风"行动正式发起的日子，中央集团军群的各师离开了斯摩棱斯克以东的出发阵地，一鼓作气地冲向270公里

■ 1941年10月初，JG 52 联队第2中队的一名士兵与该中队的"黑2号" Bf 109F-2 型战斗机合影。

外的苏联首都。

JG 52 联队的第1、2大队都在 JG 27 联队的编成内参加了"台风"攻势的初始阶段战斗。10月3日，第6中队的格哈德·格吕维茨军士长获得了第2大队在"台风"行动中的首个战果，于当天正午12时击落一架 MiG-3 战斗机。到10月13日，该大队已经在行动中击落了13架苏军飞机，其中施坦因霍夫中尉和卡尔·哈特曼中尉（Carl Hartmann）各包揽了3架，分别为个人的第40到第42个和第16到第18个战果。然而第2大队也在空战中损失了两架战机，第4中队的二等兵鲁尔夫·施奈德温特（Rolf Schneidewind）还丢掉了性命。

刚刚来到东线的第1大队可谓憋了一肚子的火，终于找到发泄的地儿了。"台风"行动的最初几天里，第1大队居然成为第2航空队战果最多的战斗机大队。从10月2日到10日，该大队总计击落58架飞机，而自己仅损失7架。10月10日，第1大队转场至维亚济马的西北面的杜奇诺（Dugino）与第2大队会合，在杜奇诺的10天时间里该大队又继续获得了15个战果，其中第3中队的约阿希姆·里德尔少尉（Joachim Riedel）战果最高，击落3架苏联飞机。

■ 上图为汉斯·特吕本巴赫少校站在自己的座机机翼上留影纪念。这张照片拍摄于1941年10月10日，2天后他离开了JG 52联队，前往担任第4战斗机学校校长。自不列颠空战时担任 JG 52联队联队长以来，他总共获得了5个战果。

■ 左图为1941年9月23日，JG 52联队的联队长汉斯·特吕本巴赫少校（右）与联队副官约翰内斯·维泽中尉（Johannes Wiese）在机场上查看维泽中尉的 Bf 109F-4型战斗机（出厂编号 W.Nr. 7090）的尾翼。当天，两人在战斗中各自收获了一个战果。

■ 1941年10月，JG 52联队联队长汉斯·特吕本巴赫少校的 Bf 109F-4型战斗机侧视涂装彩绘。

在此需要指出的是，10月12日，汉斯·特吕本巴赫少校卸去了JG 52联队联队长职务，转任第4战斗机学校校长。威廉·莱斯曼少校随即接任联队长，他也在10月17日获得自己在东线的首个战果，击落1架MiG-3战斗机。

1941年10月中旬，冬季的气息已经十分明显，机场上出现了薄薄的积雪，气温在夜间急剧下降。尽职尽责的地勤人员在缺乏润滑剂和其他为发动机暖身的措施情况下，只能采取其他措施以保持飞机处于可飞行状态。与此同时，苏军在莫斯科正面的抵抗也越来越顽强。10月16日，第2大队转场至紧贴前线的加里宁（今俄罗斯特维尔），这里距离莫斯科仅仅只有170公里。这座机场为苏军战前的空军基地，条件可比其他野战机场要好得多，但随后这里便处于苏军的重炮火力之下。10月20日，JG 52联队联队部也从东线南部来到了中部，在加里宁西南地区与第2大队会合，随后第1大队也来到了此地。此时JG 27联队被调往北非，其编成内的一个由西班牙志愿者组成的中队——第5中队被转交给了JG 52联队。

为躲避苏军猛烈的炮火，第1和第2大队在10月22日又转场至加里宁稍靠南面的一座机场，但是没过多久苏军的远程炮火便延伸到了这里。29日，第1大队在炮击中被炸死5名地勤人员。尽管如此，在该大队控制的空域内他们还是击落了14架飞机，其中大队长卡尔-海因茨·莱斯曼一举击落了4架（个人第25到28个战果）。一天后，第2大队再次遭到猛烈炮击，8架战斗机被击毁或击伤。第2大队在加里宁遭罪的同时，也出动飞机来到了沃罗科拉姆斯克镇（Volokolamsk，距离莫斯科约129公里）对苏军防御阵地展开报复性攻击，期间也顺带展开空战，截至10月底，他们在这一地区总共获得了19个战果，其中10月18日单日击落11架。

在加里宁机场驻扎期间，德军第8航空军司令里希特霍芬将军还前来视察过一次。第1大队的二级下士瓦尔特·托特（Walter Tödt）依稀还记得当时的情形：

"当天快到中午时，一架'鹳'式联络机在我们机场上空盘旋了几圈。这架飞机的机翼下面有一块正方形的金属识别板，里面划分成黑、白、红三色的三角色块。这样我们便认出这是某位将军的座机。只见这架飞机随后向北飞去，直接飞往苏军控制地区。当时我们在想：'这家伙脑子进

■ 1941年10月，JG 52联队第3中队驻扎在杜奇诺机场上的"黄10号"Bf 109F-2型战斗机正在接受维护。

水了吗？'那架飞机飞越一片树林，但是并没有引来地面的火力。一会儿后，它竟然飞了回来，降落在机场上。我立即跑到位于地面控制楼中的指挥所。就在这时，苏军的'斯大林管风琴'火力覆盖到了机场上，迫使我们无奈地全部趴在指挥所的地板上，在窗台和墙角下面避弹。当将军进入房间时，有人下达了立正的命令，大队长向将军报到后，里希特霍芬将军对他表示感谢并说：'先生们，这个世界上没有不开火的战争，你们必须习惯这些！'随后他在桌子上摊开了带来的地图，上面已经用红色标注好了敌人的位置，而我们的位置则用蓝色做好了标记。当他阐述完当前的形势后，他这样总结道：'现在你们的工作是，干掉这些卡在我们要害处的俄国人。此外，如果战火燃烧到我们的家园，里希特霍芬家族绝对不会袖手旁观！先生们，希特勒万岁！'"

"台风"行动起初进展还算是顺利，在维亚济马和布良斯克两地再次聚歼苏军重兵集团，但是渐渐地显出了颓势。阻挡德军前进的并不是只有

■ 拿破仑和威廉二世曾经领教过俄国"冬季将军"的厉害，二战德军在1941年冬天再次与这位"将军"过招。这幅战时宣传画将"冬季将军"描绘成一位巨人般的哥萨克老战士，令入侵者惊恐万状。

苏联红军。随着10月的秋雨逐渐化为了大雪和霜冻，中央集团军群遇到了另一个可怕的敌人——"冬季将军"，就是这个"敌人"，曾经击败了包括拿

■ 1941年10月中旬，冬季悄然而至，地勤人员只能在缺少设备的情况下为发动机暖身。图中的这种热气鼓风机在当时算是稀罕物。

■ 1941年11月初驻扎在鲁萨机场的JG 52联队第2中队的Bf 109F-2型战斗机。照片前景处的"黑4号"后在11月14日的战斗中被击落，飞行员京特·米勒少尉被宣布失踪。

破仑大军在内的所有入侵俄国的外国军队。

也就在10月底，苏军地面部队开始威胁德军在伏尔加河东岸的桥头堡以及加里宁本身，迫使第2大队地勤官兵们不得不拿起武器抵御苏军的侦察部队。也就在这样的情况下，第1和第2大队在10月31日后撤至加里宁西南65公里处的斯塔里察（Staritza）。在持续的恶劣天气影响下，第2大队只能在这里执行少量任务，根本无法获得值得一提的战果。

之后，JG 52联队联队部和第1、2大队再次前移，于11月4日来到莫斯科公路以北、莫斯科河畔的鲁萨机场（Rusa）。此时他们离莫斯科只有75公里。当德军地面部队渐渐停顿下来的同时，只要天气允许，JG 52联队的飞行员们仍然坚持为"施图卡"护航或进行攻击。从11月4日到15日，第1大队共击落35架飞机，自己只损失4架，不过此前一个月中总共击落了10架苏联战机的大队长卡尔-海因茨·莱斯曼中尉在11月6日的一场空战中受了重伤，直至次年的5月才伤愈复出，返回第1大队担任地面指挥职务。11月14日，第2中队的京特·米勒少尉（Günter Müller）在战斗中失踪，另外三名被击落的飞行员随后则返回了部队。

在接下来的11天中，第1大队只获得了3个战果。直到11月27日到12月2日德军向莫斯科发起最后一次铤而走险的进攻时，第1大队才得以再次大展身手。他们在27日当天击落3架飞机，

■ 受伤后的卡尔-海因茨·莱斯曼中尉。

28日击落8架，30日又击落7架，然后在12月2日击落5架。第1大队在这期间还遭遇到了一个最为棘手的对手——伊留申设计局的Il-2重装甲对地攻击机，它也是苏联空军在抵抗德军入侵的宏大战争中最威名远扬的标志性武器。第1大队的瓦尔特·托特对于这种皮糙肉厚的苏联飞机有着这样的回忆：

"在一次返航飞行中，我和卡尔·龙少尉（Karl Rung）遇到了一架单飞的Il-2攻击机。我们向它发起了攻击，迫使其向莫斯科方向飞去。由于它的飞行高度太低了，我们根本无法从其下方攻击它的要害——机腹散热器，只能从两侧攻击它，打掉了它的水平尾翼。但是这架Il-2攻击机竟然还能继续飞！突然，一阵地面轻型高炮火力向我们袭来，迫使我们停止追逐那架攻击机并爬升避险。Il-2攻击机着实是最为棘手的目标，如果你从后面攻击它，那么子弹会轻而易举地从飞行员座舱装甲板上弹走。"

第1大队在其战斗日志中这样记录道：

"部队驻扎在鲁萨机场期间，冬天的气息已经十分浓厚，我们正在为从西北面经科林（Klin）向莫斯科前进的装甲前锋部队提供掩护。在执行护航和自由猎杀任务中，大队总共击落35架飞机，自己仅损失了两人。冬天给我们带来了许多无法克服的困难，我们没有设备为发动机暖身，所有的飞机全部停在了气温在零度以下的室外。"

11月30日，第1大队和第2大队再次转移至莫斯科西北85公里处的科林。两天后的12月2日，第2大队的约翰内斯·施坦因霍夫中尉成为整个JG 52联队首位战果累计达到50架的飞行员。但是当天，中央集团军群的力量已经几乎完全耗尽了。12月4日，西格弗里德·西姆斯中尉击落一架Yak-1战斗机，获得了第2大队在1941年的最后一个战果。

12月6日，苏军使用从西伯利亚调来的生力军，在莫斯科以北的加里宁战线展开了大规模反攻。当时德军第2航空队在莫斯科前沿地区只有不到600架飞机，而苏军投入反攻的战机却达到了1376架。在苏军反击的首日，低气压导致莫斯科前线地区笼罩在一片浓雾之中。为掩护陷于混乱的地面部队后撤，德军战斗机部队只能冒险在浓雾中低空飞行，打击苏军地面追击部队。12月13日，一群苏军轰炸机飞临第2大队基地上空炸毁了7架Bf 109F-2型战斗机，使得该大队在这天只剩下两架飞机可升空作战。更糟糕的是，苏军已经突破了德军防线，铆足了劲向西突击。当苏军前锋在12月14日早上接近科林时，第2大队仓促撤离基地，将大量装备和无法使用的飞机丢弃在机场上，随后11架幸存的"梅塞施密特"战斗机成功降落在维亚济马以南的杜奇诺机场。地勤人员在与紧追不舍的苏军交战过程中蒙受了惨重的伤亡，两天后也赶到了杜奇诺。

12月16日，苏军又在莫斯科以南的布良斯克战线发动第二次反攻。苏军的这两次攻势犹如一把铁钳，大有合围德军中央集团之势。后者当时缺乏过冬的准备思想，且御寒装备不足。别无选择之下，德军只得进行风险巨大而且损失惨重的大撤退，随后才掘壕据守下来。

德军对莫斯科的威胁被解除了，"台风"散尽。第2大队在杜奇诺熬过了1941年，忍受着零下40摄氏度甚至温度更低的严寒直至次年年初（1942年1月20日）才相继返回东普鲁士耶绍（Jesau）进行休整和补充。第1大队则在12月29日收获了该大队在这年里的最后一个战果：二级中士赫伯特·霍迈尔（Herbert Hohmeyer）击落一架Pe-2轰炸机。第2大队离开杜奇诺的11天后，第1大队也离开了这里，经斯摩棱斯克以北的一座机场，同样撤回到东普鲁士耶绍。1942年4月11日他们又来到捷克斯洛伐克的厄尔米茨（Olmütz）接收新的Bf 109F-4/R4型战斗机。

■ 左图为1941年11月14日，JG 52联队第1大队迫降在罗斯拉夫利东南3公里处的"黄7号"Bf 109F-2型战斗机。当时驾驶这架飞机的飞行员为二级下士奥托·米尔鲍厄（Otto Milbauer）。

■ 下图为1941年11月，JG 52联队第1大队第2中队"黑7号"Bf 109F-2型战斗机涂装彩绘。这架飞机机身中后部保留着第1大队前期的"奔跑的野猪"队徽，而引擎罩上又画有大队在北海地区驻防时使用的队徽。

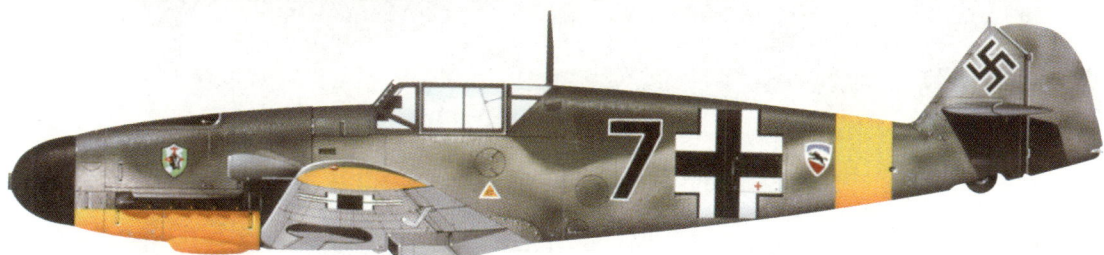

■ 右图为JG 52联队第6中队撤离莫斯科前沿时遗弃的一架"黄5号"Bf109F-2型战斗机。图中可见"眼镜蛇"队徽和尾舵上的8个战果标志。这架飞机的飞行员为恩斯特·夸希诺夫斯基少尉。

■ 1941年12月，JG 52联队第6中队的"黄5号"Bf 109F-2型战斗机侧视涂装彩绘。

■ 右图为 JG 52 联队第 4 中队中队长约翰内斯·施坦因霍夫中尉在 1941 年 12 月初的 "白 1 号" Bf 109F-2 型战斗机。照片摄于科林机场。

■ 下图为 1941 至 1942 年冬天，JG 52 联队第 5 中队 "黑 6 号" Bf 109F-2 型战斗机。前景为中队战果板，标注着 17 个西线战果和 73 个东线战果。该照片可能摄于 1942 年 1 月第 2 大队撤回耶绍之后。

■ 1941 至 1942 年冬天，JG 52 联队第 5 中队 "黑 6 号" Bf 109F-2 型战斗机侧视涂装彩绘。

■ 1941 年 10 月，JG 52 联队第 6 中队瓦尔特·克鲁普斯基少尉的 "黄 6 号" Bf 109F-2 型战斗机侧视涂装彩绘。

第3大队的1941年冬天

当包括JG 52联队主力在内的东线中段德军由于苏军的顽强抵抗和严寒的天气而未能夺取莫斯科的同时,第3大队在东线南段的日子要略微轻松一点。这里的气候没有那么寒冷,而且苏军也仍然在缓缓败退。10月23日,第3大队离开波尔塔瓦,南下返回彼列科普地峡附近的察普林卡机场(Chaplinka)。值得一提的是,第9中队的阿尔弗雷德·格里斯拉夫斯基在从波尔塔瓦起飞后没过几分钟,发动机便出现故障意外停车。他不得不选择迫降,但在迫降时一只机翼撂倒了一名在田野上干活的俄国农妇。当飞机在田野上停稳后,他立即跳下座舱,检查那名妇女的伤势,随后将她送到附近德军野战医院。

此时第3大队长布卢门萨特奉命调往一所训练学校,而正式的新任大队长还没有到达,所以全大队暂时由第9中队长弗朗茨·赫尼希上尉(Franz Hörnig)指挥。第3大队在此与JG 77联队第3大队及JG 3联队第2大队一起在空军战斗机部队总监维尔纳·默尔德斯上校(Werner Mölders)的指挥下将与苏联空军在彼列科普地峡

■ 维尔纳·莫尔德斯(1913–1941)

莫尔德斯上校是二战初期德国空军战斗机部队的领军人物,曾参加西班牙内战,是"秃鹰军团"的头号王牌;在二战中又成为世界上第一位空战战绩达到100架的飞行员,并因此在1941年7月15日成为第一位获得骑士十字勋章钻石饰的德国军人。1941年11月22日,德国空军战斗机部队总监莫尔德斯上校前往柏林参加空军大将恩斯特·乌德特(Ernst Udet)葬礼,途中因空难去世,年仅28岁。

■ 1941年初冬,格里斯拉夫斯基在塔甘罗格机场的帐篷外留影。冬天的气息已经初见端倪。

■ JG 52联队第3大队副官库尔特·沙德中尉座机迫降在苏军控制区域的现场照片。

上空展开激烈空战。就在10月23日这天，这三支德军战斗机部队一共击落了34架苏联战机。

德军第11集团军的先头部队终于在狭窄地峡上的苏军强大防线上打开了缺口，在克里米亚半岛占据了一个立足点。但是德军部队不断遭到苏军的空袭，此时接受JG 77联队指挥的JG 52联队第3大队的任务就是掩护地面部队，支援他们向南横扫克里米亚的行动。

苏军大群战斗机和轻型轰炸机对第11集团军先头部队进行了低空扫射，但是遭到了赫尼希上尉的飞行员们迎头痛击。苏军轰炸机和对地攻击机在遭遇德军战斗机时往往迫不及待地抛弃负荷四散逃命。苏军黑海舰队的战斗机倒是十分勇敢，尽管其在数量上占了很大的优势，但依旧无法赢得空中优势。10月24日这天，JG 52联队第3大队和JG 3联队第2大队一起狠狠地"教训"了企图报一箭之仇的苏联战斗机群。JG 52联队第3大队一举击落了其中的18架，拉尔中尉拿下了其中1架I-153战斗机和1架I-16战斗机，获得了第27和第28个战果。格拉夫少尉则击落2架I-16战斗机，将个人战果提高到16架。第7中队的迪克费尔德少尉也包揽了5架，将战果提高到了20架。

随后在第二天又有14架苏军飞机被第3大队击落，迪克费尔德少尉又包揽了其中3架，将自己的战果提高到了23架。到10月底时，第3大队又击落了20架飞机。11月1日，格拉夫少尉获得了第21个战果，同时该战果也是第3大队在察普林卡机场作战期间的最后一个战果。作为南段战线的"消防队"，第3大队很快又被调往其他地段。他们在克里米亚上空作战仅仅10天就获得了60多个战果。11月2日，他们东进前往亚速海边的塔甘罗格（Taganrog）。这天，已经晋升为二级中士的格哈德·克彭收获了第3大队的第400个战果。接下来的几天，恶劣的天气限制了第3大队的行动，直到11月6日才又击落两架飞机。2天后又击落了7架，其中拉尔中尉击落一架MiG-3战斗机，将自己的战果提高到30架。格拉夫在其日记中这样写道：

"我在罗斯托夫南面获得了第22个战果。那位苏军飞行员似乎下定决心要干掉我，他的翼尖好几次从我的座舱上面咫尺的距离上划过。但是没过多久他便被我击落，这就是他的命运。"

第3大队也在这几天的战斗中损失了1架战斗机，大队副官库尔特·沙德中尉（Kurt Schade）在苏军控制区迫降，几天后才步行归队。该大队最成功的一天是在抵达塔甘罗格一周之后，一举击落20架飞机。事实上，第3大队在整个1941年11月份的交换比达到了惊人的20比1。

在随后的5周内，第3大队的主战场在罗斯托夫城及其周边地区。他们得到了一个由克罗地亚志愿者组成的中队（JG 52联队第15克罗地亚战斗机中队）的加强。曾经服役于该中队的克罗地亚飞行员德拉古斯丁－卡尔·伊万尼奇少尉（Dragustin-Karl Ivanic）后来回忆道：

"战争爆发前我刚刚完成了飞机制造专业的大学学习。当时克罗地亚只是南斯拉夫的一个自治共和国，然后我们在1941年获得了独立。我作为预备役少尉同其他南斯拉夫战斗机飞行员一起，驾驶Bf 109B战斗机。后来我和许多其他外籍飞行员一样，满怀激情地自愿加入了德国空军，根本没有想到后来的战争竟会如此极端。在1941年夏天，我们被送到了德国，接受进一步的训练。

"1941年10月初，我们来到了苏联波尔塔瓦。在这里我们中队被编入JG 52联队第3大队，包括我在内的15名克罗地亚飞行员便组成了JG 52联队第15中队。当德国战友们已经装备Bf 109F型

■ 上图为德拉古斯丁－卡尔·伊万尼奇少尉，个人总战果为18架，在德军克罗地亚飞行员中排名第三。

■ 下图为JG 52联队第15（克罗地亚）中队中队长普奇尔正坐在Bf 109G-2型战斗机座舱内测试飞机。这张照片摄于1942年夏天的塔甘罗格机场，照片中右侧戴大檐帽的军官便是德拉古斯丁－卡尔·伊万尼奇少尉。图中小图为该中队队徽。

战斗机时，我们的座机还依旧是老式的'埃米尔'，但是我们中队也有一架F型，为德国代表鲍姆加滕少尉（Baumgarten）的座机。在中队里我们既可以说德语，也可以说克罗地亚语，德国飞行员们也很尊重我们。如果我们被俄国人停获的话，我们的命运往往比德国人还惨。

"1941年10月10日或12日，我执行了第一次战斗飞行任务，攻击正在进攻我们的地面部队的苏联对地攻击机。当时我很紧张，但说实话并不害怕，随后击落了一架I-16战斗机。这种战斗机尽管速度不快，但是机动能力非常出色，可以在遭到突袭时立即规避。尽管如此，我们还是向他们发起了进攻，就这样我便获得了首个战果，

■ 1941 年 10 月，JG 52 联队第 9 中队的三名士兵在波尔塔瓦机场，站在一架尾舵上标记了 9 个战果标志的 Bf 109F-4 型战斗机旁合影。

让我增加了重要的信心。但是我知道，我不能去庆祝自己杀害了另外一个人，尽管他是我的敌人。杀死敌人只是我们在战争中的义务，而敌人也是在为他们的国家尽自己的义务，但是我得到了一枚勋章。10月底，我们先是来到哈尔科夫，后又转往塔甘罗格。就在这里，我们中队的德国代表被苏军的一架I-16战斗机击落身亡。"

早在10月24日第3大队击落18架飞机那天，该大队的总战绩就已经升至341架，超过了第2大队（到当天的总战绩是336架）。第1大队由于错过了"巴巴罗萨"行动的初始阶段，所以战绩远远落后，仅有148架。由于罗斯托夫周边的空战非常激烈，所以第3大队的战绩继续扶摇直上，很

快就接近了500架，在整个联队中遥遥领先，现在想起戈林在7月初发来的责难电报一事，那真是搞笑。

随着隆冬的到来，原本泥泞的道路开始结起坚冰，德军也得以继续展开攻势。第1装甲集团军继续扑向顿河河畔的罗斯托夫。第3大队的新基地距罗斯托夫仅有64公里多一点。罗斯托夫是苏联的一个重要的铁路枢纽和工业中心，前往高加索产油区的道路就从罗斯托夫城内穿过。为了阻止德军前进，苏联空军向德军装甲纵队发动猛烈进攻，仅在11月17日当日便出动了400架次以上。当然，他们也遭到了德军JG 52联队第3大队和JG 77联队第2大队的迎头痛击。

当天，第9中队的格拉夫少尉获得了个人第25个战果，击落1架I-16战斗机。当德军前锋部队在11月20日抵达罗斯托夫时，第3大队仍有18架可以升空的战斗机，却完全主宰了罗斯托夫地区的天空。一天后的11月21日，德军完全占领了罗斯托夫。随后苏军立即发动了一系列绝望的反击，试图夺回这座重要城市。11月23日，第3大队也首次遭遇Il-2攻击机。但是这种飞机在当时还没有获得后来的不可战胜的威名，在罗斯托夫以南的一次持续近5分钟的战斗中，第3大队排名前三的飞行员 —— 克彭、拉尔和格拉夫分别击落了一架Il-2攻击机。

5天之后的11月28日，拉尔中尉又在罗斯托

夫以北击落1架I-16战斗机（个人第36个战果），但随后也迫降身负重伤，脊椎骨骨折，休养了漫长的9个月之后才得以重返蓝天。

在此期间，JG 52联队的精彩故事仍然在继续。就在拉尔坠机的那天，苏军向德军第1装甲集团军发动侧翼进攻，迫使德军开始撤出罗斯托夫。11月29日，苏军成功收复罗斯托夫城，但是这里的空战仍在继续。当天第3大队击落9架苏军战斗机，而自己却没有任何损失。格拉夫少尉曾这样回忆道：

"这天天空比较晴朗，只是在1000米高空下略有些薄雾。当时我们正为一架深入敌后的侦察机护航。突然，一个在战斗机护航下的苏军轰炸机编队出现在了我们的前方。当然苏军的战斗机可不希望我们深入到他们战线后100公里。当我靠近时，苏军的'拉塔'战斗机立即散开，只有长机依然在向我们扑来。跟在我后面的施泰因巴茨当即追赶其他飞机。他的无私配合随即让我在第一次攻击中便击落了那架长机，让它拖着火焰在地面上坠毁。

"随后我扑向苏军的轰炸机机群，迫使他们丢下炸弹。也在这时，我认出这些是苏军的DB-3轰炸机。我成功地击中了其中一架的右侧发动机。苏军机组人员随后跳伞，而那架轰炸机则向地面撞去。在这短短的7分钟时间里，我获得了第28和第29个战果。我们所护航的那架侦察机在这时已经安全返航，但是随后却出乎我们预料地再次回到前线，与我们一起返航。当大家都安全着陆后，侦察机飞行员（一名中尉）这样跟我们说：'我只想看你们是怎么干掉那些苏联人的。''你胆子够大！'，施泰因巴茨带着钦佩之情这样回应道。

"下午，我和拉茨拉夫（Ratzlaff，即Kurt Ratzlaff，二级下士库尔特·拉茨拉夫）在位于罗斯托夫南面的巴塔耶斯克机场（Bataysk）附近巡逻。4架苏军'拉塔'战斗机突然出现在了附近。

他们一边迅速地爬升，一边向我们扑来。我们在空中相互追逐，淡颜色的凝结尾气交织在了一起。拉茨拉夫率先击落了一架飞机，迫使其余飞机顿时失去了勇气，试图躲进近地雾霾中。我也跟着他们降低高度，从上面击中了一架'拉塔'的机背。这架飞机随后变成了一团巨大的火球，坠向地面。这便是我这天所获得的第3个战果。"

第3大队随后在塔甘罗格坚持了一周，其间不仅要忍受苏军持续不断的轰炸和低空扫射，还要面对飞行员和地勤人员所称的"斯大林的秘密武器"——泛滥成灾的老鼠。在此期间，格拉夫少尉（已有34个战果）在日记中写道：

"现在只有二级中士克彭的战绩还领先我。谁能想到我能取得这么大的战绩呢？昨天，我和好友格里斯拉夫斯基一起进行了一次自由猎杀。在米乌斯河上空，几架破破烂烂的老式I-5双翼战斗机在攻击党卫军的阵地。我第一次从它们头上飞过时击落了一架，然后又是一架。格里斯拉夫斯基甚至包办了3架。晚上，党卫军'阿道夫·希特勒警卫旗队'师师长泽普·迪特里希来到了我们机场，亲切地同我们一一握手。他对我们赞不绝口，并问我们有什么需求。我们说我们缺少卡车。他许诺给我们调一辆来。后来果然送来了一辆，还装满了烟草和酒！"

塔甘罗格渐渐守不住了，第3大队于12月10日被调往哈尔科夫。8天后，格哈德·克彭获颁第3大队的第一枚骑士十字勋章，授奖理由是为了表彰他的"40次空战胜利"，实际上他在获勋时的战果已经达到了将近50个。

第3大队随后在哈尔科夫度过了1941年的冬天。由于相对无事，赫尔曼·格拉夫也很难在日记里写下新鲜事。他在12月26日的日记中写道："圣诞节！最好还是不要奢望过节啦！我的战绩没有变化（37个）。敌人的抵抗削弱了不少。"

但这只是暴风雨前的平静。

■上图为1941年10月23日，在波尔塔瓦机场起飞后不久迫降的格里斯拉夫斯基的 Bf 109F-4 型战斗机。

■1941年10月，JG 52联队第9中队格里斯拉夫斯基的"黄8号" Bf 109F-4 型战斗机侧视涂装彩绘。

■ 左图为1941年11月28日，第8中队中队长京特·拉尔中尉在罗斯托夫以北击落一架飞机后，因故障迫降而身负重伤。图为迫降现场，图中水管用于抽取飞机上的剩余燃油。

■ 右图为1941年冬季，京特·拉尔中尉的 Bf 109F-4 型战斗机彩绘。

■ 上图及下图为1941年12月塔甘罗格机场，赫尔曼·格拉夫在一次空战返航后受到第3大队官兵热情的欢迎。上图为格拉夫被众人抬下飞机；下图为格拉夫（右起第5人）与第3大队官兵在其 Bf 109F–4 型战斗机座机前合影。

■ 随着冬季恶劣天气的到来，气温也偶尔降到零下45摄氏度，给德军战斗机带来不少问题。下图为地勤人员正在检修第8中队的一架战机。

1942蓝色主旋律

由于苏军在1941年的战斗中损失了大量作战飞机，而且需要集中最好的装备用于首都莫斯科的防御，因此在东线南段针对德军南方集团军群和第4航空队，只能部署一些机型老旧的战斗机（如I—16战斗机）。有趣的是，这与德军在1941年6月发起进攻时形成了鲜明的反差，苏军当时在该地区部署了比其他地区更多的先进战斗机。1942年最初的几周，天气情况继续恶化。温度仍然在下降，暴风雪频发，连续几天的能见度都是零。同时由于该地区苏联空军的技术劣势，导致他们不敢轻易出动。JG 52联队第3大队在上年12月获得80个战果，已方毫无损失，因此成为东线南段战绩最好的战斗机大队，如今在1942年1月却很少有战斗的机会。这个现象当时也出现在了第4航空队所属JG 77联队第3大队的身上。该大队在这个月平均每场战斗仅获得2.7个战果，这要远远低于当时德军东线战斗机部队所获胜果的平均水平。

报喜迎春

此时，第3大队大部还在哈尔科夫，只有第7中队再次返回克里米亚半岛，加入JG 77联队第3大队。这时第3大队主要的任务是保护在哈尔科夫作战的陆军第6集团军免遭苏军轰炸机轰炸。尽管气温在这时降到了零下20摄氏度，但是第9中队的飞行员们在1942年1月的头10天里还是击落了13架飞机，而在克里米亚的第7中队也获得了10个战果。

此时第3大队的新任大队长胡贝图斯·冯·伯宁上尉（Hubertus von Bonin）终于到任。他曾参加过"秃鹰"军团，早在西班牙内战期间就有4个战果，最近还担任了JG 54联队第1大队长。在他的领导下，JG 52联队第3大

■ 胡贝图斯·冯·伯宁（1911–1943）
1911年8月3日生于波茨坦。1938年加入"秃鹰"军团，在同年12月5日担任默尔德斯的JG 88大队第3中队长。西班牙内战期间，伯宁总共击落4架飞机，为此获得了西班牙钻石金质十字奖章。返回德国后，先是接手JG 26联队第5中队，后又担任JG 54联队第1大队长。1940年5月11日获得首个二战战果。1941年7月1日起进入第4战斗机学校，随后被任命为JG 52联队第3大队长。在获得51个战果后被授予骑士十字勋章。1943年7月6日被任命为JG 54联队联队长。1943年12月15日，伯宁在同苏军P-39"空中飞蛇"战斗机的战斗中阵亡。值得一提的是，伯宁中校的父亲博吉斯拉夫·冯·伯宁（空军）上校，在1945年3月被俘并失踪；他的弟弟艾卡特-威廉·伯宁少校作为夜间战斗机飞行员在1944年2月5日以37个战果也获得了骑士十字勋章，活到了战后；他的另外一位弟弟约根-奥斯卡·伯宁则在一个运输机联队担任观察员，在行动中阵亡。

队将从第4航空队最成功的单位中再次脱颖而出，成为整个德国空军战绩最高的战斗机大队。

1942年的最初2个月中，虽然天气条件极端恶劣，苏军也在极力地发起反攻，试图重新夺回哈尔科夫，但第3大队还是击落了约63架飞机。在JG 52联队的3个大队中只有第3大队没有回国进行休整和补充，因此作战机会最多，而且拥有一大批经验极为丰富的飞行员，所以JG 52联队在1942年上半年中获得的全部15项高级荣誉都被第3大队纳入囊中，这一点也不奇怪。

1月24日，赫尔曼·格拉夫少尉获颁1942年全军的第一枚骑士十字勋章。2月14日，格拉夫的僚机飞行员莱奥波德·施泰因巴茨也获得了这一荣誉。但格哈德·克彭仍然稳坐第一把交椅，在2月27日凭借72个战果获颁整个联队的第一枚橡叶饰。1942年3月，苏军的攻势终于显现出颓势，东线南段的德军部队主要进行的是准备和巩固工作。但是苏军依旧不肯放弃收复哈尔科夫的意图，动用所有的预备队在3月7日再次进攻该城。在该月的最初10天中，第3大队的战绩持续增长，击落了17架苏军战机。3月19日，阿道夫·迪克

■ 1942年2月27日，格哈德·克彭在获得第72个战果后被授予橡叶饰。图为他坐在座机尾翼上留影。

费尔德少尉和二级中士埃德蒙·罗斯曼也分别以47个和52个战果同时获颁骑士十字勋章。

按照历法，3月21日是立春日，但气温仍然低达零下13摄氏度，大雪也仍然下个不停。两天后的3月23日上午，第9中队长库尔特·沙德中尉在执行侦察任务时于9时28分击落了一架Pe-2轰炸机。几个小时后，他再次同弗雷德·埃姆贝

■ 克彭是第3大队的首位骑士十字勋章获得者。这张照片于1942年初摄于哈尔科夫，图中尾舵上已经涂上了61个战果标志。

■ 阿道夫 · 迪克费尔德和埃德蒙 · 罗斯曼于1942年3月19日同时获得骑士十字勋章。上图为授勋现场，某人为罗斯曼挂上骑士十字勋章，右侧便是迪克费尔德少尉。

■ 下图为坐在座舱中的阿道夫 · 迪克费尔德。这张照片摄于1942年5月14日，当天他击落了9架飞机。后在5月19日获得橡叶饰。

格上士（Fred Emberger）一起升空，深入苏军控制区域。一会儿后他们碰到了苏军第135短程轰炸航空兵团的一架 Su-2 轰炸机。当他们正准备攻击这架孤单的轰炸机时，苏军尾炮手米哈伊尔·拉什尼少尉（Mikhail Lashny）击穿了埃姆贝格飞机的散热器，迫使他立即返航。沙德中尉则继续追逐这架轰炸机，被吸引到了苏军第135航空兵团的基地附近，随后被地面火力击落。这次他没能像11月初那样从苏军控制区步行返回本方战线，而是就地被俘，正如沙德中尉的名字那样，可惜了（德语 "Schade" 字面有 "可惜" 的意思）！其个人的最终战绩为27架。最终他在苏联度过了8年的战俘生涯。随即，格拉夫少尉接替他担任第9中队长。

1942年4月初，乌克兰的春天悄然而至，冰雪开始消融，伴随而来的则是令交战双方都烦恼的泥泞。前线也再次进入周期性的平静，空战的频率也明显下降。第3大队在整个4月里几乎没有同苏联空军发生明显的大规模交火，只在4月6日到8日的一系列小冲突中击落9架飞机。下一次胜利直到4月25日才到来，格哈德·克彭击落一架I-16战斗机。这是他的第73个战果（将近2个月来的首个战果），同时也是第3大队在1942年4月份的最后一个战果。在哈尔科夫－罗甘基地驻扎

■ 库尔特·沙德，1942年3月23日被击落俘虏。

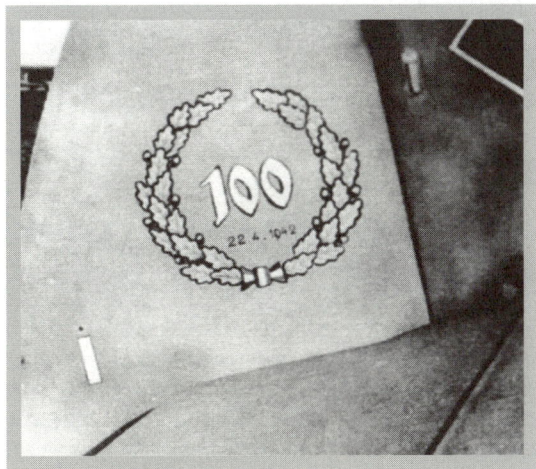

■ 伊勒费尔德上尉获得第100个战果后的座机方向舵战果标志。

期间，第3大队官兵们往往惊讶于在更南面的米乌斯前线能够进行大规模的空战，在那边作战的JG 77联队第1大队在整个4月总共获得了62个战果，其中该大队大队长赫伯特·伊勒费尔德上尉（Herbert Ihlefeld）和他的僚机飞行员弗里德里希·盖斯哈特中尉（Friedrich Geisshardt）就包办了其中的43架！4月22日，伊勒费尔德上尉获得了第100个战果，而盖斯哈特中尉则获得了第60个战果。两天后，伊勒费尔德上尉被授予双剑饰，并晋升为少校。此后没过多久他便奉命接受联队指挥官培训，准备接手指挥一个战斗机联队。这支部队后来便是 JG 52联队，当然这也是后话了。

JG 77联队第1大队在1941年底和1942年初所获的战果90%是由军官获得。而 JG 52联队第3大队却与此形成了鲜明的反差，大多数战果由士官所获得，其中最出色的当属3名二级中士——莱奥波德·施泰因巴茨、格哈德·科彭和阿尔

弗雷德·格里斯拉夫斯基。施泰因巴茨在1月8日获得了第40到第42个战果，因而被授予骑士十字勋章。克彭早在1941年12月便获得了这一荣誉，随后在1942年2月24日又收获了第60到第72个战果，而被授予橡叶饰。格里斯拉夫斯基作为格拉夫的僚机飞行员，在3月份总共击落17架苏军战机。

4月和5月，德军一直筹划着1942年攻势，在东线南段集结重兵。与前一年的"巴巴罗萨"行动不同的是，这次的"蓝色"行动的目标不是莫斯科，而是高加索的油田。而且"蓝色"行动将在春末发动，比去年的"巴巴罗萨"行动提早了一个月。

在1941年，由于必须先控制巴尔干，巩固侧翼，所以"巴巴罗萨"行动被推迟了4周，这也是德军为什么在冬天降临时仍然未能进抵莫斯科的主要原因。

4月5日，希特勒首次提出了他的"蓝色"行动草案。就在这天，第3大队的二级下士弗里德里希·瓦霍维亚克（Friedrich Wachowiak）以46个战果获颁骑士十字勋章。2天后，JG 52联队的总战绩突破了1000大关，第3大队凭借其骄人战绩为此作出了很大贡献。自"巴巴罗萨"行动以来，仅其下属的第9中队就积累了200多个战果，己方仅损失8架战机。

■ 赫伯特·伊勒费尔德（1914–1995）
1914年6月1日生于波美拉尼亚的平诺夫（Pinnow），1933年加入第5步兵团，后在1935年转入空军。经战斗机基础训练后，加入"秃鹰"军团并获得9个战果。1939年8月1日被调入第2教导联队第1大队，20天后晋升为少尉。此后随部参加了波兰、法国和不列颠战役，期间在1940年6月1日晋升为中尉，后又在10月1日晋升为上尉。苏德战争爆发后，他在东线获得了40个战果后，在1942年6月20被任命为JG 52联队少校联队长，随后在一次行动中受伤。复出后，转任JG 103联队联队长。1943年1月27日又被调任JG 25联队长。1944年2月1日晋升为中校并接任命为JG 11联队联队长，同年5月20日接任JG 1联队联队长。1945年1月30日晋升为上校。到战争结束时，伊勒费尔德总共获得了132个战果（含9个西班牙内战战果）。图中穿皮夹克的便是赫伯特·伊勒费尔德。

■ 上图为获得骑士十字勋章后的瓦霍维亚克（右）与橡叶饰获得者克彭军士长在一起。背景处为一架 He 111 运输机。两人可能是准备登机回国度假。

■ 下图为1942年3、4月，JG 52联队第9中队的一架在塔甘罗格机场迫降后轻微受损的"黄11号" Bf 109F-4型战斗机。这架飞机的尾舵上有11个战果标志。这期间第9中队只有两名飞行员的战绩达到了9架：赫尼希上尉和布吕克曼少尉分别在3月27日、3月30日获得第9个战果。但是赫尼希上尉的座机通常为"黄1号"，因此这架飞机的飞行员很可能为布吕克曼少尉。

"猎鸨"行动

1942年4月底，JG 52联队第2大队在德国本土休整了将近3个月之后终于返回东线战场。当德军第2航空队和第2航空军撤往地中海后，沃尔夫鲁姆·冯·里希特霍芬将军的第8航空军便担负起了为中央集团军群提供空中支援的任务。1942年1月初，里希特霍芬手中可支配的战斗机部队包括JG 51联队联队部及其第2、3、4大队，以及JG 52联队第1和第2大队。

1月10日，这几支部队总共拥有69架可出动的Bf 109战斗机，但是当气温持续下降时，这些飞机中的大部分便无法升空作战。在东线中段的恶劣条件下，中央集团军群的士兵们大有失去希望的心态。在经历了苏军持续数周的猛烈进攻后，整个中央集团军群几近崩溃。此外，苏军游击部队也从德军防守的薄弱区域上渗透到德军后方，迫使陷于冰天雪地中的德国空军部队再次频繁拿起武器抵抗苏军突然发动的袭击。JG 52联队第2大队副官卡尔·哈特曼中尉等多名飞行员和地勤人员就是在这样的一场战斗中阵亡。据说当时的大队长埃里希·沃伊特克上尉在事前得到了警报，但未能及时采取应对措施，因此沃伊特克受

到了军法审判并被降了职。新任大队长是约翰内斯·施坦因霍夫。

4月29日，第2大队抵达哈尔科夫以南地区。同日，第3大队离开了扎波罗日（自2月份以来一直和联队部驻扎在此地），前往位于克里米亚的苏里西塔尔（Zurichtal）。支援正在准备攻势的陆军第11集团军。里希特霍芬大将也在这时将他的第8航空军军部设在了克里米亚，而JG 52联队第3大队也正是其下辖的若干战斗机部队中的一支，其他部队还包括：JG 3联队第1大队、JG 52联队第2大队、JG 52联队第15（克罗地亚）中队以及JG 77联队第1和第2大队。这场代号为"猎鸨"行动（Bustard Hunt）的攻势的目标是消灭克里米亚半岛内的苏军残部。

JG 52联队第3大队的到来给在克里米亚的苏联空军造成了严重威胁。在随后的两周内，第3大队战绩颇丰，帮助JG 52联队一步步向德国空军战绩最高联队的荣誉之巅前进。1941年冬天，苏军从德军手中重新夺回了克里米亚半岛的最东端，第3大队此时的主战场就是该地区的刻赤城（Kerch），并且很快就给苏军沉重的打击。

4月30日，第3大队与JG 77联队第2大队并肩作战，一举击落24架苏联战机，而德军没有任

■ 为迎接即将展开的"猎鸨"行动，JG 52联队第3大队在4月29日动身前往克里米亚的苏里西塔尔机场。图为抵达后的第3大队官兵在机场上享受克里米亚的阳光。

■ 赫尔曼·格拉夫在获得第104个战果后，第9中队地勤官兵举着牌子在机场上等候他的归来，牌子上写着——"第9中队祝贺您获得第104个胜果"。

何损失。格拉夫一人击落6架，而格里斯拉夫斯基也获得了2个战果。次日，从凌晨3时30分开始，第9中队执行了多达6次战斗任务，其间格拉夫又获得了6个战果，格里斯拉夫斯基则击落了4架。24小时之后，又有7架苏军战机被格拉夫击落，其总战绩也达到76架。而这时在第7中队已经晋升为少尉的格哈德·克彭也在当天击落5架飞机，个人总战绩达到84架。格拉夫已经快赶上克彭了，但是他们二人的竞争要由命运来定夺。5月5日，克彭少尉在刻赤海峡以北攻击2架Pe-2轻型轰炸机时被击落，被迫在亚速海上空跳伞逃生。有人看到他向海岸游去，据信他最后被苏军船只救起了，但从此杳无音信。

"猎鸨"行动于5月8日正式开始。德军第8航空军占据了数量和技术上的优势，在随后的几天里瓦解了克里米亚苏联空军的实力。也就在5月8日，JG 52联队第2大队也来到克里米亚，支援第11集团军进军刻赤。当天，第3大队的格拉夫又击落8架飞机，联队的总战绩也达到1500架。

"蓝色"行动也已经箭在弦上，但是苏军的情报部门同时获知了德军的进攻计划，于是其西南方面军在哈尔科夫以南先发制人地发动攻势，意图将正在集结准备进军高加索的德军部队从主力分割出来。这个突然的威胁迫使第3大队于5月12日赶回了哈尔科夫－罗甘（Kharkov-Rogan）。苏军的地面攻势有其空军的有力支援，但德国空军的拦截却十分有力，总共有65架苏联战机在5月13日被击落在哈尔科夫战场上，JG 52联队第3大队包揽了42架，其中6架由格拉夫击落（第91到第96个战果），而该大队的总战果也因此攀升到1000架大关。第二天格拉夫又击落了8架飞机，个人总战绩达到了104架，他的僚机飞行员格里斯拉夫斯基则击落了2架。格拉夫借此成为JG 52联队中首位战果过百的飞行员，并在5月17日获颁橡叶饰，而格哈德·克彭在2月份获得橡叶饰时的总战绩仅为72架。阿道夫·迪克费尔德少尉紧随格拉夫之后，在5月14日击落9架飞机之后总战绩达到90架。第3大队回到哈尔科夫－罗甘的最初三天就取得了89个战果。

正当苏军西南方面军在地面屈服于德军钳形运动的同时，德军战斗机王牌们继续"收割"明显缺乏训练的苏联空军飞行员。5月18日，迪克费尔德再度大开杀戒，一天内一举击落11架，战果于是也越过了百架大关。一天后，他也获得了橡叶饰。5月19日格拉夫又击落了2架，总战绩达到106架，使其荣获了双剑饰！两天后，他启程前往希特勒的元首大本营参加授勋仪式，在此之前他又击落了几架飞机。

在整个5月份中，格里斯拉夫斯基总共获得22个经证实和一个未经证实的战果，而施泰因巴茨则击落34架飞机。第3大队在克里米亚作战的两周中，要数格拉夫的第9中队战绩最好，他们一共获得了93个战果，而己方没有损失。在此期间，第9中队还自诩了一个绰号——"卡拉亚"（Karaya）。说是中队里的恩斯特·聚斯军士长（Ernst Süss，后获得骑士十字勋章）刚刚休假回来，归队时带了一台留声机，但他从东普鲁士带到前线的唱片全都在路上损坏了。他在前线只找到了一张俄国唱片，放在留声机上反反复复地播放，上面的俄语歌曲经常重复一个短语，听起来很像"卡拉亚，卡拉亚"。很快整个中队都熟悉了这个旋律，甚至在作战中聚斯也会在无线电中大声唱这个段子。很快，第9中队的无线电呼号就改为"卡拉亚"，中队也时常自称"卡拉亚"中队。

5月15日，第2大队也跟随第3大队离开了克里米亚，转场至顿涅茨盆地的阿特莫夫斯克机场（Artemovsk），此地位于哈尔科夫东南偏南约200公里。5天后，联队部和刚刚从德国返回的第1大队也来到了这个机场。24小时后，第3大队也从哈尔科夫－罗甘飞往阿特莫夫斯克，完成了联队的团聚。

5月17日至28日，在哈尔科夫以南"伊久姆口袋"（Izyum pocket）的大规模作战中，德军先是阻截住了苏军的突破行动，随即将其粉碎。这场战役的胜利为实施"蓝色"行动扫清了障碍。但这场战役对JG 52联队来说还有着特殊的意义，因为该联队的3个大队在此是从同一个基地并肩起飞作战的，这在JG 52联队的历史上极为罕见。

■ 阿尔弗雷德·格里斯拉夫斯基（右）同战友们在自己的"黄5号"座机前合影。这张照片拍摄于1942年5月9日到14日之间，当时他的战果只有26架，照片中的狗是格拉夫的宠物。

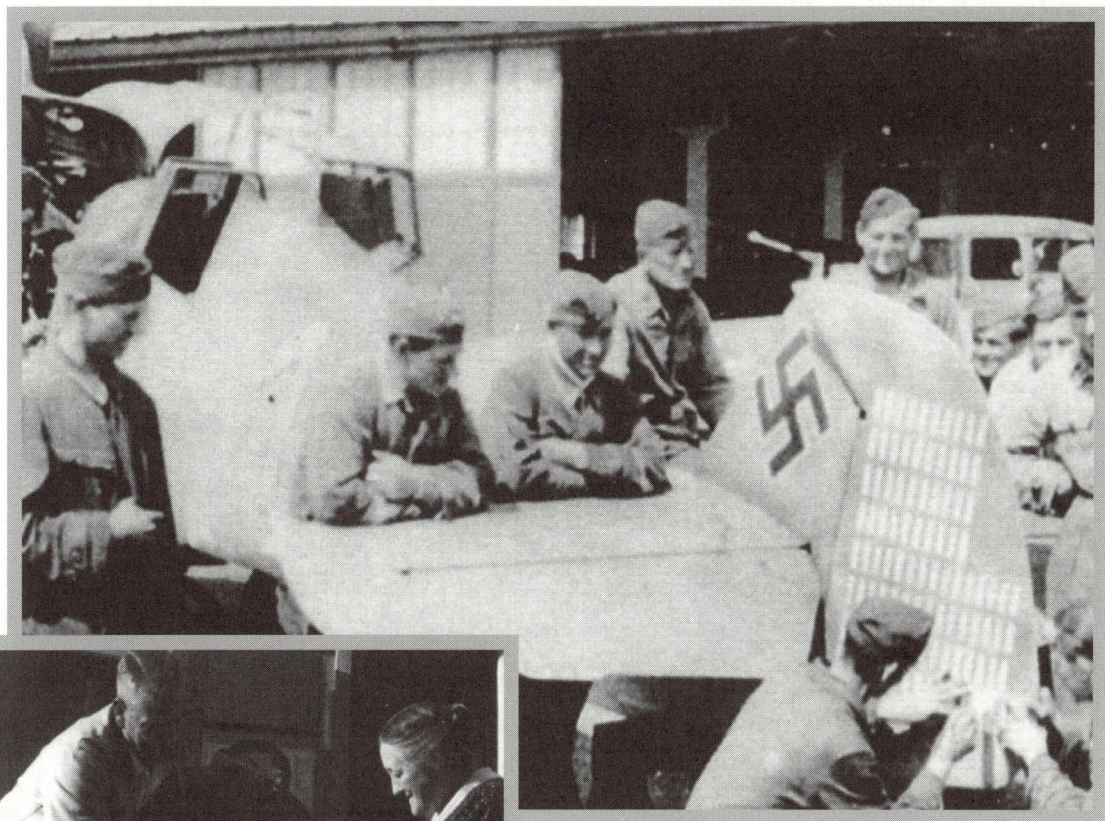

■ 上图为赫尔曼·格拉夫在获得第104个战果顺利返航后，第9中队官兵们围在其座机周围，还有的在给尾舵添加上新的击落标识。

■ 左图为当第9中队在1942年7月换装Bf 109G-2型战斗机后，格拉夫将自己老式的Bf 109F-4型战斗机尾舵寄回了家中。图中他的父母正在数战果标志，清晰可见"104"这个标志性的数字。

■ 在1942年时第9中队最初的队徽只是一个普通的"红心"图案。

■ 下图为赫尔曼·格拉夫取得104个战果后的"黄1号"Bf 109F-4型战斗机侧视彩绘。图中可见当时的第9中队队徽只是一个"红心"。

■ 第9中队换装新机后，格拉夫的座机尾舵上已经没有地方添加新的战果标识，因此部队为格拉夫改变尾舵上的战果标志记录方式（上图）。下图为在对战果标志进行修改后，格拉夫与座机尾舵合影，图中可见他此时的战果为111架。

■ 赫尔曼 · 格拉夫获颁双剑饰后所拍摄的一系列标准照之一，拍摄时间可能是1942年5月或6月。

黑色6月

接下来，JG 52联队在哈尔科夫周边地区取得的辉煌战绩，让其第3大队近日在克里米亚取得的战绩相比起来也黯然失色。从此刻起，JG 52联队在战争的余下三年中的战斗历程很容易被记述成一连串人名和数字的流水账，因为个人和集体的总战绩迅速飙升到几百和几千。但是这种罗列战果的流水账只会让人厌烦。本书由于篇幅限制，也不可能对其一一列举，而且不断飙升的辉煌战绩背后，与之相伴的还有不断增长的伤亡。

1942年5月17日，在厄尔米茨完成休整后的第1大队回到了东线，进驻阿特莫夫斯克机场。他们虽然战绩远远落后于其他两个大队，但在阿特莫夫斯克的最初三天作战中击落了13架飞机，自身没有损失。到5月26日，第1大队的总战绩已经超过300架。当天，第2大队的约翰内斯·施坦因霍夫的个人战绩也增加到了60架。

5月21日，哈尔科夫以南的苏军地面部队已经停止了抵抗，但空战的激烈程度仍然不减。6月2日，格拉夫的僚机飞行员施泰因巴茨军士长凭借83个战果而被授予橡叶饰。不过这个喜讯被当天的一桩噩耗完全冲淡：联队长威廉·莱斯曼少校的座机被地面炮火直接命中，莱斯曼当场身亡。虽然联队在第二天的总战绩达到了2000架，但是失去了指挥官的联队没有人能高兴得起来。

6月份，JG 52联队又蒙受了两个重大损失。施泰因巴茨在6月15日连续击落了3架飞机，个人总战绩达到99架，但是随后也被苏军的防空炮火击中身亡。施泰因巴茨当时在全军战斗机飞行员排名中已经跃升到第11位，6月23日被追授少尉军衔和双剑饰；实际上如果不算追授的军衔，他是德国国防军中第一位荣获双剑饰的士官。除了施泰因巴茨之外，6月21日，莱斯曼少校的接任者——弗里德里希·贝克少校（Friedrich Beckh）也"失踪"了。

■ 第1大队在回国休整期间接收了新型的 Bf 109F-4/R1 型战斗机，该型战斗机在机翼下加装了2具各备弹150发的 MG 151 吊舱式航炮，进而增加了载弹量。这张照片拍摄于该大队驻扎在捷克斯洛伐克的厄尔米茨（Olmütz）期间。由于机库中存有大量的木质材料，因而可以看到墙上的"严禁烟火"字样。

当天贝克少校驾驶一架"黑4号"Bf 109F-4型战斗机升空，同僚机飞行员、一级中士贝尔托特·格拉斯穆克（Berthold Grassmuck）一起扫射了哈尔科夫以东库普扬斯克（Kupyansk）的苏军机场后，突然遭遇一队苏军LaGG-3战斗机。在僚机击落了两架飞机之后，贝克的座机被地面高炮火力击中而下坠。起初认为他在苏军后方成功迫降，但后来和其他被俘虏的飞行员一样，也是音讯全无。格拉斯穆克曾这样报告道：

"1942年6月21日9时35分，我作为贝克少校的僚机，与联队长一起执行扫射伊久姆-库普扬斯克-瓦卢基地区的苏军机场。我在瓦卢基的东面发现了一座苏联机场。我同贝克少校一起，在3000米高度上在这座机场上空盘旋了三周。贝克少校随后朝着停满了战斗机的停机坪下降到1000米高度。但是也就在这个时候，9架苏军LaGG-3战斗机也朝着我们飞了过来。贝克少校立即从正面发起进攻并击落其中一架，迫使敌飞行员跳伞逃生。在激烈的'狗斗'中，其他LaGG-3也在这个时候升空。这样，苏军在空中便有了20多架战斗机。此外，苏军高炮也在不停地向空中密集开火。贝克在击落第一架飞机后，又向另一架发起进攻，期间多架飞机也在身后攻击他。这个时候，即使我击落了一架飞机，也根本无法脱身掩护贝克少校，我只能打开无线电喊道：'我们身后有10架飞机。'只见贝克少校以一个小角度向上拉起，摆脱了飞机。

"当我俩都把飞机拉起时，我看见4发高炮炮弹直接在贝克少校的座机下面炸开。随后，少校的座机便拖出了一道白烟。我在无线电中又这样喊道：'朝我们自己防线径直飞去，你机正冒着白烟。'我并没能从少校那里收到任何回复，于是又重复了一遍报告。但是少校的座机还是继续朝着一个方向飞行，大约在50秒钟后以一个大角度与地面相撞。随着一声巨大的爆炸声，少校的座机

■ 贝尔托特·格拉斯穆克（1917-1942）

1917年1月31日生于科堡附近的罗达赫（Rodach near Coburg）。1940年成为JG 52联队第2中队一员，后在1941年10月5日获得首个战果。1942年9月19日以64个战果获得骑士十字勋章。同年10月28日在斯大林格勒附近坠机身亡，原因可能是发动机故障或者被高炮击中，其个人总战果为65架。

化为了一团巨大的火球。我根本无法在少校坠机地点上空盘旋以继续观察，因为我的身后有6架LaGG-3战斗机在追着我，因此也无法确定少校是否已经在刚才跳伞。贝克少校的坠机地点在瓦卢基西南3000到4000米处。"

贝克少校失踪后，此前担任JG 77联队第1大队长的赫伯特·伊勒费尔德上尉被任命为JG 52联队联队长。6月21日晚上，贝克的家人从收音机里收听到了贝克的死讯。第二天他们又收到了空军总司令部送出的官方阵亡通知单，但是贝克的家人依旧怀疑他的生死。

贝克少校的"失踪"着实打击了JG 52联队的士气，因为这已经是三周内该联队所损失的第二位联队长了。但格拉斯穆克的报告并没有给出少校生死的确切证明，各种各样的传言很快便在

部队中散开，有人说少校在坠机后被苏军俘获。大概在一周后，一名被俘的苏军飞行员供称他们在前些天俘获了一名受伤的德国军官，他当时穿着带有红色镶条的总参谋部军裤。当德军向这名飞行员出示了几张贝克的照片后，他确认贝克便是他们此前所俘获的那名军官。这样，这名飞行员的供词便成了确定贝克少校命运的重要证据。为此空军总司令部随后在官方记录里将贝克少校的档案由"行动中阵亡"改为"行动中失踪"。

尽管得知贝克并没有在坠机时丧命，但是他的家人还是希望知道他的下落。战后的几年中，贝克的父亲曾与多名儿子的前飞行员战友取得联系，试图打听儿子的消息，但依旧没有令人满意的结论。战争中曾担任 JG 52 联队第1大队长、战后又在苏联度过几年战俘生涯的阿道夫·博尔歇斯上尉（Adolf Borchers，曾与贝克中少校在 JG 51 联队共事）后来在给贝克的父亲的信中就提

到，在战俘营中没有听到过贝克少校的消息。

当贝克家人的希望随着岁月的流逝而破灭时，贝克的命运最终还是被认定为"阵亡"。2002年，德国著名战史作家埃里克·穆姆贝克（Eric Mombeek）在与俄罗斯资深军迷叶夫基尼·别洛古罗夫（Evgenij Belogurov）交谈时，提到了贝克少校的名字。后者称他曾在1976年探访过一处一架 Bf 109 战斗机的坠机点。一名目击者称当时这架德国飞机遭到了4架苏联战斗机的攻击，其中一架最后击落了这架飞机；它随后坠落在别尔哥德罗省瓦卢基附近一处深达3米的沼泽地里。别洛古罗夫等人1976年探访时在坠机地点挖出了一具保存尚好的尸体和一些私人证件，上面多处出现了德文"Beckh"字样。此外，他们还找到了一本最后日期为1942年6月19日的日记。种种迹象表明，这名阵亡的德军飞行员正是坠机失踪的弗里德里希·贝克少校。

弗里德里希·贝克

弗里德里希·贝克，1908 年生于纽伦堡，1926 年加入魏玛国防军骑兵部队。1935 年以中尉军衔转入新成立的德国空军，进入 JG 134 联队。贝克并不安于成为一名飞行员，随后接受总参谋部军官培训，进入空军军事学院。1940 年，贝克被任命为空军威斯巴登军区战斗机部队联络军官，并在这里结识了默尔德斯。当默尔德斯在 1940 年 7 月 27 日被任命为 JG 51 联队联队长后，他将贝克也带到了该联队。严格地说，贝克并不是一名地道的飞行员，喜欢穿着他那身总参谋部军裤。战斗中也经常见不到他的影子。在不列颠空战中，他是少数几个在飞行中戴墨镜的德军飞行员之一，这也是他未能获得什么战果的主要原因。他之所以能在部队中如此"潇洒"，关键在于"上面有人"！

直到 1941 年 3 月 5 日，他才在战友的帮助下获得了首个战果（一架"喷火"战斗机）。贝克少校随后接管了第 4 大队。表面上看起来他是在领导着一个大队，但实际上根本没有什么能力。尽管戈林强调能者居高位，但是贝克依旧还是大队长。1941 年 3 月 10 日，他首次作为大队长升空作战，在前"秃鹰"军团成员、未来的骑士十字勋章获得者阿道夫·博尔歇斯的掩护下获得了第二个战果。此后他在同年 5 月又获得了另外两个战果。

苏德战争爆发后，贝克在默尔德斯被调离后于 1941 年 7 月 21 日继任 JG 51 联队联队长。9 月 8 日，JG 51 联队获得了第 2000 个战果。9 月 16 日贝克的座机被高炮击中，左脚也受了伤。两天后的 9 月 18 日，贝克被授予骑士十字勋章。此时他总共获得 27 个空战战果（4 个西线）并在地面上摧毁了 20 架飞机。10 月 3 日，因脚伤感染他才不得不将联队指挥权转交给京特·吕佐夫（Günther Lützow）。12 月 21 日，贝克伤愈后重新回到部队，接下来直到 1942 年 4 月 9 日调入帝国航空部的那段时间里又获得了 20 个战果。JG 52 联队联队长威廉·莱斯曼死后，贝克又在同年 6 月接手该联队。

1942 年 6 月 21 日，贝克少校同僚机一起在对哈尔科夫以东库普扬斯克的苏军机场进行低空扫射之后，突然遭遇一队苏军 LaGG-3 战斗机。这次贝克一反常态地选择了进攻，但是在僚机击落了两架飞机之后，贝克的座机被地面高炮火力击中而下坠。自此以后，他便被宣布失踪，直至战后在苏联挖出了一架德国战斗机残骸后，人们才从残骸中辨别出了飞行员正是弗里德里希·贝克。

■ 上图为坐在座机中准备升空的弗里德里希·贝克。照片摄于1940年至1941年冬天。

■ 贝克少校身高190厘米，体重95公斤，穿48码的鞋子。他的身高在当时可不常见，从右图中可以看到他要比其他战友高出了一个头，经常很难坐进狭小的 Bf 109 战斗机座舱。

■ JG 51 联队第4大队长贝克少校的 Bf 109E-4型战斗机在1941年3月的侧视彩绘。

"蓝色" 行动

6月23日，第3大队的另1位军士长 —— 约瑟夫 · 茨韦内曼军士长（Josef Zwernemann）凭借57个战果获颁骑士十字勋章。6月28日，"蓝色"行动终于展开。在从库尔斯克到亚速海长达800公里的战线上，德国及其仆从国一共投入了8个集团军，将近350万人（这个数字可能是把所有野战和后勤部队，包括后方人员全部算在内了）。

希特勒意图凭借此次排山倒海的强大攻势把德国疆域扩展到伏尔加河一线，并夺取高加索地区的油田。为了给这次规模空前的兵力集结提供有效的空中支援，东线南段的德军将作战飞机增加到了1700架，其中可出动飞机为1200架。其中战斗机部队包括JG 3联队（联队部和3个大队）、JG 52联队（联队部、3个大队和第15克罗地亚中队）、JG 53联队第1大队和JG 77联队（联队部、第2和第3大队，第1大队此时已经被调往地中海，在马耳他与英国皇家空军作战），共有211架可以投入作战的Bf 109战斗机。

尽管德国空军在该地区与苏联空军的实力达到了1比0.7，但是苏军已经在过去的冬天和春天里吸取了许多重要的教训，在战术和实力上发生了质变。苏联空军前线部队的组织结构已经进行了优化，重组为更多的独立空军集团军。针对德军的"蓝色"行动，苏军投入了第2、第8和第4空军集团军。这3个集团军可以源源不断地获得预备兵力，同时苏军飞行员们也开始运用德国空军在战斗中所采用的团队合作战术。此外苏军也提升了技术装备水平，大多数战斗机部队都换装了更为先进的机型，如Yak-1、Yak-7和LaGG-3战斗机。大量新型的全金属外壳Pe-2轰炸机也被投入到前线，而Il-2攻击机的数量也增加了不少。更具有决定性的因素在于，苏联空军的许多精英部队在这个时候也被编进第2和第8空军集团

■ 约瑟夫 · 茨韦内曼（1916–1944）

茨韦内曼1916年3月26日生于基希沃尔比斯（Kirchworbis），曾一度服役于德国海军并完成了基础军事训练。1940年3月1日加入空军JG 52联队第7中队，后参加了法国战役和不列颠空战并在7月获得首个战果，击落一架皇家海军"喷火"战斗机。苏德战争爆发后，茨韦内曼的战绩飞速提升，成为其所在大队最出色的飞行员之一。1941年12月12日以20个战果获得空军荣誉奖樽。1942年5月25日以30个战果获得德意志金质十字奖章。6月23日以57个战果被授予骑士十字勋章。1942年10月1日，击落4架飞机，将战果提升到103个，进而以此被授予橡叶饰并被晋升为少尉。1943年5月底，茨韦内曼被调入空军东线补充大队。同年12月回到战斗部队，进入JG 77联队第3中队，然后在12月15日被调入JG 11联队第1中队，执行帝国本土防御任务并获得了9个战果。1944年4月1日，茨韦内曼晋升为上尉。4月8日，带领第1中队和第1、第2大队一起从罗滕堡（Rotenburg）起飞，拦截B-24轰炸机机群。在随后的战斗中，JG 11联队声称击落8架轰炸机和6架护航的P-51战斗机，但自己也损失了20架战斗机，11名飞行员阵亡，3人受伤。约瑟夫 · 茨韦内曼上尉便是阵亡飞行员之一，其个人总战绩为126架。

军。JG 52联队在6月份损失的多名出色飞行员也从另一方面印证了苏联空军实力上的提升。

从哈尔科夫以东的基地出发，JG 52联队开始为"蓝色"行动的初始阶段提供支援，苏军的抵抗也非常顽强。7月1日，"蓝色"行动更名为"不伦瑞克"行动（Operation Braunschweig）。当天，

JG 52联队又有4名成员获得骑士十字勋章，他们的战果都是在40到54架之间，其中包括二级下士卡尔·格拉茨(Karl Gratz)、二级中士卡尔·斯特芬(Karl Steffen)和阿尔弗雷德·格里斯拉夫斯基。第1大队的战绩在逐渐提高，一周后超过了500架。

从7月8日到10日的3天时间里，德国空军第4航空队的战斗机部队一共击落了92架苏军飞机，另外在地面上摧毁了35架。10日，伯宁少校的第3大队撤回哈尔科夫换装 Bf 109G-2型战斗机。10天后，第1大队也将剩余的 Bf 109F 型战斗机转交给第2大队，返回哈尔科夫换装新机。施坦因霍夫上尉的第2大队要再过一段时间才能换装这种新型飞机。

■ 1942年7月4日，希特勒亲自来到前线，视察"布伦瑞克"行动进展。赫尔曼·格拉夫和另外三名 JG 52联队的王牌曾为希特勒的 Fw 200专机提供了严密的护航，将他送到波尔塔瓦机场。

7月22日，又一桩惊险的事情让 JG 52联队的成员擦了一把冷汗：新任联队长伊勒费尔德少校乘坐的"鹳"式联络机遭到了苏军的战斗机攻击，伊勒费尔德在攻击中身负重伤，落地后被立即送往医院抢救，所幸活了下来。假如他发生不测的话，那么 JG 52联队就在2个月不到的时间内阵亡三位联队长了！这次也不走运，两死一重伤。伊勒费尔德少校受伤入院后，JG 52联队长职务暂时由 JG 77联队长戈登·马克斯·戈洛布少校(Gordon Max Gollob)兼任。

■ 1942年7月，格里斯拉夫斯基获颁骑士十字勋章后的标准照。

■ 卡尔·斯特芬，1918年3月10日生于荷兰施泰因，1943年8月8日在别尔哥罗德西南方的追猎中丧生，时为 JG 52联队第3大队第9中队的一名二级中士，个人总战绩59架。

■ 卡尔·格拉茨(1919-2002)
1919年3月10日生于奥地利维也纳新城。1937年在参观了德累斯顿军事展后决心加入德国空军。1941年秋天进入 JG 52联队第8中队，后于1942年2月获得首个战果。在这年7月1日以54个战果获得骑士十字勋章。又获得29个战果后，在当年秋天作为教官被调入 JG 2联队第2大队直至1943年3月，晋升军官后于1945年1月10日担任 JG 52联队第10中队长。格拉茨的总战果为138架。战争结束后被移交给苏军，直至1949年才重获自由，后加入联邦德国空军。卡尔·格拉茨于2002年在德国北弗里斯兰地区莱克县(Leck im Nordfriesland)去世。

戈登·马克斯·戈洛布

戈登·马克斯·戈洛布于1912年6月16日出生在维也纳的一个世代从艺的家庭。他的祖母是名乐队指挥，父亲是肖像画家，母亲则擅长于风景画创作。在这样的一个充满着艺术氛围的家庭中长大的戈洛布，却从小立志于长大后要就读维也纳新城军事学院（Militärakademie Wiener Neustadt），并最终如愿以偿。1933年，戈洛布作为候补军官加入奥地利陆军，然后自1934年接受飞行训练。自1936年起担任A教导中队教官并兼任中队长一职。

德奥合并后，戈洛布以中尉军衔转入德国空军。1939年3月15日被调入第76驱逐机联队第3中队，后随部参加了波兰战役。1939年9月5日，他获得了首个战果，击落一架波兰飞机。同年12月18日，他又在德意志海湾上空击落一架英军"威灵顿"轰炸机。1940年4月8日，戈洛布升任第3中队长。

挪威战役期间，他曾击落一艘"桑德兰"飞艇和一架"喷火"战斗机。在此后的一段时间里，他曾接受了夜间战斗训练并在雷希林空军测试站（Erprobungsstelle Rechlin）任职。1940年9月7日被调入JG 3联队第2大队，然后在10月9日被任命为该大队第4中队长，并在来年的5月7日在海峡上空又击落一架"喷火"。1941年6月27日，他被任命为第2大队长，而其总战果在后来也迅速增加到了37架，其中仅在当年8月就击落了18架飞机。在1941年9月18日以42个战果获得骑士十字勋章后，他又在10月份击落37架飞机，仅在10月18日一天内便击落了9架，为此在10月24日以85个战果被授予橡叶饰。

1941年11月底，戈洛布又被调往雷希林空军测试站，随后在1942年3月13日被任命为JG 54联队长，后在同年5月16日转任JG 77联队联队长。该联队此后在他的带领下在东线南段获得了非凡的战绩。在塞瓦斯托波尔战役中，他负责指挥所有部署于此的空军战斗机部队，并在这年5月20日将自己的战果增加到了100架。在获得第107个战果后，戈洛布成为德军第13位双剑饰获得者。JG 52联队联队长赫伯特·伊勒费尔德受伤离职后，戈洛布便兼任了该联队长一职。

1942年8月，他击落40架飞机并在8月29日将战果增加到150架，成为当时世界头号战斗机王牌，为此被授予钻石饰。获得这枚勋饰后，戈洛布也结束了前线作战生涯，于10月1日作为作战参谋调入部署在海峡地区的第3战斗机司令部，随后在10月15日被任命为第5战斗机司令部司令。

1944年5月，戈洛布上校来到德军战斗机总监参谋部，为德国喷气式战斗机的研发工作提供建议。由于和阿道夫·加兰德不和，他随后在同年9月18日离开并再次来到雷希林空军测试站。1944年12月，他指挥着一支特种战斗机部队参加了阿登战役和"底板"行动。1945年1月，在加兰德卸职后，戈洛布上校被任命为新任战斗机部队总监。没过多久，鉴于戈林不现实的要求，他在4月7日提交了辞呈，但未获得批准。

战争结束时他正在一座空军医院中疗养，随后先后被美军、英军和法军羁押，直至1947年才被释放。戈洛布1987年9月17日在索林根（Sulingen）去世。

■ 图为戈洛布少校在自己的Bf 109F座机前留影。照片摄于1942年6月21日的克里米亚某处机场，当时他刚刚获得了第107个战果。

挺进高加索

次日，希特勒作了1个致命的决定：南段的攻势不再以宽大正面进行，而是将主攻部队分割成两部；A集团军群将向东南方向推进，进军高加索，而B集团军群将向正东前进，进攻斯大林格勒。这种在两个完全不同的方向分散兵力的做法最终导致了一场灾难。

与此同时，第4航空队司令里希特霍芬大将也不得不将麾下的战斗机部队拆分开，以支援B集团军群，仅为A集团军群配属JG 52联队的联队部、第2、第3大队和第15（克罗地亚）中队。JG 52联队所属的各单位就这样再次分道扬镳。此前整个联队都部署在顿河河畔的罗斯托夫，而此时第2、3大队将伴随A集团军群进入广袤的高加索地区。联队各单位此后很少有机会能够并肩作战了，因为即使是同在高加索战区的两个大队也因为战区幅员辽阔、地面部队的各个进攻矛头相距甚远天各一方，两个大队之间的距离往往达到480公里。很快，各个中队甚至也被分别派驻到各个前进机场，享有一定的自主权，各自为战。

里希特霍芬将军自然知道自己在做些什么，当时其麾下的战斗机部队中，除JG 52联队第2大队外，只有几个单位全换装了新型的Bf 109G-2型战斗机，而且其中还包括了当时德国空军的2名顶尖战斗机王牌飞行员：戈洛布少校和格拉夫中尉。正当德军装甲部队渡过顿河下游，冲向高加索时，JG 52联队第1大队还在后方熟悉Bf 109G-2型战斗机，择机支援在前线的另外2个大队。

伯宁少校所指挥的第3大队除了拥有两名战果100架以上的王牌（格拉夫和迪克费尔特）外，还拥有一大批经验丰富、战果在40架左右或更多的飞行员，例如军士长海因里希·福尔格莱贝、恩斯特·聚斯、约瑟夫·茨韦内曼、库尔特·拉茨拉夫、二级中士埃德蒙·罗斯曼、弗里德里希·瓦霍维亚克、汉斯·达默斯（Hans Dammers）、阿尔弗雷德·格里斯拉夫斯基和第8中队长奥托·德克中尉（Otto Decker）等等。

8月3日，格拉夫中尉击落一架Il-2攻击机，将战果增加到112架。戈洛布少校则在8月4日收获1架Yak-1战斗机，作为自己的第111个战果。正当陆军A集团军群横扫北高加索时，战斗在这里的德国空军战斗机部队也欣赏了在戈洛布少校和格拉夫中尉二人之间展开的竞争。当戈洛布在8月18日应里希特霍芬将军的要求，将第2大队第6中队和第3大队第9中队组成"斯大林格勒特遣队"（Stalingrad-Kommando），调往斯大林格勒地区支援作战时，他的战果已经达到了130架，而格拉夫的战果为127架。但是，戈洛布出于职业军官的怀疑主义并没有让格拉夫来带领这支特遣队，而将指挥权交给了才获得30多个战果的第8中队长德克中尉。

从8月14日到29日，戈洛布少校声称获得了33个战果，成为首位击落150架飞机的德国飞行员，其中最后1架为在29日击落的Pe-2轰炸机。这期间JG 52联队第3大队获得了32个战果，自己仅损失了3架飞机。第15（克罗地亚）中队则击落了9架苏联战机。8月30日，戈洛布获得了第3枚象征着德国最高军事勋章的钻石双剑橡叶饰骑士十字勋章（另外2枚分别为维尔纳·默尔德斯上校和阿道夫·加兰德所获），随后被调离前线，将JG 52联队的指挥权转交给了原JG 54联队第2大队长迪特里希·赫拉巴克少校。

戈洛布离开JG 52联队后，德军在高加索的攻势在苏军不断强化的防御面前滞缓了下来。8月下半月，第2大队伴随第17集团军向位于高加索山区西北山麓的迈科普（Maikop）的油田进军，第3大队则在掩护第1装甲集团军向东南方向推进，目标是靠近里海岸边的产油区。装备全新的 Bf 109G-2 型战斗机的第1大队尽管在这期间曾短暂地部署在高加索地区，但随后便被调往东线中部莫斯科以西170公里处的勒热夫，接受 JG 51 联队的指挥。

8月23日，JG 52 联队有4人获颁骑士十字勋章，其中包括第4中队长格哈德·巴尔克霍恩中尉，他凭借59个战果获得了这项荣誉。还有一枚勋章本来是要颁给第1大队的海因茨-威廉·阿内特军士长（Heinz-Wilhelm Ahnert）的，但是他在当天于奥廖尔附近获得了个人第57个战果后被击落身亡，因此他没能活着见到这枚勋章。在8月15日到23日期间，第1大队总共击落43架飞机。8月28日该大队又遇到15架苏联战机，声称击落了其中的7架。

8月27日，德军部队攻陷捷列克河（Terek）畔的城镇莫兹多克（Mozdok）。在德军部队和120公里外格罗兹尼周边的里海油田之间，已经只有捷列克河这最后一道河流屏障了。但捷列克河也是德军在苏联前进最远的地点。在当年的余下时间里，苏军将极为顽强地坚守捷列克河一线，而在北方680公里处，一场规模更大也更为残酷的战役正在进行 —— 斯大林格勒战役。

莫兹多克陷落的次日，京特·拉尔中尉来到第3大队位于捷列克河附近的前进机场，接过了因德克中尉的调离而无人指挥的第8中队。此时离拉尔在迫降事故中脊柱骨折恰好过去了9个月。拉尔归队之后在不到一周的时间就把自己的个人战绩从36架提高到65架，并于9月3日获得骑士十字勋章。这一方面说明拉尔恢复能力惊人，另一方面也说明捷列克河地区的空战非常激烈。

9月第一周，又有多人获奖。约翰内斯·施坦因霍夫上尉于8月31日取得他个人的第100个战果，因此在9月2日被授予橡叶饰；9月4日，在8月21日的战斗中失踪的第4中队的瓦尔德玛·泽梅尔卡少尉（Waldmar Semelka）被追授

■ 瓦尔德玛·泽梅尔卡，1942年8月21日在作战中失踪，随后在9月4日以75个战果被追授骑士十字勋章，照片中的勋章也是后人合成上去的。

■ 恩斯特·聚斯（1912-1943），总战绩为68架，1942年9月4日获得骑士十字勋章。

■ 上图为1942年9月4日，恩斯特·聚斯（左一）也获得了骑士十字勋章。图中他正和格拉夫（右二）等人坐在一起，摆弄格拉夫的宠物狗"阿格斯"。左二为汉斯·达默斯，最右边的则是茨韦内曼。

■ 上图为经历了9个月的恢复期后，拉尔（中）回到部队后也迅速获得了骑士十字勋章。图为站在座机前的拉尔（中）、卡尔·格拉茨（左）和弗里德里希·瓦霍维亚克（右）。

■ 1942年9月，京特·拉尔的"黑13号"Bf 109G-2型战斗机侧视涂装彩绘。

■ 左图为1942年秋季，JG 52联队第8中队的二级下士卡尔·格拉茨在克里米亚，与自己的座机（Bf 109G-2型战斗机）尾舵合影。此时，他已经获得了83个战果。上图为这个尾舵的当时涂装彩绘。

■ 右图为1942年夏季，JG 52联队第2大队驻扎在克里米亚期间的一张 Bf 109G-2型战斗机机群照片。

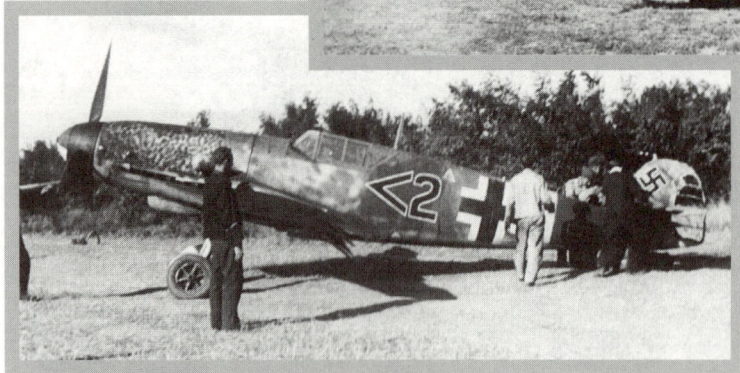

■ 左图为1942年8月31日，一群地勤人员正在检查 JG 52联队第2大队大队部的二级下士汉斯·瓦尔德曼（Hans Waldmann）的 Bf 109G-2型战斗机受损的尾舵。瓦尔德曼当时为大队长施坦因霍夫上尉的僚机飞行员，后在1942年11月2日和3日收获了自己的头两个战果。瓦尔德曼后来被调往西线，共收获了134个战果（含2个 Me 262喷气式战斗机战果），并在1945年3月获得了骑士十字勋章的橡叶饰。

■ 1942年8月，JG 52联队第2大队大队部"黑<2号"Bf 109G-2型战斗机侧视涂装彩绘。

骑士十字勋章。因"卡拉亚"歌曲而成名的军士长恩斯特·聚斯也获得了这项荣誉，当时他的个人总战绩是50架；同日，"卡拉亚"中队中队长赫尔曼·格拉夫中尉成了史上第二位获得150个战果的战斗机飞行员。9月6日，已经转任第5中队中队长的鲁道夫·雷奇上尉也以66个战果获得了骑士十字勋章。

斯大林格勒特遣队

事实上，自8月中旬以来，由德克中尉所指挥的"斯大林格勒特遣队"就在 JG 3 联队的指挥下一直为第6集团军提供空中支援。此时第6集团军还在优哉游哉地越过顿河河湾，向那座伏尔加河上的以斯大林名字命名的城市挺进。8月27日，总战果为40架的德克中尉被苏军击落，随后被俘并被送到苏军第41战斗机航空兵团的基地。德克被俘后，格拉夫便接过了特遣队的指挥权，而他在当时已经将自己的战果提高到了137架。

在斯大林格勒前线的初期，德国第8航空军占据了数量和质量上的优势，使得该地区的苏联空军蒙受沉重损失。1942年9月1日，苏军第8空军集团军仅剩下57架可出动的战斗机和32架 Il-2 攻击机。9月2日，格拉夫中尉在三次战斗中击落包括一架 Pe-8 四发轰炸机在内的5架飞机，将自己的战果增加到145架。9月9日，特遣队进驻皮托姆尼克（Pitomnik）的前进机场，这座机场位于斯大林格勒以西15公里处，后来在斯大林格勒的德军覆灭前夕，唯一只剩下这座机场还被用来疏散伤员。但此时在皮托姆尼克还没有任何迹象表明它在即将到来的冬天会变成人间地狱。

■ 上图为赫尔曼·格拉夫在自己的"黄11号"座机座舱中。尽管格拉夫的座机平时编号为"黄1号"，但在1942年9月4日获得第150个战果后将编号更改成了"黄11号"。注意图中其座机上的第9中队队徽，这时已经换成了著名的"卡拉亚"中队徽。

■ 1942年9月，赫尔曼·格拉夫的"黄11号"Bf 109G-2型战斗机侧视涂装彩绘。

■ 第9中队的队徽主体是"一箭穿心,3滴血滴和'卡拉亚'字样",但是各飞行员可以自行在红心中写上不同文字,例如格里斯拉夫斯基写的是"Ilse";格拉夫起初用了戈林女儿的名字"Edda"(上图),而赫尔曼·沃尔夫(总共57个战果,1945年4月24日在JG 11联队获得骑士十字勋章)则是"Gerda"(下图)。

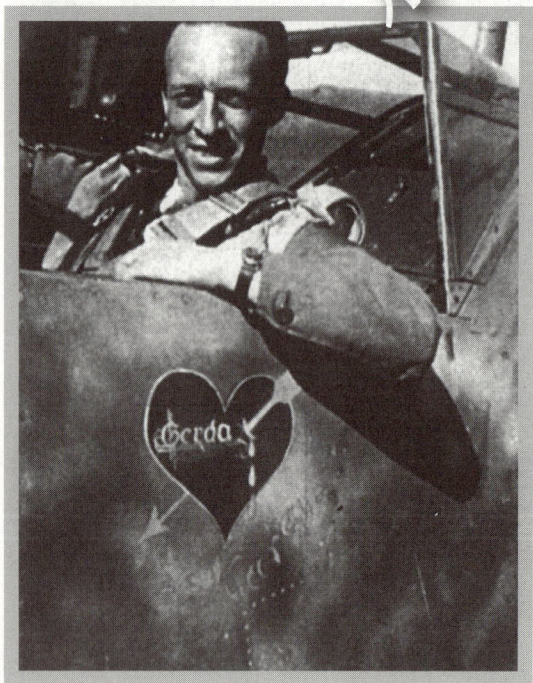

9月11日,格拉夫中尉在斯大林格勒工业区上空9000米处遭遇苏军第270轰炸机航空师的一个Pe-2轰炸机编队。就在他准备冲入苏军机群时,另一支德军 Bf 109战斗机部队抢先前去拦截。随后他看见2架 Bf 109战斗机被苏军轰炸机的尾炮击落。于是他也冲上前去发起进攻,击落了一架苏军轰炸机,并在一群苏军战斗机前来增援时及时脱离了战斗。格拉夫的战果在此战后增加到164架,9月16日他获得了第172个战果,成为德国空军排名第一的战斗机飞行员。

在斯大林格勒这座几近废墟的城市上空,此前还从来没有发生过如此大规模的空战。9月18日,苏军在该城北面发动了一次绝望的反击,进而使交战双方展开了猛烈的空中角逐。德国战斗机部队在这天声称击落77架苏联战机,而自己仅损失一架。当天,已经在近日晋升为上尉的格拉夫在单次行动中击落了两架LaGG-3战斗机和一架Il-2攻击机,战果也因此增加到了180架。德国的宣传机构对此进行了大肆宣传,格拉夫也因此获得钻石饰。同日,已经于8月23日凭借51个战果获得骑士十字勋章的第2大队飞行员海因茨·施密特少尉达到了102个战果,获颁骑士十字勋章的橡叶饰。施密特花了14个月时间才积累了51个战果,现在在三周多一点时间内却轻松地翻了倍。这也说明1942年初秋东线南段的空战是多么的激烈。

但是,斯大林格勒上空的激烈空战持续了一段时间后,德国空军战斗机部队也开始出现明显的损失。经历了6周的战斗后,格拉夫的飞行员们也流露出一丝心力交瘁的迹象。例如格拉夫的僚机飞行员福尔格莱贝军士长在刚刚获得第50个战果后便因精神紧张而被禁飞。格拉夫自己也在日记中这样写道:"我得休息一天,我再也受不了了!"但在这个时候,他根本抽不开身,直至后来获得了第200个胜果。

9月26日，格拉夫和二级下士赫尔曼·沃尔夫（Hermann Wolf）从皮托姆尼克起飞拦截苏军第629战斗机航空兵团的3架I-153战斗机。该团在其战斗日志中曾这样记载：

"3架I-153战斗机在帕夫洛夫（Pavlov）的指挥下，在2500米到3000米的高空沿着勒宁斯克（Leninsk）铁路线执行巡逻任务。当天上午10时，他们发现了2架德军Bf 109F型战斗机，随后便与其发生战斗。飞机发起了数次进攻，随后与我脱离接触并向西飞去。我们在战斗中没有击落任何飞机，也没有任何损失，3架飞机全部返回了基地。各机在战斗中各消耗了30发7.62毫米机枪弹，着陆时间为10时10分。"

与苏军战斗日志形成鲜明对比的是，格拉夫和沃尔夫在返航后各声称击落了一架I-153战斗机。后者的战果因此达到了28架，而格拉夫则终于突破了200架大关。赫尔曼·格拉夫上尉因此成了世界上第一位战绩达到200架的战斗机飞行员，随即被晋升为少校，但也被禁止继续参加战斗飞行任务，因为如果这样一位大明星被击落，将会对士气产生极大影响。

正当所有人的目光都聚焦在格拉夫身上时，JG 52联队第1大队前来接替了格拉夫的特遣队，并在斯大林格勒地区一直打到11月初。9月19日，第2中队的贝尔托特·格拉斯穆克军士长和第1中队的卡尔·哈梅尔（Karl Hammerl）分别以65和67个战果获得了骑士十字勋章。"斯大林格勒特遣队"各部于9月28日返回捷列克河战线。

除了金质钻石双剑橡叶骑士十字勋章（仅有"施图卡"王牌汉斯-乌尔里希·鲁德尔一人获得）之外，加挂钻石饰的骑士十字勋章是第三帝国的最高级军事荣誉。历史上仅有27人获得过，其中三分之一是战斗机飞行员，格拉夫是获得这项荣誉的第5位飞行员。一般来说，部队中的某人获得骑士十字勋章或更高级荣誉，全联队的人

■ 1942年9月26日，格拉夫成为首位战果突破200架大关的飞行员。为此人们在其机身上画上了鲜艳的钻石双剑橡叶饰骑士十字勋章和202字样，而没有一如既往地在方向舵上画这一标志。

员都会感到骄傲和自豪，但是"卡拉亚"中队的飞行员和地勤官兵们还没来得及分享这无比的光荣，他们的中队长就被迅速撤出了作战行动，送回德国本土执行训练和宣传任务了。另外，JG 52联队还是唯一一个拥有两位钻石饰获得者的战斗机联队。除了格拉夫之外，第二位超级王牌在格拉夫离去的6天之后才来到联队，当时还没有人意识到，那个年轻人将来也会登上这个巅峰。

在斯大林格勒的几周战斗中，德国战斗机总共击落了将近1000架苏联飞机。根据苏军的报告，第8空军集团军损失503架，第16空军集团军损失163架，第102歼击航空兵师损失36架。这些损失便足以让苏联空军泄气，因为当时苏军各航空兵军所装备的飞机平均数量也只有大概300架，在斯大林格勒损失的702架飞机其损失率达到了惊人的234%。日后的苏联空军王牌博里斯·叶廖明少校（Boris Yeryomin，23个战果）曾这样说道："在整个战争中，我从来没有见过比在斯大林格勒上空还要惨烈的空战。"

10月初，苏联空军战机基本上已经从斯大林格勒的天空中消失了。

■ 上图为1942年9月29日高加索索尔达茨卡亚机场,众人庆祝格拉夫战果突破200架大关。第3大队长伯宁少校(右)正开怀大笑,中尉军医本德尔博士(Dr. Bender,右)和第8中队长京特 · 拉尔中尉(左)正在为格拉夫更换少校领章。

■ 赫尔曼 · 格拉夫在获得200个战果后便被禁止继续参加战斗飞行任务,随后被调回本土。上图为1942年10月2日,第3大队的官兵们热烈欢送这位他们的大队长,当时格拉夫是世界上战绩最高的王牌飞行员。

■ 上图为1942年10月,格拉夫从柏林返回家乡,受到老乡们的热烈欢迎。

■ 上图为现陈列于德国施派尔技术博物馆的赫尔曼 · 格拉夫所穿过的皮夹克和获得202个战果的尾舵。

■ 在1942年的最后几个月中,格拉夫曾受邀到德国各地进行巡回演讲。上图为其来到慕尼黑的情景。

■ 赫尔曼 · 格拉夫少校佩戴着钻石双剑橡叶饰骑士十字勋章拍摄的彩色宣传照。

初出茅庐的王者

正当苏联空军在斯大林格勒上空遭到沉重打击时，在更南面的高加索地区，苏军第4和第5空军集团军却在不断地向德国A集团军群施加威胁。此外，在9月初部署在该地区德国空军明显没有实力接受这个挑战。实际上，关于苏联空军在1942年8月在该地区的数量优势并不十分明显，而在9月份德苏双方在该地区各拥有大约200到250架作战飞机。

鉴于部署在该地区的苏联空军装备了大量轰炸机，尤其是第4空军集团军第219轰炸航空兵师因为装备了大批根据《租借法案》获得的美制"波士顿"轰炸机而极具攻击性，德军在9月初将JG 52联队第2大队从斯大林格勒地区调到了高加索。在9月6日，苏军第4空军集团军执行了约460架次任务，声称摧毁了14辆德国坦克，轰炸了德军在莫兹多克横跨捷列克河的行军大桥，并击沉了几艘德军渡船。当然，苏军也有损失，其中第219轰炸航空兵师被击落3架"波士顿"轰炸机和3架护航的LaGG-3战斗机。京特·拉尔中尉在当天的9时55分和10时35分先后击落了2

架战斗机。第7中队的格里斯拉夫斯基则击落另一架战斗机和一架轰炸机，而他的僚机飞行员埃德蒙·罗斯曼也收获了两架I-16战斗机和一架LaGG-3战斗机。第5中队长鲁道夫·雷奇上尉则获得了第2大队在该地区的首个胜果，而这也是其个人的第50个战果。

在整个9月，苏军第4空军集团军总共在战斗中损失了149架飞机，88名飞行员阵亡或失踪，大部分为德军JG 52联队第2大队和第3大队所击落，而这2个大队在高加索南部总共只损失了11架Bf 109战斗机。第3大队最大的损失发生在9月29日。当天，总战果达到68架的库尔特·拉茨拉夫军士长，被苏军第131歼击航空兵团的一架La-5战斗机击落，当场身亡。1942年9月德军在高加索地区最成功的战斗机飞行员当属京特·拉尔中尉，他在这个月中共击落28架飞机，将战果增加到了90架。

10月8日，4位新飞行员来到JG 52联队位于迈科普郊外的联队部报到，代理联队长迪特里希·赫拉巴克少校例行向他们发表了带有介绍和鼓励性质的讲话。在例行公事结束后，赫拉巴克把4人都分配到此时驻扎在索达茨卡雅

■ 1942年10月8日，日后的世界头号空战王牌埃里希·哈特曼（Erich Hartmann）被分配到第7中队。图为哈特曼（右二）与第7中队飞行员合影，其左侧便是阿达尔贝特·佐默上尉。

(Soldatskaya，捷列克河附近的另一个前进机场）的第3大队。第3大队长胡贝图斯·冯·伯宁把其中两人分配到格拉夫的第9中队（此时的中队长是恩斯特·埃伦贝格上尉），另外两人则被派往阿达尔贝特·佐默上尉（Adalbert Sommer）的第7中队。

分到第7中队的两位菜鸟中，其中一位不到一个月就阵亡了，另一位是个身材瘦弱、稚气未脱的金发青年，很快他就得到"娃娃"的绰号。他不仅在战争中活了下来，而且成为历史上战绩最高的战斗机飞行员！他就是埃里希·哈特曼（Erich Hartmann），但此时的他对战斗飞行仍然不甚了了。就像德国空军的所有其他战斗机大队一样，第3大队在执行作战任务时，军衔不是最重要的，经验才是标尺。甚至连堂堂的大队长伯宁少校也要遵守这条不成文法则，屈尊为担任经验更为丰富的格里斯拉夫斯基（7月1日的4位骑士十字勋章获得者之一）的僚机飞行员。

■ 上图为克鲁平斯基执行完任务后，从"褐5号" Bf 109G-2型战斗机上下来，照片摄于1942年10月，当月他在获得第53个战果后被授予了骑士十字勋章。下图为伯宁少校亲自为克鲁平斯基佩戴骑士十字勋章。

■ 初来乍到的哈特曼（右）和第3大队的几名著名军士在一起。从左向右分别是汉斯·达默斯、埃德蒙·罗斯曼和阿尔弗雷德·格里斯拉夫斯基，这三人都成了哈特曼的老师。

埃里希·哈特曼的良师益友是资深士官、四机编队长埃德蒙·罗斯曼，后者已经获得骑士十字勋章，个人总战绩超过了80架。在技术高超的罗斯曼耐心指导下，年轻的哈特曼少尉研究出了他自己的常胜法则：观察、决定、攻击、脱离。

埃里希·哈特曼在罗斯曼的羽翼下提高自己的技能的同时，JG 52联队的老飞行员们也在继续积累自己的战果。10月份，又有4人凭借50架以上的总战绩获得骑士十字勋章。10月2日，第1大队长贝内曼上尉也终于获得了手下们早已得到的荣誉，同第9中队的海因里希·福尔格莱贝军士长一道，都以52个战果被授予骑士十字勋章。京特·拉尔中尉在10月22日一连击落3架LaGG-3战斗机，战果达到了100架，6天后获得橡叶饰。10月25日，第6中队的瓦尔特·克鲁平斯基遭到了一架苏军I-16战斗机的攻击，但在随后将其变成为自己的第53个战果。4天后的10月29日，他和第3中队的鲁道夫·米蒂希少尉（Rudolf Miethig）一起被授予骑士十字勋章。当天，第2大队的总战果突破了1000架大关。当天，苏军第131战斗机航空师的王牌飞行员德米特里·卡拉什中校（Podpolkovnik Demitriy Kalarasch，18个战果和6个分享战果）遭到2架Bf 109战斗机的攻击并被击落。击落他的极可能是 JG 52 联队第 15（克罗地亚）中队的柳戴维特·本采蒂奇（Ljudevit Bencetic，15 个战果）、斯拉夫科·博斯季奇（Slavko Boskic，13 个战果）或第 4 中队的巴尔克霍恩中尉，前两人在当天各声称击落一架 LaGG-3 战斗机，而后者则声称击落一架 Yak-1 战斗机（第 75 个战果）。顺便一提的是，造成该混淆的主要原因在于德军飞行员在混乱的空战中很难区别出苏军的 Yak-1、Yak-9、LaGG-3 和 MiG-3 战斗机。实际上，此前攻击贝克少校的苏军战斗机就还存在着究竟是 MiG-3 还是 LaGG-3 战斗机的争论。10 月 31 日，军士长茨韦内曼的个人总战绩也升至 101 架。

但是，年轻的阿尔弗雷德·格里斯拉夫斯基军士长才是这期间在高加索进步最快的战斗机王牌。11 月 2 日他 23 岁生日这天，他在一场空战中遭遇多架 I-153 战斗机，随后击落其中一架。苏军飞行员亚历山大·克卢博夫（Aleksandr Klubov）只能驾驶燃起大火的飞机迫降，被严重烧伤。克卢博夫后来成为苏联著名空战王牌，个人战果为 31 架，另有 19 架分享战果。三天后，格里斯拉夫斯基的战果达到了 66 架，击落由苏联近卫第 7 强击航空兵团王牌飞行员带队的 4 架 Il-2 攻击机。尽管格里斯拉夫斯基并不是当时第 3 大队战绩最高的王牌，但是大队长伯宁少校认为他是大队里最重要的飞行员，是大队的中流砥柱。伯宁有时甚至亲自担任格里斯拉夫斯基的僚机。此外，当日后大红大紫的哈特曼来到该大队后，他还让格里斯拉夫斯基和罗斯曼在战斗中指导哈特曼。格里斯拉夫斯基

■ 鲁道夫·米蒂希（1921-1943），二战德国空战王牌，总战绩为 101 架。1943 年 6 月 10 日在击落 1 架苏军雅克战斗机后，与飞机相撞，撞断了机翼，飞机随后坠毁，米蒂希当场身亡。

后来这样说道：

"没有比胡贝图斯·冯·伯宁少校还要好的军官了，他是位很有意思的飞行员和指挥官，但是射术却不怎么样，也就是说经常很难击落敌机。我在 1942 年 7 月 1 日便获得了骑士十字勋章。后来他也获得推荐时，我把我的勋章借给了他，而他带着这枚勋章直至自己在 1942 年年底得到了属于他的那枚。当我在击落了 4 架'波士顿'轰炸机后，他把我晋升为军士长。

"当时（9 月 8 日），苏军 6 架'波士顿'轰炸机在 20 到 25 架战斗机的护航下，试图轰炸位于莫兹多克的大桥。我的僚机飞行员罗斯曼立即上去吸引战斗机的注意力，而我则负责攻击那些轰炸机。我一边咬住敌人的轰炸机，一边密切地关注着身后的战斗机。在随后的两分钟的战斗中，我击中了 4 架轰炸机的左侧发动机，只见每架飞

■ 亚历山大·克卢博夫，1944 年因一次降落事故丧生，其个人总战果为 31 架，另有 19 个分享战果。

机都燃起了大火，乘员开始弃机跳伞。当我向伯宁少校报告后，他说如果我的战果获得证实的话便给我晋升。当天晚上，部署在大桥附近的高炮部队指挥官在电话里向他证实4架麦炸机被击落（这也是他的第47到第50个战果——编者注）。"

11月1日，迪特里希·赫拉巴克少校正式接替负伤的赫伯特·伊勒费尔德就任JG 52联队长。此时德国陆军第6集团军正在斯大林格勒的废墟中绝望奋战，围绕着这座已经化为瓦砾堆的城市的争夺战接近了高潮。然而贝内曼上尉的第1大队（此时驻扎在皮托姆尼克）幸运地躲过了即将降临到保卢斯将军的地面部队头上的厄运。11月5日，该大队奉命将剩余的Bf 109G型战斗机全部转交给JG 3联队，然后撤往罗斯托夫换装。

也就是在这天，哈特曼少尉初试锋芒，在高加索获得了他的首个战果。当天他所在的四机编队负责警戒任务，在第3大队副官鲁道夫·特雷普特少尉（Rudolf Trepte）的率领下紧急起飞迎战进攻的苏军机群——18架Il-2攻击机以及为其护航的12架LaGG-3战斗机！4架迎战30架！

哈特曼一边拼命回忆最近几周学到的战术，一边向深绿色的Il-2攻击机群猛地俯冲过去。但在他的第一轮攻击中，机炮炮弹根本无法击穿苏联攻击机的装甲外壳，。哈特曼在第二次俯冲时险些坠地，一下子落到迂回前进的"施图莫维克"机群的后下方。利用先前俯冲带来的高速，他从下方一直接近到离Il-2仅有60米处，然后猛烈开火。这次他的猎物冒出了一团火焰，被击中了。哈特曼兴奋得忘记了罗斯曼的教导，跟随着这架被击伤的Il-2俯冲下去。这是一个致命的错误。这架Il-2的机翼上有一大块金属片进裂出来，击中了哈特曼的飞机，机舱内很快灌满了浓烟，但他还是有惊无险地迫降成功。就在1.6公里之外，被他击落的那架飞机坠地之后炸开了花。直到将近3个月之后，哈特曼才取得第二个战果。而在此期间，东线战场的形势将发生巨大变化。

■ 航空画作品《传奇的诞生》：1942年11月5日，哈特曼获得首个战果，击落一架Il-2攻击机，但他自己的飞机也被击伤迫降。

曲 终

11月9日，施坦因霍夫上尉的第2大队从捷列克河战线的短暂部署中撤出，前往迈科普与联队部会合。德军已经占领了这里的油田，但是苏军8月份在撤退时已将油田设施破坏殆尽，德军工兵此时正在奋力抢修，以便恢复产油。第2大队的任务就是保卫此地。在此期间，第2大队还得到了由斯洛伐克飞行员组成的第13（斯洛伐克）中队的加强，这是JG 52联队在东线得到过的第3个外国中队。

此时，东线南段德军遭到了毁灭性打击。11月19日，苏军在斯大林格勒两翼发动了排山倒海的全面反攻，很快就形成了合围德国第6集团军的严重态势。第2大队被迅速调往斯大林格勒西南的顿河一线，此地的罗马尼亚第4集团军正承受着步步紧逼的苏军的巨大压力。但一切都太晚了，第6集团军已经陷入合围，除非立即突围，否则就会被慢慢吃掉。但是希特勒坚持拒绝让第6集团军突围。此外，德国人在这个时候还面临其他许多严峻的问题，天气依旧异常的湿冷，极易导致飞机部件结冰。极低的能见度，对于能够依靠仪表飞行和地面无线电引导的运输机来说，可能没有什么，但是给战斗机部队带来了恶劣的问题。但是，对于奋战在斯大林格勒地区的德军来说，最大的困难还是

■ 1942至1943年的冬天又是一个极端恶劣的冬天。极度严寒的天气导致德军战机部件极易结冰。在没有有效除冰装置的情况下，JG 52联队的地勤人员只能手工除冰。

补给不足。例如JG 52联队第2大队在整个12月损失了20架飞机，却只从国内接收到4架飞机。

第2大队在斯大林格勒西南面一直待到了1942年年底。虽然各个地段上的形势都在急剧恶化，但JG 52联队仍然继续重创苏联空军，他们在此前的6个月中已经获得了令人震惊的2000个战果，到12月10日这个数字已经飙升至4000。

2天后，赫尔曼·霍特大将（Hermann Hoth）的第4装甲集团军从斯大林格勒西南方向发动了代号为"冬季风暴"的解围行动，试图在苏军的包围圈上打开一个缺口，营救被困的第6集团军。德军第4航空队在当天声称击落29架飞机，自己仅损失2架。JG 52联队第2大队也前移到了离斯大林格勒仅有150公里的一座机场，为解围作战提供支援。但是，德军却无法继续扩大胜果，

■ 左图为JG 52联队第13（斯洛伐克）中队队徽。

■ 下图为1942年11月，JG 52联队第13（斯洛伐克）中队"白12号" Bf 109E-7型战斗机侧视涂装彩绘。

解围部队前锋的3个装甲师未能突破苏军的钢铁包围圈。

在斯大林格勒西北面的顿河流域，意大利第8集团军不仅缺少装备，而且士气极其低下。这些意大利人无心为德国人在俄国的生存空间而战。12月16日，苏军西南方面军在瓦图京中将的指挥下，向意大利人发动了代号为"小土星"的攻势。同时，苏军地面部队得到苏第17空军集团军所属632架各型战机的支援，其中包括了大量的Il-2攻击机。力量薄弱的意大利空军缺少燃油和备件，因此出击的频率受到了很大的限制。事实上，苏联空军把这里的德军JG 52联队第1大队视为主要对手。在对抗"小土星"行动中，该大队的约翰内斯·维泽上尉、二级中士威廉·弗洛伊沃特（Wilhelm Freuwörth）以及二级中士鲁道夫·特伦克尔（Rudolf Trenkel）等人尽管在初期能击落一些几乎没有防卫能力的Il-2攻击机，但是几天后，苏军第17空军集团军的战斗机部队便出动大量Yak-1、Yak-7B和La-5战斗机，覆盖了整个战场的天空。此外，拥有一些出色飞行员的近卫第5歼击航空兵团也在这期间投入了此地区。

JG 52联队第1大队的实力便这样被逐步侵蚀，战役开始5天后便只剩下了寥寥几架Bf 109战斗机。德军不得不紧急从东线北段将JG 54联队第4中队调到东线南段，以支援该大队。在接下来的几个星期里，JG 54"绿心"联队第4中队在中队长海因里希·容中尉（Heinrich Jung）的指挥下尽管获得了38个战果，但自己的实力也几乎消耗殆尽。

12月19日，第2大队第4中队长格哈德·巴尔克霍恩中尉取得了他个人的第100个战果。但在当前十万火急的形势下，达到这个数字已经不会自动地获得橡叶饰了。直到三周之后巴尔克霍恩才以120个战果获得了这个荣誉。12月21日，第3大队长伯宁终于也在迈科普凭借51个战果获

■ 约翰内斯·维泽（1915-1991）

1915年3月7日生于布雷斯劳。加入德国空军后首先担任侦察机飞行员。1941年夏天加入JG 52联队第3大队，后在1942年6月25日成为第2中队长。1943年1月5日，维泽上尉以51个战果获得了骑士十字勋章。同年10月升任第1大队长。1944年3月2日以125个战果被授予橡叶饰。一年后，维泽被任命为JG 77联队联队长，随后在同年12月24日在同盟军的空战中被击落，身受重伤。伤愈复出后重返东线并最终被俘，直至1950年才重获自由。战争期间，维泽总共获得133个战果，另有75个未经证实的战果。

■ 威廉·弗洛伊沃特（1917-1970）

1917年11月4日生于博尔佐姆（Borssum）。1941年4月1日进入JG 52联队第2中队，同年8月26日获得首个战果，击落一架"布伦海姆"轰炸机。1943年1月5日以53个战果获得骑士十字勋章，随后在2月1日调往JG26联队第5中队，同年10月和12月先后两次受伤。伤愈复出后作为战斗机教官直至战争结束，期间在1945年1月1日被晋升为中尉。其总战果为58个（含3个西线战果），1970年12月5日在维茨拉尔（Wetzlar）去世。

得了骑士十字勋章，这是 JG 52联队在1942年获得的最后一枚勋章。

12月24日，第4装甲集团军前锋杀到了距斯大林格勒仅48公里处，但再也无力前进一步，第6集团军的噩运已经注定！苏军反攻的南翼部队开始沿顿河一线向罗斯托夫推进。比斯大林格勒还要严重的灾难悬在了德军头顶上。如果苏军进抵亚速海，那么在高加索地区的整个德军A集团军群退路就会被全部切断！这个时候，JG 52联队第2大队只剩下了12架可出动的战斗机，根本无法阻止苏军 Pe-2轰炸机摧毁第4装甲集团军的油料补给。

12月27日，苏军坦克已经前进到离第2大队在科泰尔尼科夫斯基（Kotelnikovski，斯大林格

■ 汉斯·达默斯（1913－1944）
总战绩为113架，另有23个未经证实的战果。1944年3月13日，达默斯的"黄9号"座机被一架坠落的 La-5战斗机的碎片击中。达默斯成功离开座舱，但降落伞被机翼划破而严重摔伤。他于3月17日伤重不治，被追授少尉军衔。

勒西南）的基地只有4公里的地方，施坦因霍夫的飞行员们不得不放弃这个基地，炸毁了所有无法起飞的战斗机，撤到距此西南32公里处的泽姆尼克（Zimovnik）。几天后，该大队飞行员们又继续向西南方后撤150多公里来到吉冈特（Gigant）。在忍受了一夜的狂轰滥炸之后，地勤人员于次日黎明经陆路撤退。在 －30℃ 的严寒中，他们长途跋涉240公里前往北高加索地区、罗斯托夫东南偏南的萨尔斯克（Salsk）。

正当德军在斯大林格勒和顿河河曲处的战线崩溃的同时，德军在高加索的形势也在1942年11月和12月僵持了下来。这年夏季攻势中夺取了位于格罗兹尼和巴库的苏联油田，随后原本部署在高加索地区的空军部队被调往东线其他地区。到这年11月时，高加索地区唯一可以支援第1装甲集团军向格罗兹尼推进的战斗机部队只剩下了 JG 52联队联队部和第3大队。当时他们只有32架可以升空作战的 Bf 109战斗机。尽管如此，该大队的老飞行员们还是可以应付在数量上远超过自己的苏军。11月底，苏军决定在11月30日之前将德军第1装甲集团军从捷列克河南面逐出。11月27日，苏军发起进攻，第4空军集团军出动了120架战机，其中包括53架 Il-2攻击机，分三个波次持续3个小时向位于阿丹（Ardan）附近的德军目标发起突袭。苏军第230强击航空兵师总共出动97架次，声称摧毁德军4辆坦克和40辆其他型号车辆。但该师同时也遭到了 JG 52联队第3大队的重创，被击落5架 Il-2攻击机和3架 LaGG-3战斗机，骑士十字勋章获得者格里斯拉夫斯基也在这里获得了个人的第69和第70个战果。

在接下来的两天中，这种大规模空战继续在高加索上空进行着。11月29日，第7中队的汉斯·达默斯少尉一举击落5架飞机，这也是其个人第85到第89个战果。这个中队一度成为苏军第4空军集团军的主要威胁。12月10日，他在拦截

苏军近卫第7强击航空兵团的4架Il-2攻击机时4分钟内就击落了其中3架。在这场战斗中，近卫第7强击航空兵团损失了一名最出色的飞行员——彼得·鲁登科中尉（Petr Rudenko）。鲁登科中尉此前已经在11月16日完成了96次战斗飞行任务，共摧毁了德军40辆坦克和30架飞机，因此荣获"苏联英雄"称号。12月12日，苏军第4空军集团军发起报复性攻击行动，袭击了德军多座机场，然而仅摧毁了1架德军飞机，反被格里斯拉夫斯基连续击落了4架战斗机。

截至12月底，JG 52联队联队部和第3大队宣称在这里总共获得46个战果，格里斯拉夫斯基包揽了其中13架。而这个月他们仅在战斗中损失了第7中队的二级下士弗里德里希·赫格（Friedrich Heeg，22个战果）。在一场激烈的"狗斗"中，赫格被耀眼的阳光晃到了眼睛，一头撞上了苏军第84歼击航空兵团维克托·马库廷中尉（Viktor Makutin）驾驶的I-153双翼战斗机，当场身亡。

当苏军在北面挫败了"冬季风暴"行动并将德第4装甲集团军逼退至罗斯托夫"瓶颈"地区后，德军在高加索的局面受到了严重威胁，逐渐显现出被孤立的态势，于是高加索德军被迫于12月29

■ 格里斯拉夫斯基（左）同哈特曼（右）一起在第3大队位于法赫希姆佩恩的指挥所外合影。

日后撤。JG 52联队联队部和第3大队大部分战机也向北靠拢，支援受到严重威胁的第2大队，只留下了由格里斯拉夫斯基指挥的一支小分队：一名军士长独自承担起了掩护整个第1装甲集团军的任务！在1943年1月的头8天里，他一边指挥着自己的小部队，一边与僚机飞行员哈特曼一道，不断地为地面部队提供空中掩护。这期间的天气极其恶劣，以至于他们直到1月8日才遭遇到一些飞机，而格里斯拉夫斯基也在这次偶遇中击落2架LaGG-3战斗机（个人第85和第86个战果）。但是战局毕竟已经更为艰难，德军只能继续向北撤退。1月18日，格里斯拉夫斯基继续和哈特曼一起执行掩护任务，在收获了个人的第90和第91个战果后，他也被一架苏军战斗机击落。格里斯拉夫斯基成功跳伞降落在了一片无人地带，随后被驾驶一架"鹳"式联络机赶到的哈特曼救走。

1943年1月底，德国A集团军群被苏军成功分割，赶入两个包围圈中。第1装甲集团军被包围在北面的罗斯托夫－巴塔耶斯克地区（Rostov-Bataysk），而第17集团军则陷入西北面的库班桥头堡。现在，东线形势已经发生了逆转，红军的浪潮将变为激流，将德军滚滚向西推移。

■ 上图、下图和右图为1942年至1943年冬天，JG 52联队第5中队的地勤人员在极其恶劣的天气条件下对飞机进行维护。下图中，3名士兵正在为"黄5号"补充燃料。上图和右图为士兵们正在为一架飞机的各关键部位预热并校正零部件的位置，避免其因被冻住而出现故障。

■ 下图为1942年至1943年冬季，JG 52联队的 Bf 109战斗机机群。

1943年苦战

在1942年夏季攻势中，德军未能达成两个既定目标，既没有攻克斯大林格勒，也没能夺取高加索的油田。现在苏军掌握了东线战场的主动权，而德国及其仆从国的末日也已经拉开了帷幕。就在一年前他们还势不可挡地驰骋在东欧大地上，而现在他们将被迫进行一系列撤退、阻滞行动以及失败的反攻，并最终完全覆灭。

在东线战场余下的岁月里，JG 52联队将放弃高加索和克里米亚，途经乌克兰退入罗马尼亚——他们在"巴巴罗萨"行动中的主要出发阵地。然后，一直撤入捷克斯洛伐克和奥地利，并最终退回德国本土。具有讽刺意义的是，恰恰是在其历史中这段悲伤的最后时刻，在几乎持续不断的防御作战中，JG 52联队的飞行员们取得了数量最多的战果。在最后投降之前，他们的总战绩达到了10000架以上。

1943年初，东线德军压倒一切的任务是让A集团军群从高加索撤出，但是此时位于东翼的第1装甲集团军受到的孤立威胁最大。于是，JG 52联队第2、3大队被派往罗斯托夫。除了几次短暂的重新部署之外，这两个大队在随后的一个多月就在此地坚守，掩护第1装甲集团军向北撤退，在罗斯托夫城两侧渡过顿河，撤往暂时还算安全的乌克兰。

库班空战

同时，第17集团军正沿着黑海海岸且战且退，撤到高加索西北部的库班半岛。希特勒仍然幻想着发动新的攻势，以夺取难以上手的里海油田，因此严令第17集团军不惜一切代价守住库班半岛

■ 尽管战争的态势已经大不如前，但是JG 52联队依旧全力以赴。图中第5中队的一名士官因执行了400次战斗飞行任务而受到战友们的祝贺，收到了他们奉上的鲜花和美酒。

这一立足点，以便将其作为日后新攻势的跳板。于是，该集团军在此停下，直到1943年秋才渡过刻赤海峡撤到克里米亚半岛。在苏军的压缩下逐渐缩小的库班桥头堡将成为JG 52联队在随后几个月中的主战场之一。1月27日，埃里希·哈特曼在此地的阿玛维尔（Armavir，今属阿塞拜疆）上空获得了他的第二个战果：1架 MiG-3 战斗机，从此一发不可收拾，战绩迅速飙升。

也是在1943年新年里，正在哈尔科夫前线作为"消防队"苦战的第1大队赢得了1943年最初的两枚骑士十字勋章。1月5日，第2中队长约翰内斯·维泽上尉和二级中士威廉·弗洛伊沃特分别凭借51个和56个战果获奖。6天后，第4中队长格哈德·巴尔克霍恩中尉也终于凭借120个战果获得了期待已久的橡叶饰。

■ 1943年1月，约翰内斯·维泽上尉向于尔根·斯图姆普将军展示自己的战果标记手杖。此时这把手杖上已经标记了50个圆环（代表50个战果）、骑士十字勋章、联队徽和第1大队的两个队徽。

1月下旬，第1大队两次险些被苏军地面部队一网打尽。第一次是罗索希机场（Rossosh）的高炮单位勉强挡住了苏军的坦克和步兵，地勤人员得以乘卡车逃脱。4天后，苏军骑兵又突然从树林中冲出，包围了第1大队在乌拉索沃（Urasovo）的新基地。第1大队被得到重型迫击炮支援的苏军包围了整整4天。最后，贝内曼上尉不得不命令飞行员们各自起飞，每架飞机的主机械师都挤在狭窄的机舱后部。更糟糕的是，他们只有一架 Ju 52/3m 运输机，根本无法将所有地勤人员全部转移走。正当大家认为其

他地勤人员逃难无望时，英勇的高炮手们再次顶住了苏军的进攻，让其他地勤人员得以步行撤出。最后，这支疲惫不堪的队伍在 -25℃ 的低温下步行了3天，行程近120公里，终于找到了最近的陆军部队。

2月初，第1大队的飞行员和地勤人员在哈尔科夫北面会合。但在苏军的强大压力之下，坚守于此的党卫军部队违抗了希特勒的命令，于2月16日放弃了哈尔科夫（他们直到一个月后才重新夺回这座城市）。第1大队在哈尔科夫－别尔哥罗德－波尔塔瓦三角地带（Kharkov－Byelgorod－Poltava）一直苦战到5月中旬。这期间他们损失了多名出色的飞行员。3月2日，骑士十字勋章获得者卡尔·哈梅尔军士长在哈尔科夫附近迫降后失踪。4天后，战果达到20架的二级下士格哈德·许布纳（Gerhard Hübner）阵亡。3月18日，在德军重新夺回哈尔科夫和别尔哥罗德之际，汉斯－维尔纳·施耐德少尉（Hans－Werner Schneider）在与数架La-5战斗机的缠斗中被击落身亡，其总战果停留在了30架。

就在第1大队风雨飘摇的同时，在高加索西北面，约翰内斯·施坦因霍夫上尉的第2大队和胡贝图斯·冯·伯宁少校的第3大队为第17集团军提供了有效的空中支援，让后者得以撤入库

班并站稳了脚跟。第3大队撤出高加索后，在尼古拉耶夫（Nikolayev）接收了一批新飞机，恢复了实力。

为了支援第17集团军在库班桥头堡的顽强防御。德军发起了一次新的空中救援行动，同时 JG 52 联队有效地预防了苏联空军对该集团军发起的空中打击。赫拉巴克联队长的指挥部于2月15日进驻克里米亚半岛最东端刻赤附近的一座简易机场。次日，第2大队也抵达了此地。在整个1943年2月，德苏两国空军在黑海港口城市新罗西斯克（Novorossisk）西面的梅斯哈科（Myshako）和高加索地区的黑海沿岸展开了激烈空战。与此同时，苏军于2月4日在德军背后发起了一次两栖登陆行动。这一系列战斗中，第2大队在2月13日损失了总战果为67架的第6中队长古斯塔夫·登克中尉（Gustav Denk）。当天他在库班进行低空扫射时被地面炮火直接命中，当场身亡。3月14日，登克被追授骑士十字勋章。也就在当天，该大队一举击落12架飞机，但自己也损失了5架 Bf 109G 型战斗机。维利·内米茨虽然是个士官，但还是被指定继任第6中队长。他在3月11日凭借54个战果获得骑士十字勋章，但仅仅在一个月后的4月11日，内米茨也在这里被苏军战斗机击落身亡，其总战果为81架，后被追授少尉军衔。

在刻赤海峡，德国海军的小型舰艇在浮冰中往来穿梭，向库班运入补给物资，并疏散第17集团军的伤员。第2大队最初的任务就是在海峡上以四机编队进行不间断巡逻。此时他们可出动的飞机通常只有20来架，虽然战绩仍然在不断增加，但是兵力实在单薄，难以阻止苏军对地攻击机群对德军地面部队的持续打击。

3月的第二周，在春季解冻之后，库班臭名昭著的烂泥地开始渐渐干燥，各个机场的着陆场地面也硬实了起来。3月13日，第2大队越过刻赤海峡来到塔曼半岛的阿纳帕机场（Anapa）。第

■ 古斯塔夫·登克（1915–1943）

1915年1月24日生于威斯特法尔小城聚斯特（Soest）。二战爆发后加入 JG 52 联队第6中队，后参加了波兰战役和法国战役，但是直到不列颠空战开始后才获得首个战果，于1940年7月13日击落一架"布伦海姆"轰炸机。1940年年底，登克接受军官培训，随后被分配到施坦因霍夫的第2大队大队部。1943年1月，他被任命为第5中队长，随后又在2月12日转任第6中队长。一天后，刚刚履新并晋升为中尉的登克，在扫射完苏军阵地并在地面上摧毁两架飞机后，其驾驶的"黑13号"Bf 109G–2型战斗机被高炮击毁，登克当场身亡。登克在500次以上战斗飞行中总共获得67个战果，后在1943年3月14日被追授骑士十字勋章。

■ 维利·内米茨于1943年3月11日以54个战果获得骑士十字勋章，却随后在4月11日被苏军战斗机击落，当场身亡。图为联队战友为他立的墓碑，上面的军衔证明此时他还没有被追授军官军衔。

3大队暂时顶替了第2大队在刻赤的位置，随后也于4月1日来到海峡东岸的塔曼半岛。9天后，联队部也来到这里与第3大队会合。第1大队后来也在5月16日从哈尔科夫以南飞来。在随后的6周里，直到7月初，JG 52联队将集中全部力量支援受到巨大压力的第17集团军。

3月24日，第2大队的老队长约翰内斯·施坦因霍夫少校向大队挥手道别。此前的哈尔科夫战役中，他的总战绩已经累积到了150架，他现在要前往地中海接过JG 77联队的指挥权。接替他的是赫尔穆特·屈勒上尉。

1943年春的库班空战中，德国空军投入了超过600架各型飞机。战斗机部队中，除JG 3联队联队部、JG 51联队联队部、JG 52联队联队部外，还包括JG 3联队第2、第3大队、JG 52联队的3个大队在内的5个战斗机大队以及JG 52联队第13（斯洛伐克）中队和第15（克罗地亚）中队，全部被投入到了这么一小片狭窄的地区。针对德军第1航空队的这个部署，苏联空军也在1943年4月初在这里投入了超过600架战机。

3月份的零星战斗随即在4月份演变为大规模空战，双方经常同时投入上百架战机展开角逐。在最初的交火中，德国飞行员们感觉到对手已经学会了很多新战术。近期驻扎在库班阿纳帕机场的JG 52联队第2大队的赫尔穆特·利普弗特少尉（Helmut Lipfert）后来回忆道："第2大队在阿纳帕机场的日子并不顺利。我们跟敌人的接触很少，却遭受不少的损失，同时不只是一些新手在战斗中未能返航，一些老手也是如此！"苏军在这个时候装备了一些进攻性更强的美制P–39"空中飞蛇"战斗机。4月11日，苏军近卫第16歼击航空兵团的一个P–39战斗机机群攻击了第2大队的一群Bf 109战斗机。第6中队长内米茨便是被"空中飞蛇"击落的，苏联人没有任何损失。

格里斯拉夫斯基的忠告

在2月11日因晋升少尉而回国休假的阿尔弗雷德·格里斯拉夫斯基于4月初回到了第7中队。这时克鲁平斯基中尉刚刚成为该中队长，JG 52联队第3大队在近期刚从乌克兰的尼古拉耶夫

■ 1943年4月，JG 52联队第3大队来到塔曼半岛，支援第17集团军在库班地区的战斗。图为哈特曼（左）在该大队指挥所前与罗斯曼和托特一起合影。

转场到塔曼机场。格里斯拉夫斯基很快就了解到苏军飞行员经验值"爆满"的情况，突然感觉自己在离开战场一个多月后竟然落伍了，于是决定不要在战斗中轻易冒险。在归队后的首次战斗飞行任务中，他总是保持着每一分每一秒的谨慎。在执行了几次与苏军战斗机有所接触的任务后，他更加确信了克鲁平斯基当初在他归队时告诉他的话："东线的空战已经比以前更加危险了！"

库班空战在4月17日进入了新的阶段。当天，德军第17集团军发起"海王星"行动（Operation Neptun），旨在一举捣毁苏军位于梅斯哈科的桥头堡。同日，德军第1航空队所属450架俯冲轰炸机、轰炸机和对地攻击机总共出动1560架次，而苏军也出动了538架次的各型飞机。苏军自2月份以来在这里陆陆续续地部署了更多的高炮部队。当天有7架"施图卡"俯冲轰炸机被击落或带伤勉强回到基地。

4月19日，格里斯拉夫斯基获得了归队后的首个战果，将个人总战果提高到95架。4月20日，苏军出动大量飞机试图阻止德军第17集团军的行动，进而再次爆发一场大规模空战。这天德军声称共击落80架苏联飞机，其中JG 52联队包揽了56架。第3大队的京特·拉尔上尉获得了第116个战果，这也是整个JG 52联队的第5000个战果。尽管JG 52联队大多数经验丰富的飞行员仍在不停地刷分，例如第2大队的海因里希·施图姆少尉（Heinrich Sturm）在20日这天一举击落4架，但是这里的空战却一天比一天艰难。在接下来的几天中，苏军继续加强了空中实力，直至将该地区战机数量增加到800架，完全掌握了此地的空中数量优势。

4月20日晚上，格里斯拉夫斯基来到中队指挥所，报告其个人的第96个战果，声称在梅斯哈科上空击落了1架LaGG-3战斗机。这时指挥所里响起了电话铃声，一名军士接了电话后转向格里斯拉夫斯基说：

"长官，找你的。"

格里斯拉夫斯基从椅子上站起来接过话筒。电话线的另一头有人自报名号："我是卡比什。"

格里斯拉夫斯基感到有些困惑，不耐烦地回应道："什么？找我有啥事？"

"我是卡比什，赫尔穆特·卡比什（Helmut Kabisch）！"

他当场僵住了。"赫尔穆特·卡比什！"他若有所思地轻声继续问道："石勒苏益格？"

"是的，石勒苏益格。"电话那头这样回应道。

赫尔穆特·卡比什是格里斯拉夫斯基三十年代在石勒苏益格参军训练时的老战友。他是怎么能在苏联给格里斯拉夫斯基打电话呢？

"卡比什，你现在在哪儿给我打的电话？"

卡比什用肯定的语气回答道："嗯，在第1大队，我被调到这里了！"

格里斯拉夫斯基顿时感到无比的高兴，"赫尔穆特，我马上就赶过去！"他一边说一边挂上电话，急不可耐地动身了。

第1大队这时就驻扎在塔曼机场的另一头，于是他找来一辆自行车，心急火燎地赶往安置在一辆巴士上的第1大队指挥所。当他来到指挥所跟前时，看见卡比什正在外面等他。两人随即紧紧地拥抱在一起，泪水夺眶而出。

"卡比什！"他哽咽地说道："你怎么来了？"

"你懂的，这场战争……我自愿参加了飞行员培训，和你一样……"

"但这不一样！"格里斯拉夫斯基不满地说。

卡比什看起来一脸伤心状地问："你什么意思？我现在可是二级中士了，而且……"

"这有什么！"格里斯拉夫斯基打断了他的话："你执行了多少次任务了？"

"嗯，不多……"卡比什有些底气不足。

格里斯拉夫斯基摇了摇卡比什的头说道："赫

尔穆特，你已经一只脚踩进了坟墓。这不是游戏，事情可跟以前不一样了。"

"哦，得了吧，阿尔弗雷德！"卡比什一边说一边推了他一把："我才刚获得第7个战果……"

赫尔穆特·卡比什，这位格里斯拉夫斯基的好朋友也成了一名战斗机飞行员，似乎依然沾沾自喜于刚刚获得的战果。在当天16时20分他击落了一架LaGG-3战斗机。但是，他这种轻率的态度却只能令格里斯拉夫斯基更加担心。

"这帮该死的菜鸟！"格里斯拉夫斯基心中咒骂："卡比什也是！"

"看着我，赫尔穆特！"他冲着卡比什喊道："忘掉那些容易得来的胜利吧！你得小心点！"然后他推了卡比什一把，而后者脸上流露出一丝失望之情。当格里斯拉夫斯基感觉卡比什似乎并没有在意他的话时，又继续说道：

"我有个建议，希望你能照着做。新人在这里并没有什么位置，但是我有些路子。我可以去找赫尔曼·格拉夫，让他把你调到我身边。这样我就可以照顾一下你！你至少得执行50次任务才能在东线站稳脚跟！"

但卡比什依旧无动于衷，"得了吧，阿尔弗雷德，"他一边叹息一边继续说道，"我可不想让你做我的保姆。另外，我已经在第2中队待了几个礼拜了，战友们待我都还不错！"

格里斯拉夫斯基略显出一点无奈，但依旧试图继续劝说他："赫尔穆特，他们可能会在接下来的两周里丧命，或者是你！你最好现在就去准备一副合适的棺材。我保证你只有在我的保护下，才能完成50次任务！"

然而，卡比什显然感到自己的自尊受到了伤害，无论怎样都不肯接受格里斯拉夫斯基的建议，这次好友之间的久别重逢最后不欢而散，格里斯拉夫斯基只能悻悻地回到自己的营地。

■ 20世纪30年代格里斯拉夫斯基（左三）参军后在石勒苏益格的空军第16训练补充营受训时的留影，他与赫尔穆特·卡比什就是在这里结识的。卡比什后来也成为一名战斗机飞行员，于1943年初被调入JG 52联队第1大队，在前线与格里斯拉夫斯基重逢。

■ 上图为1943年4月底5月初，JG 52联队的一架新交付的 Bf 109G-2/R6或G-4/R6型战斗机。

■ 右图及下两图为1943年春天，随着天气的转暖，塔曼地区一片泥泞，严重影响到了东线德军的行动。图为犹如泽国的阿纳帕机场或塔曼机场，图中JG 52联队第6中队的"黄6号"Bf 109G-2型战斗机已经陷进水坑中，地勤人员正在为机身盖上防水罩。

■ 1943年5月，JG 52联队第6中队"黄6号"Bf 109G-2型战斗机侧视涂装彩绘。

王牌对王牌

苏联空军尽管在4月20日蒙受重大损失，但库班上空的血腥空战依旧在继续。4月21日清晨6时，JG 52联队第7中队遭遇到苏军第229歼击航空兵师的一个La-5战斗机机群。格里斯拉夫斯基随后从中分离出一架并将其击落，作为自己的第97个战果。当天苏军还出动了近卫第16歼击航空兵团和第45歼击航空兵团所装备的P-39战斗机。同时这两支部队也是JG 52联队第3大队在1941年底在米乌斯前线、1942年5月在刻赤半岛和高加索南面的老对手。现在他们已经成为苏军最富经验的战斗机部队。第45歼击航空兵团中最著名的王牌当属鲍里斯·格林卡（Boris Glinka，30个战果）和德米特里·格林卡中尉（Dmitriy Glinka，50个战果）兄弟俩，其中后者曾在1943年4月15日被第7中队的约瑟夫·茨韦内曼击落，但还是迅速重返战斗并在这时被推荐授予"苏联英雄"称号，4月21日这天他获得了自己的第21个战果。近卫第16歼击航空兵团则拥有包括著名的亚历山大·波克雷什金上尉（Aleksandr Pokryshkin）、格里高利·列奇卡洛夫上尉（Grigoriy Rechkalov）和瓦季姆·法捷耶夫中尉（Vadim Fadeyev）在内的另一批王牌飞行员。这三人在1943年4月9日至20日期间在库班空战中共击落了57架德国飞机。

在4月21日，不肯接纳好友建议的赫尔穆特·卡比什在卡巴尔金卡（Kabardinka）以北

■ 上图为站在美援的P-39"空中飞蛇"战斗机前的格里高利·列奇卡洛夫上尉（1920-1990），二战期间总战果为58个，另有6个分享战果，先后2次获得"苏联英雄"称号。照片中其身后站在飞机上的则是德米特里·格林卡。

■ 下图为苏联二号空战王牌、号称"苏联的维尔纳·默尔德斯"的亚历山大·波克雷什金上尉（1913-1985），个人总战果为59个，曾先后3次荣获"苏联英雄"称号。

■ 左图为苏联王牌战斗机飞行员瓦季姆·法捷耶夫中尉。他在1943年5月5日被一架Bf 109战斗机击落阵亡之前总共获得了21个战果。

的空战中被击落，所幸没有丧命。击中他的可能就是瓦季姆·法捷耶夫中尉，后者声称当天在卡巴尔金卡以北两公里处的上空击落了一架Bf 109战斗机。格里斯拉夫斯基随即也接到了卡比什被击落并被送往野战医院的消息。后来，卡比什在康复后又回到了第2中队，但是未能摆脱格里斯拉夫斯基的可怕预言，于1943年9月1日被一架Il-2攻击机的尾炮再次击落，当场身亡。

苏联空军逐渐获得了空中优势，德军的"海

王星"行动已经看不到胜利的曙光。当苏军地面部队在4月24日发起反击时，德军第1航空队只能出动281架次的飞机以应对这一威胁。在这次反击攻势中，德国飞行员们首次在东线遭遇苏军的"喷火"战斗机。但是，这些"喷火"是英国皇家空军曾在北非战场上用过的老式或二手的Mk Vb型（1943年3月英国向苏联转让了143架该型战斗机）。4月27日，格里斯拉夫斯基在10时30分开始执行当天的第一次任务。当他在55分钟后返航时，个人战绩终于突破百架，击落了一架LaGG-3战斗机。对于他来说，这个战果实际上并没有什么可喜之处。但他的地勤人员和第7中队的其他飞行员却分享了他的快乐，为他举行了一场庆祝仪式。令人费解的是，他在战后却无法回忆起这件事，也无法回忆起获得第100个战果的过程。这种情况只有一种解释：当时的战事已经激烈到了无法让他更多地思考个人成绩的地步。显然，尽管德军拥有大量出色的王牌飞行员，但当时根本无法扭转败局，而这种败局将让他们在接下来两年的战斗中经历更多的磨难。

4月29日，德国空军终于意识到了苏军已经在该地区获得了空中优势。当天，仅苏军第4空军集团军就出动了1028架次的作战飞机。但JG 52联队还是在这天声称击落63架飞机，其中包括5架"喷火"战斗机，而苏军的战报却只声称损失了两架"喷火"。这天格里斯拉夫斯基出动了4次，在第3次任务中他也遇到了一群"喷火"。此前一天，首个装备该型战斗机的苏军歼击航空兵团——近卫第57歼击航空兵团也被投入到库班地区。4月29日这天，该团的8架"喷火"在切尔涅佐夫上尉（Chernetsov，8个战果）的带领下，为在克雷姆斯卡亚（Krymskaya）作战的地面部队提供空中掩护，格里斯拉夫斯基等人遇到的就是他们。切尔涅佐夫上尉也是格里斯拉夫斯基在1942年春天在克里米亚战斗期间的老对手，当时他在第36歼击航空兵团（近卫第57歼击航空兵团的前身）驾驶I-16战斗机。随后的混战中，苏军斯克沃尔佐夫少尉（Skvortsov）追赶着一架德机，但未能

■ 英国向苏联提供的"喷火"战斗机是过时的Vb型，其性能在1942年便已经被德军的Bf 109G-2型战斗机超越。图为苏军地勤人员正在为近卫第57歼击航空兵团所装备的该型战斗机进行保养。

将其击落。期间，格里斯拉夫斯基也试图在一架"喷火"的后面抢占攻击位置，但同样未能获得成功。最终，双方默契地选择脱离接触。

当格里斯拉夫斯基回到基地报告了战况后，大队长伯宁少校根本无法相信自己的手下碰到了"喷火"，直至另外一名飞行员报告称曾在空中同对手发生碰撞，并找到"喷火"的碎片后，他才不得不相信三年前海峡上空的"老对手"已经来到东线。4月30日，第2大队的格哈德·巴尔克霍恩中尉和二级中士维克多·彼得曼（Victor Petermann）各声称击落了一架这种战斗机。同日，苏军近卫第57歼击航空兵团则宣布飞行员马尔琴科上士（Serzhant Marchenko）失踪，奥尔季纳采夫中尉（Ordinartsev）被击落并成功跳伞，从另一方面证实了巴尔克霍恩两人的战果。同样在这一天，埃里希·哈特曼在塔曼半岛附近击落两架LaGG-3战斗机，个人总战绩达到11架。

在苏德两军在空中激烈交战的同时，库班前线的地面战斗陷入僵持。苏军试图夺取德军库班桥头堡的重要据点克雷姆斯卡亚，但归于失败，

德军牢牢守住了他们口中的"蔚蓝色防线"；同样，德军企图肃清苏军梅斯哈科桥头堡的努力也没有成功。库班大空战一直持续到了5月。格里斯拉夫斯基在5月的前两周中总共执行了37次行动，大多数情况下都发生了激烈的"狗斗"。5月5日在一次为俯冲轰炸机提供护航的任务中，苏近卫第16歼击航空兵团的P-39战斗机机群在波克雷什金上尉的指挥下，向格里斯拉夫斯基的机群发起了进攻。就在几个小时前，波克雷什金上尉听说他的好朋友瓦季姆·法捷耶夫中尉被一架Bf 109战斗机击落身亡，而"凶手"可能就是JG 52联队第8中队的京特·拉尔上尉。现在气势汹汹的波克雷什金上尉找到了复仇的机会。最后，这位苏联超级王牌带着一架Bf 109战斗机和一架Ju 87俯冲轰炸机的战果胜利返航。

5月7日，格里斯拉夫斯基在为俯冲轰炸机执行护航的另一次任务中再次遭遇"喷火"战斗机。切尔涅佐夫上尉命6架"喷火"攻击德军俯冲轰炸机，却遭到了Bf 109战斗机的阻击。格里斯拉夫斯基首次开火便击中了"喷火"的长机，随即机动

■ 上图为库班空战期间的苏军近卫第57歼击航空兵团的538号"喷火"战斗机，下图为该机同时期涂装彩绘。

脱离，以摆脱切尔涅佐夫的僚机飞行员里莫诺夫上士（Limonov）的攻击。切尔涅佐夫上尉随后在阿宾斯卡亚（Abinskaya）以机腹着陆的方式迫降，脸部受了些轻伤。战斗并没有因苏军指挥官的坠落而停止。随后两架Bf 109战斗机攻击了斯克沃尔佐夫少尉，接着他又遭到JG 52联队第9中队二级下士库尔特·雅各布（Kurt Jakober）的机炮攻击，导致飞机失控坠地。谢尔班上士（Scherban）的"喷火"同样也受到了"特别照顾"，后来在斯拉维扬斯卡亚（Slavjanskaya）迫降。

5月8日，5名苏军王牌飞行员

■ 库班桥头堡战斗期间，JG 52联队的技术人员正在检查1架受创后以机腹着陆的苏军LaGG-3战斗机。

在行动中丧生或落入德国人手中。但此时JG 52联队的伤亡也在增加，尤其是有经验的编队指挥官损失很大，这引起了大家的担忧。就在这天，第5中队长赫尔穆特·哈贝达少尉（Helmut Haberda，58个战果）在空战中丧生。两天后，接替赫尔曼·格拉夫担任第9"卡拉亚"中队长的恩斯特·埃伦贝格上尉也阵亡了。同日，第1大队长赫尔穆特·贝内曼少校身负重伤，无法再领导大队。于是第2中队长约翰内斯·维泽上尉就成了代理大队长。联队就这样不断减员。在内米茨之后担任第6中队长的卡尔·里岑贝格尔中尉（Karl Ritzenberger，21个战果）在这个岗位上只坐了一个月多一点，5月24日就在新罗西斯克上空被一架"雅克"战斗机击落。在如此高的损失下，交战双方不得不"默契"地减少了出击的频率，以获得喘息的机会，但这同样只是暴风雨前的片刻平静。

格里斯拉夫斯基此时已经十分满意"徒弟"哈特曼的表现。在他眼中，哈特曼已经完全领悟了东线空战的真谛。5月18日，作为格里斯拉夫斯基僚机的哈特曼在执行个人第158次飞行任务时获得了第17个战果。尽管如此，哈特曼也明白战斗的艰难，过去6个月里他已经被击落过4次。格里斯拉夫斯基也清楚，繁重的战斗压力似乎正在消磨年轻的哈特曼的激情。在5月25日的一场激烈的"狗斗"中，哈特曼再次与一架LaGG-3战斗机发生碰撞，所幸只是受了一点儿小伤，然而他却被吓坏了，精神极度紧张，于是大队长伯宁少校决定让他回国休养。

5月26日黎明时分，JG 52联队的飞行员们在东面传来的阵阵轰鸣声中醒来。这是苏军继续突破德军"蔚蓝色防线"的序曲。在长达100分钟的炮击和空袭后，大量苏军坦克向德军防线发起进攻。饱经炮火折磨的德军地面部队在这时似乎根本无法抵挡苏军势如破竹的攻势，只能寄希望于空军。这个时候，德军已经从其他地方调来了更多的空中支援单位，激烈的空战再次展开。5月27日当天，德军第1航空队就出动了2685架次，相当于苏军当天出动次数的3倍。

苏军近卫第57歼击航空兵团的"喷火"飞行员阿纳托里耶·伊万诺夫中尉（Anatoliy Ivanov）曾在其日记中这样写道："……在8000到10000米的高空中，各种各样的战斗机缠斗在一起。一场残酷的空战就此爆发，到处可以看到着火的飞机，被击中的飞机拖着浓烟或乙二醇气体，竭力试图朝本方控制地区逃窜。"

当天JG 52联队击落了44架飞机。京特·拉尔上尉的第8中队也再次找到了庆祝的理由，他们的战果在这天增加到了750架，其中50架是在过去的24天里获得的。

在这场防御战中，德军"施图卡"俯冲轰炸机部队扮演了重要角色，其中的狠角色当属第2"施图卡"大队第1中队的汉斯－乌尔里希·鲁德尔中尉。他在库班战役中用37毫米炮为自己赢得了名声。但是，飞行速度缓慢的Ju 87俯冲轰炸机也遭到了苏军战斗机部队的沉重打击。鲁德尔后来这样写道："许多战友在该地区执行了他们的最后一次飞行。我的大队长跳伞降落在了苏军登陆的海滩上。"在这些天中，他曾多次明确要求格里斯拉夫斯基为其护航："除了格里斯拉夫斯基，没有人能为我们提供如此出色的护航。"

5月28日，格里斯拉夫斯基驾驶"白9号"座机执行了4次任务，其中3次为Ju 87俯冲轰炸机护航，每次都遭遇到苏军战斗机。他成功击落两架LaGG－3战斗机，其中第一架不仅是他的第104个战果，同时还是联队的第5555个战果。苏军第229歼击航空兵师在这天损失了6架LaGG－3战斗机，其中一架应该属于该师旗下、刚来到库班桥头堡的第88歼击航空兵团。当天该团声称击落5架Ju 87俯冲轰炸机和一架Bf 109战斗机。

同日，JG 52联队有4架战斗机被击落，号称拉尔中队最具有前途的飞行员弗里德里希·奥布莱泽少尉（Friedrich Obleser）不幸受伤。第7中队年轻的二级下士赫尔贝特·迈斯勒（Herbert Meissler）在与一架LaGG－3战斗机"狗斗"时被击伤，只能强行以机腹着陆的方式迫降在苏军机场，随后被俘。值得一提的是，迈斯勒当时驾驶的"白2号"Bf 109G－4/R6型战斗机原本是哈特曼的座机。根据苏军的记载，苏军王牌飞行员帕

■ 阿尔弗雷德·格里斯拉夫斯基在库班桥头堡空战期间表现十分抢眼，在5月28日击落2架苏军战斗机，从而将自己的战果增加到105架，他的第104个战果也是JG 52联队的第5555个战果。图为他在获得第105个战果后同自己的机械师一起在座机方向舵前合影留念。

■ 上图为苏军成功击落并缴获二级下士迈斯勒的座机后，击落该机的苏军飞行员塔拉索夫上尉向上级汇报战斗过程。

■ 上图为塔拉索夫上尉正准备进入这架飞机的座舱，体验驾驶 Bf 109G 型战斗机的感觉。注意该机机鼻位置上的第 1 大队队徽。出现这个情况是因为第 3 大队曾从第 1 大队那里接收了一些替换下来的 Bf 109G-4 型战斗机，但没有及时抹去第 1 大队队徽。

■ 右侧照片此前往往被误认为是哈特曼与座机的合影，而实际上照片中的这位飞行员是哈特曼回国休养后驾驶该机的赫尔贝特 · 迈斯勒军士。不幸的是，他随后在 1943 年 5 月 28 日被击落，座机也被苏军缴获。

■ 下图为 1943 年 5 月 28 日，库班桥头堡，赫尔贝特 · 迈斯勒的"白 2 号" Bf 109G-4/R6 型战斗机侧视涂装彩绘。

■ 上图为苏军缴获迈斯勒的座机后，出于宣传的目的，在该机的机身上放置了一枚烟雾弹，以造成该机正在着火的假象。图中苏军政工宣传人员正在拍摄照片。

维尔·塔拉索夫上尉（Pavel Tarasov，31个战果）逼迫其迫降在苏军机场。

在从5月28日到31日的4天里，JG 52联队又分别击落33、44、26和36架苏军战机。当然，联队也在期间损失了四分之一的战机和一批经验丰富的飞行员。联队在5月29日这天损失了5架战斗机，5月30日又损失了4架。5月的最后一天，格里斯拉夫斯基卷入了与两架"空中飞蛇"的激烈缠斗中，但双方最终只能无果而散。事实上其中一架苏军战斗机的飞行员正是他的老对手——亚历山大·克卢博夫中尉。

这期间，又有一批出色的苏军飞行员来到了近卫第16歼击航空兵团位于克拉斯诺达尔（Krasnodar）附近的帕帕维切夫斯卡亚机场（Popovichevskaya），以弥补该部自1943年4月初以来激烈空战中所损失的19名飞行员。这几名飞行员中就包括曾在1942年11月被格里斯拉夫斯基击落的克卢博夫中尉。现在他已经从烧伤中康复，一心想着复仇。1943年5月，已经晋升为上尉的克卢博夫来到近卫第16歼击航空兵团驾驶"空中飞蛇"。在重返前线的第一场战斗中，他与维克托·热尔杰夫少尉（Viktor Zherdev）一起脱离了编队，擅自飞临德军控制区上空。亚历山大·波克雷什金上尉从无线电中听到了克卢博夫报告："我在战斗中！"稍后，无线电便沉寂下来，编队顿时失去了克卢博夫和热尔杰夫的动向。波克雷什金只能下令返航，但后来仍旧没有看到两人的身影。波克雷什金在其回忆录中这样写道：

"时间一分一秒地过去，但是我们依旧没有发现二人的身影，我逐渐担心他们可能发生了不测。突然，在无尽的等待之后，克卢博夫的飞机出现了，但是他的飞行姿态极为诡异。只见他的座机先是下降，然后再次爬升。显然他的转向系统损毁了，只能依靠自己的意志和出色的飞行技巧让飞机继续留在空中。于是我通过无线电命令他弃机跳伞，但是他显然根本没有听到，因为无线电也报销了。

"当他准备降落时，我真的被惊呆了，心想这家伙可能完了，但他却控制住了飞机并成功着陆。站在跑道附近的飞行员们立即赶上前去，试图帮助他离开飞机。然而他镇定自若地自己爬出座舱，在座机跟前转了一圈，惊奇地看着布满弹孔的机身，然后对飞机说道：'你飞得不错，哥们儿！'"

6月1日，格里斯拉夫斯基被晋升为中尉。两天后，他驾驶"白9号"Bf 109G-4型战斗机执行了在JG 52联队的最后4次战斗任务，并获得了在东线的最后两个战果（第108和第109个），在8时55分和11时02分各击落一架La-5战斗机。当天他的另外两次任务则分别开始于17时45分和10时02分，为轰炸阿纳斯塔西耶夫斯卡亚（Anastasiyevskaya）的He 111护航。

■ 1943年5月，库班地区阿纳帕机场上的JG 52联队第1大队的两架Bf 109G-6型战斗机。注意螺旋桨头部的白色螺旋条纹。值得一提的是，当时同样战斗在东线的JG 54联队以及在地中海地区作战的JG 27联队和JG 53联队的飞机上也都有这一特征。

■ 上图为1943年3月,尼古拉耶夫机场,JG 52联队第3大队京特 · 拉尔上尉的"红 <2号"Bf 109G-2型战斗机侧视涂装彩绘。

■ 上图为1943年4月,阿纳帕机场,JG 52联队第6中队萨克森贝格少尉的"黄8号"Bf 109G-4型战斗机侧视涂装彩绘。

■ 上图为1943年2月,罗斯托夫机场,JG 52联队第2大队维利 · 内米茨的"黄3号"Bf 109G-4型战斗机侧视涂装彩绘。

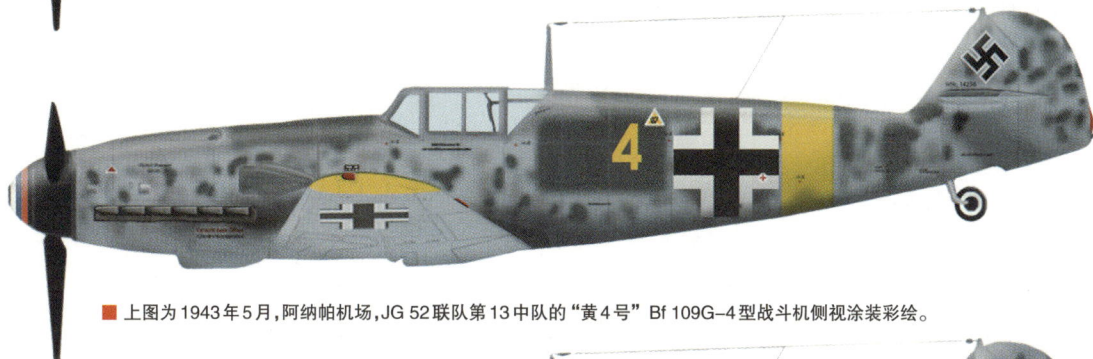

■ 上图为1943年5月,阿纳帕机场,JG 52联队第13中队的"黄4号"Bf 109G-4型战斗机侧视涂装彩绘。

■ 上图为1943年5月,阿纳帕机场,JG 52联队第5中队彼得 · 迪特曼少尉(Peter Düttmann)的"黑12号"Bf 109G-4型战斗机侧视涂装彩绘。

乐极生悲

库班桥头堡空战期间，JG 52联队的官兵们承受了难以想象的压力，因此他们会抓住任何机会释放紧绷的神经，每天晚上都会来到塔曼附近的海滩游泳。由于担心苏军可能再次发起两栖登陆行动，德军在海滩上埋设了大量地雷，因此在海滩周边散步或下海游泳都充满了危险。JG 52联队的飞行员们只能穿行于雷区中充满倒刺铁丝网之间的狭窄小道。但是这并不意味着绝对的安全，众所周知苏联游击队经常会在这种通道中埋设地雷。但是年轻的飞行员们对游泳的渴望要强烈于对地雷的恐惧。出于安全考虑，他们在通过小道时往往每个人之间都保持着20米的距离。

6月4日是个阳光明媚而暖和的日子，格里斯拉夫斯基、埃德蒙·罗斯曼和二级中士奥斯卡·雷德瓦尔（Oskar Rydwal）穿着泳衣踏上了这条小道。三人当时正在说着笑话，罗斯曼走在前面，身后格里斯拉夫斯基时不时地咯咯笑。突然，身后传来一声巨大的爆炸声。随后格里斯拉夫斯基一头扎向地面。当他起身并转过头来，发现身后的雷德瓦尔已经血肉模糊地挂在旁边的铁丝网上——这位倒霉的二级中士踩到了地雷。然后他听到了罗斯曼惊恐的声音："阿尔弗雷德，你像头猪一样在流血！"

直到这时他才发现自己背上有道伤口。奇怪的是他根本没有感觉。更不可思议的是，雷德瓦尔竟然还活着。罗斯曼赶紧搀扶起两位战友，火速返回机场。他们二人随后被直接送往位于辛菲罗波尔（Simferopol）的德军医院。当格里斯拉夫斯基被抬上手术台时，他还穿着泳衣，医生在他的身上取出了56块金属碎片。60年后他的身上依然还有一些没被取出的碎片。这次意外受伤就此终结了格里斯拉夫斯基在东线的战斗生涯。他后来在1943年8月5日应赫尔曼·格拉夫的邀请，来到德国埃本海姆（Erbenheim），成为后者的第50战斗机大队第1中队长，与包括恩斯特·聚斯及福尔格莱贝等人在内的老战友团聚。

6月10日，骑士十字勋章获得者、第3中队长鲁道夫·米蒂希中尉撞毁了一架飞机，取得了个人第101个战果，但本人也坠机身亡。从4月到6月，JG 52联队共有23名飞行员阵亡或失踪，另有14人负伤。

从5月份开始，JG 3联队联队部、第2大队和第3大队就陆续从库班桥头堡北上转移至乌克兰。而JG 52联队联队部、第1和第3大队以及第15（克罗地亚）中队也将按计划在6月和7月初北上。德军的所有准备工作此时全都围绕着接下来的1943年夏季攻势展开，此时依然留在库班桥头堡的德军战斗机部队就只剩下JG 52联队的第13（斯洛伐克）中队和第2大队了。

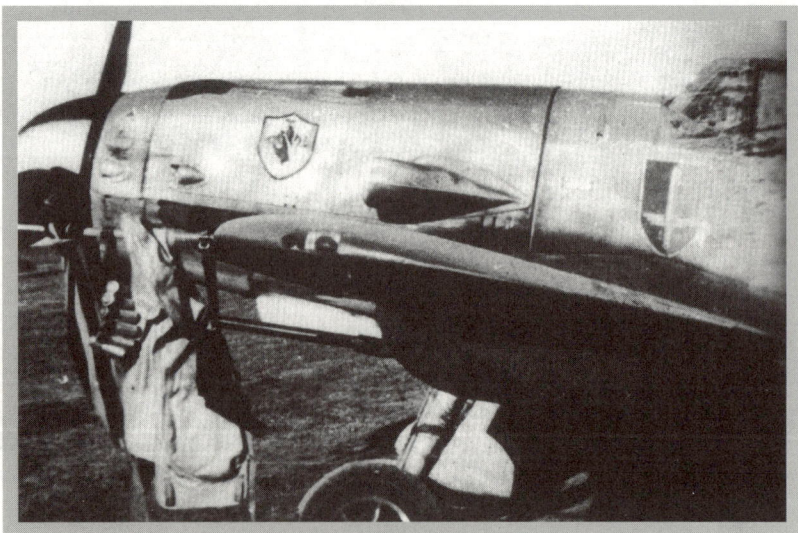

■ 图为1943年初夏驻扎在库班阿纳帕或塔曼机场上的JG 52联队第1大队大队长赫尔穆特·贝内曼上尉的Bf 109G-2型战斗机。

"堡垒"空战

当库班空战如火如荼地进行时，在东线的其他战线上，苏德空军则在相互空袭对方的纵深目标，这也是当时世界上两支最大规模的军队即将展开的另一场大会战的序曲。

苏军在1942年至1943年之交的大规模反攻和1943年初德军在东乌克兰的反攻，让苏军的战线在库尔斯克地区形成了一个明显的突出部。德军在斯大林格勒会战和1942年至1943年苏军冬季攻势中的惨败，使德国的军事实力、民心士气都一落千丈。为了改善德国内政困境并防止法西斯集团崩溃，希特勒决定在苏德战场上再次发动大规模夏季攻势，以夺回战略主动权，扭转不利战局。考虑到德军在库尔斯克突出部的有利态势，希特勒决定让中央集团军群和南方集团军群从南北两面对该突出部实施向心突击，围歼苏军中央方面军和沃罗涅日方面军，而后向西南方面军后方突击；此后预定向东北方向继续进攻。同时，德军还打算向列宁格勒进攻。1943年4月15日，希特勒签发了代号为"堡垒"行动的第6号命令。

鉴于"堡垒"行动的主要意图是抹掉苏军库尔斯克突出部，并歼灭突出部内的苏军重兵集团，所以虽然与此前的"巴巴罗萨"行动和"蓝色"行动相比，"堡垒"行动的规模要小得多，战线总长度只有200公里，但希特勒还是集结了约90万人的进攻兵力，各类火炮和迫击炮一万门，坦克和突击炮2700辆。为给这支地面大军提供有效的空中支援，德军也在这里集中了苏德战场上65%的作战飞机（2050架）。为此，罗伯特·冯·格莱姆大将（Robert von Greim）的东线空军司令部更名为第6航空队，部署在突出部北面的奥廖尔（Orel）周边地区；同时，第4航空队的第8航空军则位于南面的哈尔科夫周边地区；在更南面的乌克兰境内则进驻了第4航空军。

7月初，JG 52联队联队部和第3大队被调离库班，北上乌克兰。"堡垒"行动的规模虽然有限，但是双方都投入了大量的装甲部队，导致这场战役成为军事史上规模最大的坦克战。库尔斯克战役中，德国空军攻击机部队扮演了空中的主角，8个战斗机大队的主要任务则是保护己方的装甲部队不受可怕的Il-2攻击机的袭击。

7月5日，"堡垒"行动正式开始。第8航空军军长汉斯·赛德曼少将（Hans Seidemann）麾下的战斗机部队主要负责突出部南面的空战护航任务。当时部署在该地区的战斗机部队包括JG 3联队第2大队、第3大队以及由代理联队长迪特里希·赫拉巴克中校指挥的JG 52联队联队部、约翰内斯·维泽上尉的第1大队、胡贝图斯·冯·伯宁少校的第3大队和第13（斯洛伐克）

■ 一幅多么平静的画面，但是这只是战争史上最大规模坦克战即将爆发前的短暂平静。图中 JG 52联队第1大队的战机停在别尔哥罗德东面的贝斯诺夫卡村（Bessnovka）外，将这里作为"堡垒"行动期间的基地。

中队。7月6日，伯宁少校被任命为 JG 54 联队联队长。为此，京特·拉尔上尉便被第6航空队指定为第3大队长。

德国空军战斗机部队在当天声称击落多达432架飞机。如果仅以被击落飞机的数量为标准，这是整个二战中空战规模最大的一天。JG 52 联队在当天单日战绩最高的飞行员是第1大队代理大队长约翰内斯·维泽上尉，他一举击落了12架飞机。第7中队的克鲁平斯基中尉紧随其后，在当天击落11架飞机，个人战绩达到90架，也使第7中队的总战绩达到750架。在如此激烈的空战中，德军第6航空队声称当天损失了26架飞机，但是根据战后的统计，德军明显隐瞒了自己的损失。实际上，德军在这天仅战斗机就损失了34架，其中 JG 52 联队损失13架，并有9名飞行员阵亡。

2天后，第2中队的保罗－海因里希·德内中尉 (Paul-Heinrich Dähne) 击落一架飞机，让第1大队总战绩达到800架，整个联队的总战绩

达到了6000架。德内后来作为 He 162 喷气式战斗机飞行员，战争结束前两周不幸阵亡。7月7日对哈特曼也有着非同寻常的意义，当天他取得了前所未有的胜利，一举击落4架 La-5 战斗机和3架 Il-2 攻击机，并且首次担任编队指挥官。他的良师益友克鲁平斯基负伤，于是，年仅21岁的哈特曼暂时接过了第7中队的指挥权。

所谓杀敌三千自损八百，德国空军战斗机部队的损失也不容乐观。JG 54 联队第1大队长莱因哈

■ 保罗·海因里希·德内，1921年出生在法兰克福。1939年加入德国空军，并在完成训练后于1941年以中尉军衔进入 JG 52 联队第2中队，投入到东线的战斗中。1942年8月26日获得首个战果。1943年9月13日被任命为第2中队长。1944年4月8日，德内以76个战果被授予骑士十字勋章。诺曼底登陆日的1944年6月6日被任命为 JG 11 联队第2中队长。到1944年底时，他又获得了23个战果。1945年2月升任 JG 11 联队第2大队长。同年4月11日率部撤离前线，回到德国换装 He 162 "人民战斗机"。4月24日在训练中，德内在弹射座椅已经发射时，未能打开座舱盖，因此当场毙命。德内上尉在600次以上战斗飞行中总共获得了99个战果（含3个西线战果）。

德·塞勒少校 (Reinhard Seiler) 在7月6日这天获得了个人第100个战果，却被击落并受了重伤。参加过不列颠空战的老兵、骑士十字勋章获得者、总战果达到93架的 JG 52 联队第3大队长埃德蒙·罗斯曼少尉也在7月9日被击落俘虏。需要指出的是，罗斯曼只是 JG 52 联队在7月9日损失的6名飞行员之一。罗斯曼被俘的两天后，

■ 约翰内斯·维泽上尉于1943年1月5日以51个战果获得了骑士十字勋章，到同年7月10日他的战果已经实现了翻番。上图为他在该时期的某次行动后，获得了个人的第100个战果，受到手下官兵们的热烈欢迎。

■ 1943年7月，JG 52 联队第1大队代理大队长约翰内斯·维泽上尉的"双黑色 <" Bf 109G-6型战斗机侧视涂装彩绘。

曾先后在JG 52联队担任过第6和第5中队长，时任JG 51联队第4大队长，总战果为94架的鲁道夫·雷奇少校也被苏军击落身亡。

虽然德军在空中不断取得胜利，但是地面上的形势却不容乐观。从南北两面分兵进攻的德军部队未能如期会师切断库尔斯克突出部。更糟糕的是，苏军在7月11日向奥廖尔发动了强大的反攻，突出部北翼德军进攻部队的8个师受到了被切割的巨大威胁。同时，盟军于7月10日在西西里岛登陆，地中海战区形势猛然恶化，希特勒为了把部分东线部队调往新战区，不得不于7月13日宣布放弃"堡垒"行动。希特勒在东线的最后一次豪赌失败了，苏军开始踏上了通往柏林的道路。

随后，第3大队被派往奥廖尔，以支援当地的德军部队，同时第1大队返回了波尔塔瓦。在随后两个月中，苏军在东线南段此起彼伏地发动了多次进攻，试图在德军战线上打开缺口，第1、3大队在两个月时间内被调动了十几次，就像棋子在棋盘上一样被推来推去。

JG 52联队在7月又损失了一名飞行员，"堡垒"行动中的减员总人数达到29人，这相当于它当时可用兵力的三分之一以上，但联队的个人战绩仍然在继续增长。8月2日，联队长赫拉巴克的个人总战绩达到了100架。次日，哈特曼击落4架苏军战斗机，总战绩达到50架；在随后不到三周时间里，哈特曼的战绩将飙升至90架。但是，他在8月20日清早击落的第90个战果 —— 一架Il-2攻击机，险些断送了他的王牌之路。

这次的情形几乎和哈特曼的第一个战果一模一样，这架Il-2攻击机被击中之后从机鼻到机尾立即完全被烈火吞没。尽管哈特曼奋力爬升脱离，但Il-2攻击机迸发出的碎片还是击穿了他座机的机身下部。机舱很快灌满浓烟，他别无选择，只得尽快迫降。但是，这次他迫降在了苏军控制区。在被苏军俘虏之后，他假装受了重伤，寻找机会逃脱，于次日步行归队。两名苏军卫兵一时松懈，竟纵虎归山，苏联空军将为此再损失255架飞机！

8月下旬，苏军终于在8月23日再次夺回了哈尔科夫。6天后，塔甘罗格也被苏军收复，苏军开始沿着亚速海海岸挺进。在这期间的短暂时间里，JG 52联队的3个大队在斯大林诺（Stalino）以东的一座大型机场再次团聚 —— 第2大队在协同第17集团军作战近5个月之后终于撤出了库班。但很快因作战需要，3个大队再次分道扬镳。

8月29日，京特·拉尔成为第三位战绩超过200的飞行员，并于9月12日获得双剑饰。但这天贝特霍尔德·科茨少尉（Berthold Korts）和他的僚机飞行员在哈尔科夫地区上空遭遇了一群"空中飞蛇"战斗机。接下来的几分钟里，两人终因寡不敌众被双双击落并失踪。科茨自从5月份恩斯特·埃伦贝格阵亡之后就指挥着"卡拉亚"中队，他的最终总战绩为113架；就在他失踪当天，他获得了骑士十字勋章的消息传到了位于马凯耶夫卡（Makeyevka）的中队基地。接替科茨担任第9中队长的不是别人，正是哈特曼少尉，他即将成为中队最有名的一位"卡拉亚一号"（Karaya-Eins）。

此时德军正撤离整个顿涅茨盆地。该地区的各个前进机场由于过早的秋雨而变得泥泞不堪，因此JG 52联队的飞行员们对离开此地并不惋惜。但他们在位置较为靠后的波尔塔瓦和基辅附近条件良好的机场也没有待多久，就不得不再次转移。

■ 贝特霍尔德·科茨（1912-1943）
科茨少尉的军事生涯始于炮兵部队，后在1940年夏天接受飞行员训练。1942年6月加入JG 52联队第9中队。1943年夏天调入第3大队大队部，随后晋升为少尉并在同年5月11日担任第9中队长。1943年8月29日，科茨在哈尔科夫地区失踪并在同日被授予骑士十字勋章。照片中的该勋章为后期加工的。

■ 左图为拉尔获得第200个战果后，第3大队官兵们为他举行了一场简单的庆祝仪式。他们将用花环簇拥起来的"200"字样标记板放置在螺旋桨上。随后京特·拉尔上尉与自几位地勤人员一道在座机前合影。

■ 下图为1943年8月，哈尔科夫－罗甘机场，JG 52联队第3大队京特·拉尔少校的"双黑色 <" Bf 109G-6型战斗机侧视涂装彩绘。

■ 京特·拉尔于1943年9月12日被授予双剑饰，图为拉尔（右一）与其他三名一同接受希特勒颁奖的飞行员一起，从左向右是：海因里希·佐·塞恩－维腾斯泰因上尉（ Heinrichzu Sayn–Wittenstein）、格拉泽上尉（ Grasser）、瓦尔特·诺沃特尼上尉和拉尔上尉。

■ 上图和右图为1943年夏天，JG 52联队第1中队的两名地勤人员顶着烈日在哈尔科夫－罗甘机场上维护"白10号"Bf 109G-6型战斗机。

■ 上图和下图为1943年夏季，塔曼机场，JG 52联队第7中队阿尔弗雷德·格里斯拉夫斯基的"白10号"Bf 109G-4型战斗机侧视涂装彩绘。

撤离库班

正当德军在乌克兰南部溃退的同时，苏军北高加索方面军于9月1日向库班桥头堡发起了新一轮攻势。当苏联海军在9月11日在新罗西斯克德军后方登陆后，此番攻势变得更加具有威胁性。尽管德军最初通过发起反冲击歼灭了部分苏军登陆部队，但在随后几日就无法继续阻挡苏军的增援兵力。9月15日，苏军经惨烈巷战后夺取新罗西斯克。紧接着，苏军又沿着海岸线抵近阿纳帕，9月22日占领该城。与此同时在进攻的正面，苏军在捷姆留克附近强行渡过库班河。直到这时希特勒才批准第17集团军撤出早已失去战略意义的库班桥头堡，经刻赤海峡撤往克里米亚半岛。

然而，JG 52联队第2大队却在9月1日被调往战略地位更为重要的乌克兰南部。这样，在库班桥头堡就只剩下JG 52联队的第13（斯洛伐克）中队抵御苏军空中袭扰。激烈的空战很快便消磨了斯洛伐克飞行员们的意志。9月9日，两名斯洛伐克飞行员在行动中开了小差，将"黄9号"和"黄13号"Bf 109G-4型战斗机降落在新马罗洛西斯

卡村（Novomalorosyska）附近。3天后，另外一名斯洛伐克飞行员亚历山大·格里茨上尉（čtk. Alexander Gerič，9个战果）也照办，驾驶"黄2号"Bf 109G-4型战斗机并搭载一名无线电技师降落在新罗西斯克附近向苏军投降。为了利用二人，莫斯科的电台播发了"格里茨上尉被击落阵亡"的假消息以掩盖二人变节的真相。1997年7月，捷克作家米兰·克拉季奇（Milan Krajc）在其《斯洛伐克空军中的"梅塞施密特"Bf 109战斗机》一书中披露了这一真相。斯洛伐克中队这期间的表现与上个春天截然不同，但这并不是斯洛伐克飞行员的最后一次背叛。1944年秋天，德军中的另一些斯洛伐克飞行员向斯洛伐克起义军投降，将矛头转向此前并肩作战的德国战友。

变节事件的频频发生让德军意识到斯洛伐克飞行员的不可靠性，于是约翰内斯·维泽上尉的JG 52联队第1大队便飞入塔曼半岛的机场，掩护地面部队撤退。德军的撤军行动一直持续到10月9日，在撤军的大部分时间里，第1大队都为其提供了空中掩护，先是以塔曼半岛为基地，后来得到了刻赤海峡克里米亚一侧的第6中队支援。除

■ 1943年夏季驻扎在阿纳帕机场上的 JG 52联队第13（斯洛伐克）中队。此时该中队装备 Bf 109G 战斗机。

了掩护地面部队和撤退的船只不受苏军空袭之外，该大队还不断轮流派出战斗机为脆弱的"毛希斯"（Mausis，执行扫雷任务的 Ju 52/3m）护航，后者正在努力清除这道仅 3 公里宽的海峡内的苏军水雷。据估计，苏联空军在整个库班战役中损失了超过 2250 架飞机。

在北面的南乌克兰，第 2 大队在 9 月的第一个礼拜就发生了两项人事变动。格哈德·巴尔克霍恩接替离开联队的赫尔穆特·屈勒就任第 2 大队长。第 6 中队长、橡叶饰获得者、个人战果达到 173 架的海因茨·施密特中尉在 9 月 5 日的行动中未能归队（据说被一架匈牙利战斗机误击身亡），接替他的是崭露头角的赫尔穆特·利普弗特少尉。在来到南乌克兰的 10 天内的激烈空战中，第 2 大队总共击落 39 架苏军战机，自己仅损失 5 架。大队长巴尔克霍恩一人就包揽了其中的 12 架。9 月 13 日他在同 2 架 Yak-1 战斗机的较量中收获了第 175 和第 176 个战果。9 月 16 日，JG 52 联队成为首个战果达到 7000 架的战斗机联队。

与此同时，苏军正在向乌克兰北部迅猛推进，德军实行了焦土政策，一路撤往第聂伯河一线。9 月 20 日，哈特曼的战绩上升到 100 架。三天后，

■ 海因茨·施密特（1920–1943）

1920 年 4 月 20 日生于巴特洪堡（Bad Homburg），1938 年 11 月 10 日加入空军。经基础训练和战斗机训练后，被编入"梅尔泽堡战斗机补充大队"（Ergänzungs–Jagdgruppe Merseburg）。此后在 1940 年 8 月来到 JG 52 联队第 4 中队。1942 年 2 月 1 日晋升为少尉，8 月 1 日又晋升为中尉。8 月 23 日以 51 个战果获得骑士十字勋章，此后三周之内他又击落了 51 架飞机，进而在 9 月 16 日被授予橡叶饰。1943 年 8 月 16 日被任命为第 6 中队长。同年 9 月 5 日在战斗中失踪，据称他可能是遭一架匈牙利战斗机误击而坠毁。施密特的总战果为 173 架，后被追授为上尉。

■ 1943 年夏末，JG 52 联队第 2 大队大队长格哈德·巴尔克霍恩在执行完一次任务后，降落在机场上，一名地勤人员正准备帮助他下机。

■ 上图和下图为1943年夏末，JG 52联队第2大队大队长格哈德 · 巴尔克霍恩上尉的 Bf 109G-6型战斗机。机身上的人名 "Christl" 为其妻子的名字。

■ 1943年夏末，JG 52联队第2大队大队长格哈德 · 巴尔克霍恩上尉的 Bf 109G-6型战斗机侧视涂装彩绘。

苏军夺回了波尔塔瓦。很快，乌克兰首府基辅也被苏军收复。苏军一旦渡过第聂伯河，就可以长驱直入，不受任何天然屏障阻挡直奔波兰边境了。

但对德军来说，更为直接的威胁来自南方的第聂伯河下游和亚速海之间的大草原。此处，苏军正向彼列科普地峡猛冲，企图切断德军与克里米亚半岛的全部陆路联系。他们于10月30日进抵地峡。对最近才从库班撤出的第17集团军来说，这无异于出了油锅又下火海，退路被完全切断了。

德军最高统帅部立即制订计划，准备

■ 1943年10月，哈特曼获得121个战果后与座机的合影。

从海路撤出在克里米亚的所有部队。但希特勒反对这么做，他的注意力完全集中在石油上，但是此时已经不是高加索的石油，而是罗马尼亚的石油。如果放弃克里米亚，苏军就会以此地为基地轰炸罗马尼亚普洛耶什蒂周边至关重要的油田。于是希特勒下令，就像此前的库班一样，对克里米亚也要"不惜一切代价"地进行坚守。JG 52联队虽然兵力不足定额的一半，但仍然再次投入了支援第17集团军防守克里米亚的行动中。

此时京特·拉尔的第3大队仍然在第聂伯河一线。10月14日，苏军坦克突破了德军防线，直接扑向第3大队位于新扎波罗热（Novozaporzhye）的机场，这让他回忆起上个冬天苏军坦克突入机场的那场噩梦。尽管克鲁平斯基在10月13日获得了第7中队的第1000个战果，但是第3大队在这些天来的忙碌而惊心动魄的战斗中还是没有心情去庆祝这个胜利。10月15日，拉尔上尉两度起飞迎战为苏军装甲部队提供支援的苏联空军，击落了3架La-5战斗机（第223到第225个战果）。在这天的战斗中，年轻的哈特曼

同样也击落3架这种战斗机，将自己的战果提高到136架。第3大队让苏联空军吃到了苦头，拉尔和哈特曼也在拼命地战斗，然而苏军坦克前进的脚步已经无法阻挡。拉尔只能决定离开新扎波罗热机场，在苏军到来的几个小时前摆脱了被歼灭的危险。拉尔将部队带到了西北方向的马拉亚别列索夫卡（Malaya Beresovka），并在这里接到一道紧急通知，将所有可出动的飞机调往受苏军炮火和大规模轰炸威胁的克列缅丘格（Kremenchug）。此时，惊魂未定的第3大队抵达马拉亚别列索夫卡机场还不到一个小时，几乎已经耗尽了实力，正处于一片混乱之中，根本就不可能抽调出"所有可出动的飞机"。于是，拉尔上尉拒绝了这一命令。第3大队毕竟已经耗尽了实力，因此在接下来的三天中只击落了约8架飞机。10月29日，哈特曼凭借75个战果获得了骑士十字勋章，还得到了14天假期。

10月31日，苏军再次给德军来了个措手不及，在克里米亚半岛东部刻赤附近发起两栖登陆，在半岛的最东端建立起桥头堡。在沿着海岸线的东北方向，更多的苏军部队正在从锡沃斯海（Sivash Sea，或称"臭海"，其实是个咸水湖）边缘的沼泽丛生的平原地带渗透。此时整个半岛已经陷入三面围攻之中，北面的苏军部队正在沿着彼列科普地峡南下进入半岛北部。在这危急关头，维泽的第1大队和巴尔克霍恩的第2大队再次被部署到了克里米亚。此前只有JG 52联队第15（克罗地亚）中队这么一支战斗机部队驻扎在此，该中队在11月2日曾击落3架飞机，但也损失了2架Bf 109战斗机。

■ 哈特曼尽管在获得75个战果时被授予骑士十字勋章，但直到战果达到148个时才拿到这枚勋章。上图为哈特曼获得121个战果后与座机的合影。

■ 1943年10月，JG 52联队第9中队中队长埃里希 · 哈特曼少尉的"黄1号"Bf 109G-6型战斗机侧视涂装彩绘。

■ 彩绘作品：哈特曼驾驶获得第121个战果时的"黄1号"Bf 109G-6型战斗机再次击落一架苏军飞机时的场景，苏军飞行员已经爬出了座舱准备跳伞。

第13（斯洛伐克）中队

1939年3月，随着德军进入捷克斯洛伐克，这个一战的产物——捷克斯洛伐克共和国便暂时消失了。取而代之的是，德国在这片中欧大地上成立的"波希米亚及摩拉维亚保护国"和傀儡国家斯洛伐克。德国入侵苏联后，斯洛伐克空军中的一些部队也被派遣到苏联作战。尽管他们装备的是德军飞机，却身着斯洛伐克空军自己的制服，接受斯洛伐克司法管辖。此外，德国向这些斯洛伐克部队授予了便于管理的德军番号，保留了一些独立的斯洛伐克部队。战争初期，战斗在东线的斯洛伐克战斗机部队大多装备老旧的机型，并在1941年10月就撤出了战斗。

1942年初，一些斯洛伐克飞行员被遴选出来，转训Bf 109E型战斗机。当年10月，由这些飞行员组成的斯洛伐克战斗机部队重返东线，作为第13（斯洛伐克）中队被编入在东线南段作战的JG 52联队第3大队。尽管在行动中该中队与JG 52联队保持紧密联系，但在管理上保持着完全的独立性。该中队在1942年1月换装Bf 109F，随后又先后换装Bf 109G-2/G-4型战斗机。

在1942年11月到1943年6月的战斗中，斯洛伐克飞行员们表现出色，多人被授予金质德意志十字奖章。尽管如此，一些初来乍到的新手很难承受东线惨烈战斗的压力。随着德军在斯大林格勒和突尼斯遭遇失败，他们渐渐失去了对德国获胜的信心，同时他们也看到了盟军空中实力的日渐增长。斯洛伐克飞行员们士气低落，不再愿意为这场他们认为已经失败的战争去继续战斗。1943年7月，这些"菜鸟"们在经验丰富的飞行员的伴飞下首次执行了前线任务。但是不久后，当他们开始自己执行任务时，大多数往往选择躲避战斗。当年9月，该中队发生了首次叛逃事件。到同年10月底时，德军不得不将该中队撤离前线，并让其将飞机转交给JG 52联队。

■ 左图为1943年4月，库班阿纳帕机场上的第13（斯洛伐克）中队的"黄1号"Bf 109G-4型战斗机。

■ 下图为1943年4月，JG 52联队第13（斯洛伐克）中队"黄1号"Bf 109G-4型战斗机侧视涂装彩绘。

■ 左图为1943年夏,JG 52联队第13(斯洛伐克)中队"黄2号"Bf 109G-2型战斗机正准备起飞。

■ 下图为1943年夏,JG 52联队第13(斯洛伐克)中队"黄2号"Bf 109G-2型战斗机侧视涂装彩绘。

■ 右图为1943年7月或8月,驻扎在阿纳帕机场的JG 52联队第13(斯洛伐克)中队的Bf 109战斗机机群。照片前景处为一架"黄9号"Bf 109G-4型战斗机。

■ 下图为1943年夏天,驻扎在阿纳帕机场的JG 52联队第13(斯洛伐克)中队"黄9号"Bf 109G-4型战斗机侧视涂装彩绘。

■ 下图为1943年夏季,JG 52联队第13(斯洛伐克)中队"黄1号"Bf 109G-4型战斗机侧视涂装彩绘。

━━━第15（克罗地亚）中队━━━

1941年4月10日，德军占领南斯拉夫后，克罗地亚人建立起"克罗地亚独立国"。德国入侵苏联后的1941年6月27日，德军中成立了一支囊括海军、陆军和空军在内的克罗地亚军团，跟随德军在东线作战。这样，克罗地亚空军军团便在当年7月12日成立，并直接归由德国帝国航空部管理，遵守德国军事法律，统一身着德国空军制服并向希特勒宣誓效忠。希望能成为战斗机飞行员的克罗地亚志愿者，被送进了第4战斗机学校。1941年9月28日，首批学成的11名克罗地亚飞行员驾驶10架Bf 109E型和一架Bf 109F型战斗机，飞往胡贝图斯·冯·伯宁少校的JG 52联队第3大队所在的乌克兰波尔塔瓦机场，被编为JG 52联队第15（克罗地亚）中队。但由于途中发生事故，最终只有9架飞机成功抵达。

1941年10月9日，该中队执行了来到前线后的首次作战任务。两天后，弗拉基米尔·弗雷奇纳上尉（Vladimir Ferecine）取得了中队的首个战果，击落一架I-16战斗机。10月12日，中队转场至塔甘罗格机场并驻扎在这里，直至同年12月1日转移到马里乌波尔机场（Mariupol）。截至1941年年底，该中队总共执行了约50次作战飞行任务，声称击落11架苏联战机（但只有5架获得证实），期间他们曾错误地击毁了一架德国空军的轰炸机。

也就在这期间，又一批完成训练的克罗地亚飞行员在12月16日抵达马里乌波尔机场，后在1942年1月初正式加入该中队。由于1941年至1942年的冬天天气恶劣，中队只能执行很少的飞行任务，直至1942年3月天气转暖才开始声称获得大量战果。但是，与其他外籍部队一样，该中队在这时也发生了一系列变节事件。该中队的首次变节事件发生在1942年4月27日，一名上尉驾机降落在苏军控制地区，后来被证实变节。一名中尉随后在5月4日向苏军投诚。值得一提的是，这名克罗地亚飞行员在战后又叛逃到了西方。

到1942年7月6日，该中队总共获得了约60个战果，却依旧装备老旧的Bf 109E型战斗机，其中的一些甚至已经无法升空作战，而其他部队早就装备Bf 109F和Bf 109G早期型战斗机。出

■ 1942年东线某地JG 52联队（克罗地亚）中队的几名军官，从左向右分别为：尤希普·荷勒布兰特上尉（Josip Helebrant，在1942年8月8日曾获得过该中队的第100个战果，个人总战果为11个）、德拉古金·伊万尼奇少尉、斯塔姆帕中尉（Stampa）和泽拉特科·斯蒂皮季奇上尉（Zlatko Stipcic，13个战果）。

于对他们抱怨的回应，上级随后在7月底向其提供了14架全新的 Bf 109G-2型战斗机。

尽管如此，克罗地亚人的变节事件却依旧在继续发生。到当年9月份时，该中队已经来到东线一年，战斗损失和频发的变节事件让该中队只剩下9名适合作战的飞行员。尽管8名补充飞行员随后在该月来到部队，并在10月份参加战斗，但是部队却迫切需要撤离前线休整。1942年11月15日，他们将飞机转交给 JG 52联队第2大队，坐上了回国的运输机。此前的一个多月时间里，4名克罗地亚飞行员阵亡，另有2人在行动中失踪。在东线的头一年多的战斗中，该中队总共获得164个战果，另有14个战果未获证实（后来被证实并追加到总战果中），而最出色的飞行员当属获得29个战果的茨维坦·加利奇上尉（Cvitan Galic）。

在短暂地休整了一段时间后，部队又在1943年2月返回东线，并在3月31日再次参加战斗。这次，又有多名飞行员向苏军投诚，随后又有三名飞行员在5月中旬变节。鉴于此现象，德国空军在6月间禁止该中队升空，并在7月将其撤出前线。从1943年3月到7月，他们总共获得42个确认战果，但付出了阵亡4名飞行员的代价。

随着一批新人在德国完成了训练，第15（克

■ 1943年10月或11月的一架 JG 52联队第15（克罗地亚）中队 Bf 109G-6型战斗机。该中队在东线战期间曾执行了包括自由猎杀、战斗轰炸、护航、侦察、对地攻击和对海攻击在内的多种任务。

罗地亚）中队在其中队长、此时的二号王牌马托·杜科瓦奇中尉（Mato Dukovac）的带领下，在1943年10月21日开始了第三次东线作战之旅。10月26日，他们驾驶 Bf 109G-4和G-6型战斗机从刻赤半岛的巴格洛沃机场（Bagerovo）起飞，执行第3次来到东线的首次战斗任务。刚来到前线的新手泽登科·阿夫迪奇中士(Zedenko Avdic)在11月1日获得了首个战果，击落一架Il-2攻击机，又在随后的18次任务中先后击落4架LaGG-3战斗机和2架P-39战斗机。鉴于他在对付极富攻击性的苏军P-39飞行员面前的表现，阿夫迪奇中士也在这期间被其他克罗地亚飞行员认为是中队最出色的飞行员。11月21日，他又击落了两架La-5战斗机、一架Yak-1战斗机和一

■ 右图为 JG 52联队第15（克罗地亚）中队1943年5月战斗在库班地区的"黄11号" Bf 109G-2型战斗机，其螺旋桨头部的白-红-蓝色为克罗地亚的国旗颜色。该机的飞行员为阿尔宾·斯塔里奇中尉（Albin Starc）。

■ 下图为1943年5月，JG 52联队第15（克罗地亚）中队"黄11号" Bf 109G-2型战斗机侧视涂装彩绘。

架 A-20 攻击机。也就在这个时候，中队转场到卡朗库特（Karankut），阿夫迪奇中士也在此期间参与了一次为 Ju 87 俯冲轰炸机护航的任务。当他们的编队遭到苏军 2 架 LaGG-3 战斗机攻击时，他先是击落了其中的一架，但随后却遭遇更多的苏军战斗机。当他调转机头回到编队，试图获得 Bf 109G-6 型战斗机出色的爬升优势时，座舱突然发生剧烈爆炸，他顿时感到左臂极度疼痛，而飞机也在急速俯冲。他试图通过关闭油路从而降低俯冲的速度，却发现了恐怖的一幕：他的左手几乎同手臂断开，只有一点点肌肉组织还连结在一起，手指仍紧紧地握在操纵杆上。他只能用右手移开左手，然后关掉了油路。然而，失血过多导致他的意识在这个时候已经模糊不清，只能任由飞机自己飞行。最终这架飞机还是滑降在友军控制地区，地面上的德国掷弹兵们随后将其拖出座舱并将他送往位于奥德萨的一座野战医院。德国军医们后来为他切除了左手，然后将其送回德国的空军疗养院。1944 年 4 月，安装好假肢的阿夫迪奇中士回到了克罗地亚。战争结束后，尽管他早已退役，但还是遭到了南斯拉夫政府的羁押。

1943 年 11 月底的恶劣天气大大降低了部队出动的频率，而天气直到新年时才有所好转。部队尽管获得了一些胜利，但也遭受到了一些损失。中队长马托 · 杜科瓦奇中尉在 1944 年 2 月 25 日被击落，随后在迫降中受伤。当他在 10 天后返回部队时，中队只剩下了 3 名适合作战的飞行员。尽管新人即将到来，但是中队还是在 3 月份被撤离前线，并更名为克罗地亚战斗机大队第 1 中队。这期间，补充飞行员已经做好了加入前线作战的准备，当他们在 4 月初来到尼古拉耶夫机场时，却发现克罗地亚中队已经离开了前线。于是，这些飞行员便被编入 JG 52 联队第 3 大队，担任经验丰富的德国飞行员的僚机飞行员。

结合这些被编入第 3 大队的克罗地亚飞行员

的战斗，整个第 15（克罗地亚）中队在 JG 52 联队总共执行了 5000 多次的飞行任务，并获得了 299 个战果。该中队战果最高的两名飞行员：茨维坦 · 加利奇少尉（36 个战果）和马托 · 杜科瓦奇上尉（40 个战果），分别在 1943 年 7 月 23 日和 1944 年 3 月 29 日被授予德意志金质十字奖章。

克罗地亚飞行员在东线的最后一次战斗"旅行"开始于 1944 年 8 月。这次他们来到东普鲁士的埃希瓦尔德（Eichwalde）和拉脱维亚的利耶帕亚。9 月 20 日，中队长杜科瓦奇上尉和另一名飞行员向苏军投诚。此后，该中队便再次被德军停飞。11 月 1 日，德军收缴了该中队的飞机，自此克罗地亚战斗机中队宣告解散。

■ 上图为 1943 年 11 月 25 日，JG 52 联队第 15（克罗地亚）中队的阿尔宾 · 斯瓦尔中士驾驶"黑 5 号"Bf 109G-5 型战斗机，在战斗中严重受损，随后只能选择强行迫降。斯瓦尔中士在战争总共获得 3 个战果，后在 1944 年 3 月测试一架 Bf 109 战斗机时意外身亡。

■ 下图为 1942 年 7 月，JG 52 联队第 15（克罗地亚）中队曾驻扎在马利乌波尔（Mariupol）。照片中的人物为德拉古斯丁－卡尔 · 伊万尼奇少尉，而这架飞机为该中队的"黑 8 号"。据称该中队飞行员们没有固定的座机，至少有 8 名飞行员曾经驾驶过这架飞机，其中约瑟夫 · 赫莱布兰特上尉（Josip Helebrant）曾在这架飞机上获得 7 个战果和一个未经证实的战果。

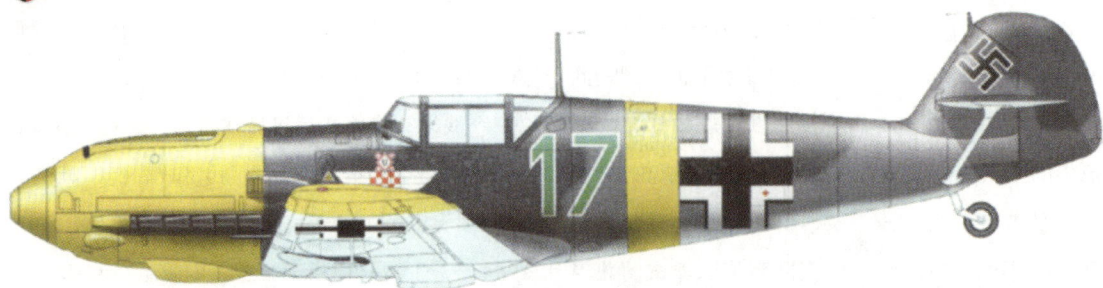

■ 1942年1月,马利乌波尔机场,JG 52联队第15(克罗地亚)中队的"绿17号"Bf 109E-3型战斗机侧视涂装彩绘。

■ 1942年,阿纳帕机场,JG 52联队第15(克罗地亚)中队的"黑4号"Bf 109G-2型战斗机侧视涂装彩绘。

■ 1942年4月,塔甘罗格机场,JG 52联队第15(克罗地亚)中队的"绿2号"Bf 109E-4型战斗机侧视涂装彩绘。

■ 1942年7月,JG 52联队第15(克罗地亚)中队的"黑5号"Bf 109G-2型战斗机侧视涂装彩绘。

■ 1942年8月,JG 52联队第15(克罗地亚)中队的"黑11号"Bf 109G-2/R6战斗机侧视涂装彩绘。

■ 1943年11月，刻赤附近，JG 52联队第15（克罗地亚）中队的"红9号"Bf 109G-6型战斗机侧视涂装彩绘。

■ 1943年11月，刻赤附近，JG 52联队第15（克罗地亚）中队的"黑<1号"Bf 109G-6型战斗机侧视涂装彩绘。

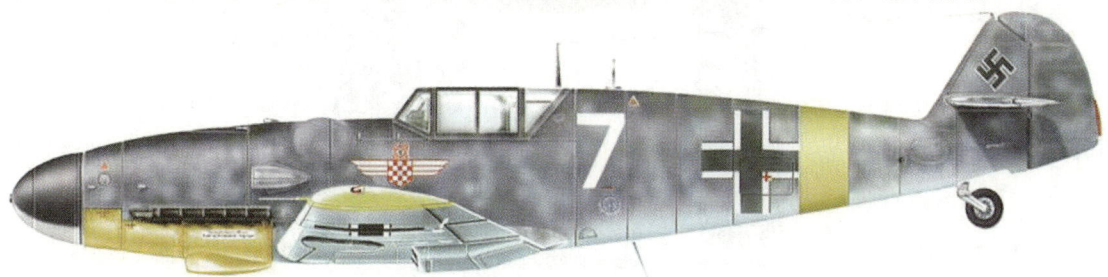

■ 1944年4月，克里米亚，JG 52联队第15（克罗地亚）中队的"白7号"Bf 109G-6型战斗机侧视涂装彩绘。

■ 1943年9月，JG 52联队第2中队的"黑10号"Bf 109G-6型战斗机侧视涂装彩绘。

■ 1943年9月，JG 52联队第2中队的"黑1号"Bf 109G-4型战斗机侧视涂装彩绘。

勇攀8000架"高峰"

克里米亚形势危急的同时，苏军向第聂伯河以西地区发动了新攻势，意图将德军的南方集团军群一分为二。如果该企图获得成功的话，必将给德军带来更大的灾难。为挽救危局，作为"消防队"的JG 52联队第1大队于11月20日火速北上前往基洛沃格勒地区（Kirovograd）与第3大队会合。联队部也于三天前撤往尼古拉耶夫（Nikolayev），因此此时JG 52联队只有第2大队和第15中队还在支援第17集团军。

这就是JG 52联队在1943年末的部署情况。但无论是在支撑第聂伯河和布格河之间摇摇欲坠的乌克兰前线，或是参加克里米亚半岛的防御，JG 52联队的飞行员们让苏军每一步前进都付出了惨重的代价。

11月29日，联队长迪特里希·赫拉巴克中校凭借118个战果获得橡叶饰，但此时风头跟更劲的是联队排名最靠前的三位王牌——拉尔、巴尔克霍恩和哈特曼，他们将在JG 52联队历史的最后章节中占据支配地位。11月28日，京特·拉尔少校成为德国空军中第二位战绩达到250架的战斗机飞行员（第一位是瓦尔特·诺沃特尼，时间为1943年10月14日）。两天后在刻赤半岛上空的战斗中，格哈德·巴尔克霍恩上尉成为第5位战绩累计达到200架的飞行员，当天击落了1架Yak-1战斗机。埃里希·哈特曼中尉则奋起直追着两位前辈，在12月13日斩获第150个战果。

■ 德国空军有一个约定俗成的传统，那就是飞行员在返航后首先由各自的主机械师接机。图为京特·拉尔在获得第250个战果返航时，首先与主机械师热情握手，然后才被其他战友们高高举起。

12月4日，JG 52联队击落一架Il-2攻击机，由此成为德国空军中第一个总战绩累计达到8000架的战斗机联队。就在4个月前的8月7日，第4中队的候补军官维尔纳·夸斯特（Werner Quast）就是在黑海海岸上空被1架Il-2攻击机撞落。夸斯特跳伞成功，随后被俘。1943年的最后一枚骑士十字勋章于12月31日被缺席授予夸斯特。

截至1943年底，约有60多名德国战斗机飞行员的战果突破了百架大关，其中一些人甚至达到了200多架，瓦尔特·诺沃特尼和京特·拉尔更是攀上了250架的高度。毫无疑问，正是这些顶尖王牌的出色发挥才将德国空军的战斗素养稳定在高水平之上。他们不仅是出色的战斗机飞行员，一定程度上还是杰出的导师。格里斯拉夫斯基尽管在1943年6月初就因伤退出了东线，但他调教出的其中一名年轻飞行员——埃里希·哈特曼，他最终将成为这场战争中最成功的飞行员。在整个1943年中，哈特曼的战果从1月份的2架增加到8月份的90架，随后又在9月份达到100架，进而在年底突破150架大关。

■ 维尔纳·夸斯特（1920-1962）1942年8月加入JG 52联队第4中队，后在8月23日获得首个战果。1943年8月4日，夸斯特的"白2号"Bf 109G-6型战斗机将一架Il-2攻击机撞落。尽管他成功跳伞，但被苏军俘虏，直至1949年才获释。联邦德国重新建军后，夸斯特再次入伍，后在1962年7月12日的一次直升机事故中丧生。二战中他总共获得了85个战果，全部在东线获得，其中包括5架Il-2攻击机。

1944年在撤退中加冕

1943年年底，德军在东线的败局已经无法扭转。作为希特勒最后获得主要战略胜利希望的"堡垒"行动最终也以灾难性的失败落幕，迫使东线南部德军撤退至第聂伯河一线。与此同时，德国空军东线部队也在一系列残酷的空战中失去了优势。但是，残酷的空战也让苏军损失了大量的优秀飞行员，迫使苏军在一些年轻飞行员在还没有完成训练之前就被召入一线战斗部队。因此，与面对英国皇家空军和美国陆军航空队的西线飞行员们相比，德军东线战斗机飞行员们活命的机会就要大得多；同时，东线德军核心战斗机飞行员也能从中获得令人匪夷所思的战果。

终战乌克兰

在这些核心战斗机飞行员中最典型的飞行员当属 JG 52联队第2大队长巴尔克霍恩上尉。自1940年成为战斗机飞行员以来，他在不列颠空战中完成了自己的首次战斗飞行，却未能获得战果，随后又被击落，掉进英吉利海峡。1941年6月巴尔克霍恩跟随部队来到东普鲁士，并在6月22日参加"巴巴罗萨"行动。在接下来的10天中，第2大队执行了数百次行动，主要目标是苏军没有战斗机护航的SB-2轰炸机和DB-3中型轰炸机，在自己没有任何损失的情况下，击落30架苏联飞机。这期间巴尔克霍恩的作战经验得以增长，在1941年7月2日所完成的第120次战斗飞行中击落1架DB-3轰炸机，获得了个人首个战果。两年半之后的1944年1月23日，他已经将自己的战果提升到了238架，于当天中午12时15分在克里米

亚东部击落一架P-39战斗机，而这也是他的第1000次战斗飞行。

然而，1944年的第一周却充满凶兆，苏军再次发动攻势，力图在德军南方集团军群和中央集团军群之间打入一个楔子。苏军于1月1日收复了基辅以西120公里处的主要城镇日托米尔（Zhitomir）。8天后，苏军进入了基洛沃格勒。JG 52联队进行了一系列复杂的调动和转移，其下属的各个中队、甚至是四机编队被单独派往各地，以应付层出不穷的紧急情况。但此时他们的对手并不只是苏军。在东线南部，1943年至1944年的冬天虽然并不是特别寒冷，但是初春的解冻给德军带来了很严重的问题。由于地面泥泞不堪，油罐车无法通行，地勤单位不得不用马拉大车运送45加仑的油罐，并手工为飞机加油。飞机在起飞时溅起的黏糊糊的烂泥很容易堵塞飞机的散热器，导致引擎过热；很多任务就是因为飞机引擎过热有停机危险而不得不放弃。

1月9日，驻扎在基洛沃格勒西北偏西40公里处马拉亚－维斯卡（Malaja-Wiska，被戏称为"马来亚威士忌"）的 JG 52联队第1、3大队遭到了苏军地面部队的突袭。黎明前，苏军坦克在步兵支援下冲入了机场！在随后的交火中，两个大队的地勤人员都有伤亡，而且损失了大量装备，作战室中央通讯设备也被摧毁。天亮后，因停在这个大型机场另一侧而没有受损的一个大队的 Fw 190战斗机立即升空，在机场高炮的协助下击退了苏军，随后才得以对损失情况进行清点。拉尔少校的第3大队损失最惨，在过去两个月的

激烈空战中他们一共才损失了两架飞机，如今这次地面战却有7架 Bf 109G 型战斗机和1架"克莱姆" K135轻型飞机 (Klemm K135) 被严重损坏，其中大部分都是被苏军横冲直撞的坦克撞坏的。但是，这丝毫不影响该联队王牌飞行员们的发挥。1月15日，第9中队的候补军官汉斯－约阿希姆·比克纳 (Hans-Joachim Birkner) 击落一架"空中飞蛇"。两天后，第9中队长哈特曼少尉声称击落4架飞机，而第1大队第3中队的二级中士弗朗茨·沃伊迪希 (Franz Woidich) 则一举击落5架，将自己的战果提高到了66架。第3大队长拉尔少校此时以250个战果在德军王牌战斗机飞行员中排名第二，排名第一的依然是期间战斗在克里米亚的 JG 54联队第1大队长瓦尔特·诺沃特尼上尉。1月19日，第2大队的候补军官奥托·冯纳科尔特 (Otto Fönnekold) 的战果也突破了百架大关，而其大队长巴尔克霍恩上尉也正铆足了劲，时刻准备超越拉尔和诺沃特尼。1944年1月，巴尔克霍恩的第2大队在克里米亚总共击落72架飞机，但也付出了损失19架的代价。截至1944年2月13日，该大队在过去的12个星期中共击落350架飞机，巴尔克霍恩一人包揽了其中60架，个人总战果也达到了250架。

2月初和月底分别有一人获得骑士十字勋章：汉斯·瓦尔德曼少尉（84个战果）和军士长维克多·彼得曼（60个战果）。二人后来都改飞 Me 262喷气式战斗机，并加入 JG 7联队。彼得曼在一次战斗中被高炮击中，左臂截肢，他后来戴着假肢继续飞行，在东线的最后作战中获得了另外4个战果。

两周后的2月26日，哈特曼在三次任务中都遭遇了苏军战斗机编队，在基洛沃格勒附近一共击落10架"空中飞蛇"，总战绩达到202架。哈特曼也就此成为继赫尔曼·格拉夫之后，"卡拉亚"中队的第2位个人战果突破200架的中队长。哈特

曼一直牢记着自己的导师 —— 赫尔曼·格拉夫曾经的僚机飞行员阿尔弗雷德·格里斯拉夫斯基的教诲："在开火前要靠近敌人"。从1944年1月8日到2月28日第9中队总共击落了76架飞机，仅哈特曼一人就包揽其中的40架。

3月2日，当巴尔克霍恩奉命返回德国接受希特勒亲自颁发的双剑饰时，他的战果已经达到251架，只比京特·拉尔少一架，比"第一王牌"诺沃特尼少5架。同日，哈特曼、克鲁平斯基（177个战果）和约翰内斯·维泽上尉（125个战果）也获得了橡叶饰。

但是，无论个人的胜利如何辉煌、总战绩如何高不可攀，都无法改变战争的进程。苏联陆军和空军的实力此时已经压倒了德军。3月4日，苏军在东线南段再次发动大规模春季攻势，后来成功地将南段战线撕裂开来，迫使陷入困境的德军地面部队进行了一系列混乱的调动。就在苏军此

■ 上图为1944年1月23日，格哈德·巴尔克霍恩在执行完第1000次飞行后，受到战友们的欢迎并收到一个巨大的花环。

■ 左图为弗朗茨·沃伊迪希（1921–2004）
1939年加入德国空军，后于1941年7月11日作为候补军官被编入JG 27第5中队并在北非作战。1941年11月22日他获得了第一个战果，击落一架P–40战斗机。1942年4月1日被调往东线，进入JG 52联队第3中队。最初他的战果并不如愿，直到1943年6月11日才获得了7个战果。直至1943年下半年，他才表现出一位王牌所应该有的素质，到这年年底时将个人战果增加到56架，随后在1944年6月11日以80个战果获得了骑士十字勋章。两个月后被调入JG 400补充大队，改训Me 163"彗星"火箭动力战斗机。1944年11月25日升任该联队第6中队长，随后在1945年4月25日驾驶Me 163击落一架盟军四发轰炸机，获得了个人的最后一个战果。战争期间，沃伊迪希总共获得110个战果，其中107个是在东线所获。

■ 左图为汉斯·瓦尔德曼（1922–1945）
1922年9月24日生于布伦瑞克，1940年加入德国空军，1942年8月21日被编入JG 52联队第6中队。同年9月9日获得首个战果。在获得第84个战果的1943年9月1日，瓦尔德曼被晋升为少尉，进入德国空军东线补充大队，随后击落一架B–17轰炸机。在获得85个战果后他获得了骑士十字勋章。1944年2月末被任命为第4中队长，后在同年5月31日获得了第125个战果。6月，第4中队更名为JG3联队第8中队。12月，他改驾Me 262战斗机，然后转入JG7联队第3中队。1945年3月18日在空战中被击落，坠毁在汉堡以南地区，当场身亡。为此，瓦尔德曼被推荐追授橡叶饰，但直到战争结束也没有完成推荐手续。汉斯·瓦尔德曼总共获得134个战果，包括5架轰炸机、87架战斗机和32架Il–2攻击机。

■ 右图为汉斯–约阿希姆·比克纳（1921–1944）。1943年夏天加入JG 52联队第9中队，后于8月30日获得首个战果。1944年7月27日，他以98个战果获颁骑士十字勋章。1944年10月1日被任命为第9中队长。同年12月14日其座机因发动机故障在克拉科夫坠毁，他也因此身亡。比克纳的个人总战绩为117架，全部在东线获得，其中至少包括15架Il–2攻击机。

■ 上图为奥托·冯纳科尔特（1920–1944）
1942年开始战斗机飞行员生涯，被编入JG 52联队第5中队。1942年12月1日获得首个战果。1943年9月6日获得德意志金质十字奖章。1944年3月26日以104个战果获得骑士十字勋章，随后在4月份被送往军官学校，又在4月19日返回前线担任第5中队长。同年8月31日，冯纳科尔特率队击落3架P–51战斗机后，其"黑9号"Bf 109G–6型战斗机在降落时遭到一架P–51战斗机的攻击，他被子弹击中胸部当场身亡。冯纳科尔特的总战果为136架（含3架美军战斗机）。

■ 汉斯·瓦尔德曼的座机上有一个"流口水的小狗"图案（见左图），为其个人在联队内特有的识别标志。下图为1943年6月，阿纳帕机场，瓦尔德曼的"黄3号"Bf 109G–4型战斗机侧视涂装彩绘。

番攻势的首日，空中行动却受到了恶劣天气的影响。3月7日，JG 52联队第1大队在损失6架飞机的情况下未能获得任何战果，而第3大队的瓦尔特·克鲁平斯基在3月9日所击落的一架LaGG-3战斗机（个人第175个战果）也只能是对联队的一丝微小的安慰而已。当天，第1和第3大队只击落两架飞机，却付出了3架的代价。3月10日，苏军装甲部队在装备了火箭弹的Il-2攻击机的近距离支援下，攻击了第3大队所驻扎的乌曼机场，迫使后者在刚刚进驻4天后就放弃了这座设施不错的机场，转移到普罗斯库罗夫机场（Proskurov）。但是这里也没有丝毫的安宁，苏军战斗机随即封锁了该地区的空域。3月13日，第3大队尝试突破封锁。不幸的是，第9中队最好的飞行员之一、骑士十字勋章获得者汉斯·达默斯少尉在行动中遭遇了大祸。达默斯少尉也是JG 52联队的老兵，曾在1941年8月获得了开战

■ 1944年3月13日，第9中队的汉斯·达默斯少尉在行动中阵亡，其总战果为113架。上图为他在世时与座机尾舵的一张合影，上面已经记录了100个战果。

■ 下图为1944年2月13日，巴尔克霍恩在获得个人的第250个战果返航后，接受战友的祝贺并品尝美酒。

■ 1944年初，JG 52联队第2大队大队长巴尔克霍恩上尉的 Bf 109G-6 型战斗机侧视涂装彩绘。

■ 1944年3月2日，哈特曼少尉被授予骑士十字勋章橡叶饰后拍摄的宣传照。

■ 1944年3月2日，巴尔克霍恩被授予了骑士十字勋章的双剑饰。图为他后来晋升为少校后拍摄的宣传照。

以来的首个战果，同格里斯拉夫斯基、施泰因巴茨和罗斯曼等多名最初只是军士的飞行员们一起构成了第3大队的顶梁柱，并让该大队最终成为二战最辉煌的战斗机大队。当天，他在击落了一架La-5战斗机（个人第113个战果）后，座机被那架飞机碎片击中。他虽然得以跳伞，但是降落伞缠在了座机的尾翼上，坠地4天后伤重不治。

3月21日，第3大队收获了第3500个战果，其中400架为1943年10月份以来获得的，而大队在这期间自己也损失了42架飞机。第3大队完全确立了自己的领先地位，成为德军战斗机部队中战果最高的大队。但是，他们根本没有精力去庆祝这个胜利。当天苏军乌克兰第1方面军继续发

■ 海因里希·施图姆（1920-1944）
1920年6月12日生于迪堡（Dieburg），1941年夏天加入JG 52联队第6中队，并在这年底获得前3个战果。随后作为教官被调到一所战斗机学校，直至1942年11月才重返前线，回到第2大队。1943年1月1日晋升为少尉。从1943年9月1日起担任第4中队长，后在1944年3月23日获得第100个战果，三天后获得骑士十字勋章。1944年8月伤愈复出指挥第5中队。同年12月22日在击落最后两架飞机后，再次起飞时与一辆卡车相撞，当场身亡。

起进攻，同时苏军第2空军集团军也完全掌握了制空权。苏军两个各由60到100架Il-2攻击机、Pe-2轰炸机和"波士顿"轰炸机组成的庞大空中编队，在大量战斗机的护航下，扑向德军防守地区。JG 52联队第3大队仓促应战，却只击落了6架飞机，自己也损失了一架。

随后的一周内，联队有4人获得骑士十字勋章，获奖者中包括了三名中队长。3月23日，第8中队长弗里德里希·奥布莱泽中尉在获奖时的战果为80架；3月26日，第5中队长威廉·巴茨中尉（Wilhelm Batz）以101个战果获奖；同日，第4中队长海因里希·施图姆少尉以3月23日所获得的第100个战果同样获得了该勋章；第四枚骑士十字勋章被授予给了第2大队的奥托·冯纳科

■ 威廉·巴茨（1916-1988）
1916年5月21日生于班贝格，1935年加入德国空军。在完成5000小时的飞行后晋升为少尉，被任命为JG 52联队副官。获得101个战果后于1944年3月26日获得骑士十字勋章。1944年7月20日以188个战果获得橡叶饰。1945年4月21日又以235个战果成为双剑饰获得者，而其战争期间的总成绩为237架。战争结束后，巴茨加入新成立的联邦德国国防军并晋升为少校，1972年退休，1988年9月11日在毛申多夫去世（Mauschendorff）。

■ 在3月26日获得骑士十字勋章后，奥托·冯纳科尔特得意地带着另外一名飞行员在机场上兜风。注意车斗前方的JG 52联队队徽。

尔特（此时已经晋升为少尉），他在1944年1月时战绩就超过了100架。

4月5日，第1大队从乌克兰转场至罗马尼亚境内的西里斯蒂亚（Zilistea）。在接下来的几个月中，该大队先后从罗马尼亚多处机场起飞支援乌克兰前线。4月初，JG 52联队又收获了另外三枚骑士十字勋章，又有两位中队长获得这项高级荣誉。第6中队长赫尔穆特·利普弗特少尉在4月

1日获得个人第90个战果，因而在4月5日被授予骑士十字勋章。4月6日，第2中队长保罗－海因里希·德内中尉以76个战果同样获得了该荣誉。第三枚则在4月6日追授给了第7中队的约翰内斯·邦策克少尉（Johannes Bunzek）。1943年12月11日，邦策克在乌克兰的尼科波尔（Nikopol）上空与一架苏军战斗机相撞，当场身亡。当时他拥有77个已证实的战果和30个未证实的战果。

告别克里米亚

在JG 52联队第1、3大队协助支撑摇摇欲坠的乌克兰战线的同时，巴尔克霍恩上尉的第2大队也在支援被苏军切断的第17集团军坚守克里米亚。苏军战斗机飞行员们已经成为这片蓝天的主宰者，他们在4月1日曾击落过巴尔克霍恩。所幸的是，他并没有什么大碍，迅速重回战斗岗位。4月10日，苏军乌克兰第4方面军再次向德军第17集团军发动攻势。战局逐渐陷入绝望，德军步

■ 1944年4月，在苏军将德军第17集团军驱逐出克里米亚半岛的行动期间，驻扎在塞瓦斯托波尔的德军第2攻击机联队第2大队在海因茨·弗兰克少校（Heinz Frank，中）的指挥下做出了突出贡献。该大队在4月12日至26日期间击落106架苏军战绩，并在地面上摧毁了28架苏军飞机。图为弗兰克少校在大队指挥部与JG 52联队第9中队中队长埃里希·哈特曼（右）和另外一名军官在交谈。此时，哈特曼的中队与JG 52联队第3大队另外2个中队亦驻扎在塞瓦斯托波尔。海因茨·弗兰克在二战中共获得9个战果，但他因出色的指挥能力于1943年1月8日担任第1攻击机联队第3中队中队长时获得了骑士十字勋章的橡叶饰。在一次手枪意外走火事故后，弗兰克少校于1944年10月7日死于循环功能衰竭。

■ 1944年4月，几名地勤人员正在维护JG 52联队第1大队大队长京特·拉尔上尉的Bf 109G型战斗机。

步后撤，被越来越紧地压缩在克里米亚半岛西南部的一隅，围绕历史上久经战火的两个重镇——塞瓦斯托波尔和巴拉克拉瓦设防。苏军地面部队的进攻自然得到了空军的大力支援，迫使巴尔克霍恩的飞行员们再次卷入惨烈的空战，4月11日，赫尔穆特·利普弗特少尉击落一架Il-2攻击机，战果因此突破百架大关。尽管第2大队奋力作战，但仅凭该大队的实力已经根本无法在空中为德国和罗马尼亚的地面部队提供有效的空中支援。

为了增援疲于战斗的第2大队，第3大队在罗马尼亚执行了4天保卫普洛耶什蒂油田的任务后，于4月10日飞抵位于塞瓦斯托波尔以南赫尔松耶斯角（Cape Khersonyes）的机场。第2大队4天后也抵达此地，参加克里米亚战事最后阶段的殊死搏斗。4月15日，"卡拉亚"中队的比克纳在战斗中一举击落4架飞机。4月17日，第17集团军撤入塞瓦斯托波尔周边地区。当天京特·拉尔少校击落两架La-5战斗机，收获了自己的第272和第273个战果。但这两个战果也成为他在东线的

最后两个战果，因为他在第二天便被调回德国并被任命为JG 11联队第2大队长，执行本土防御任务。4月19日，威廉·巴茨上尉接替拉尔担任第3大队长。4月27日，已经晋升为少校的巴尔克霍恩击落一架Yak-7战斗机，战果达到了257架，以此终于超越了瓦尔特·诺沃特尼。

5月，苏军的轰炸机和攻击机持续不断地对赫尔松耶斯角空军基地的3个主要的着陆场进行狂轰滥炸，但是JG 52联队的飞行员们每人每天的平均出击次数还是能够达到5次。除了常规的空战任务之外，他们还要为己方的地面突击部队提供空中掩护，保护从罗马尼亚经危机四伏的黑海前来输送补给物资的运输船（苏军于4月10日夺回了奥德萨港），提供战场侦察，并低空扫射苏军；虽然任务极为繁杂，第2大队每天还是能够击落20架左右的飞机。此前的4月份，德国空军战斗机部队在克里米亚上空及其周边一共击落了1010架飞机。5月5日，接替拉尔的威廉·巴茨上尉击落两架La-5战斗机，作为自己的第129和第130个战果。

■ 1944年5月9日,彼得·迪特曼以91个战果获得骑士十字勋章。到战争结束时,他的总战果达到了152架。在两年多的战斗生涯中,他先后19次跳伞或迫降逃生。上图为他(中)与两名地勤人员在自己的"黑12号"座机前合影。

随着几位老飞行员的离去(克鲁平斯基也受命回国参加本土防空作战),JG 52联队的指挥岗位上出现了很多年轻飞行员。4月份,格哈德·巴尔克霍恩的第2大队迎来了两位新的中队长:汉斯·瓦尔德曼接任第4中队长,而冯纳科尔特则接替威廉·巴茨成为第5中队长。

此时克里米亚德军的末日已经迫在眉睫。5月7日,苏联空军对第2和第3大队位于赫尔松耶斯角的基地发动了多达6次的猛烈空袭。当天的战斗异常激烈,仅第5中队的彼得·迪特曼少尉一人就击落9架苏联战机,进而将战果增加到91架。第6中队的候补军官海因茨·萨克森贝格(Heinz Sachsenberg)和第4中队瓦尔德曼少尉则各击落6架飞机,战果也分别达到了82架和120架。但是,他们的损失也十分惨重,其中当属第6中队最惨重。5月8日,德国战斗机部队在克里米亚上空执行了最后一次战斗任务,巴尔克霍恩击落了一架Yak-7战斗机和一架Il-2攻击机。5月9日,第6中队长利普弗特中尉试图驾驶该中队的最后一架可动的战斗机起飞,然而飞机被地面炮火击伤,利普弗特不得不放弃驾机撤退的计划。他于4月11日在克里米亚上空获得了第100个战果,如今却要狼狈不堪地挤在大队副官

的座机后机舱内撤离克里米亚半岛!

1944年5月12日,苏军成功收复克里米亚重镇塞瓦斯托波尔,以此挫败了德军在克里米亚的最后抵抗。15万轴心国部队最终只有不到4万人突围成功。这期间,德军JG 52联队第2大队在1944年4月损失27架飞机,在5月份又损失了36架。该地区如此残酷的空战让许多飞行员的心理承受能力达到了极限。例如,彼得·迪特曼少尉就被确认失去作战意志,勒令停飞送回德国休养。在苏军方面,他们在4月8日到5月12日期间总共损失了179架飞机。

■ 海因茨·萨克森贝格(1922-1951)
1922年7月12日生于德绍(Dessau),其叔叔为获得了31个战果的一战空战王牌、"蓝色马克斯"勋章获得者哥特哈特·萨克森贝格。1942年秋天,小萨克森贝格进入JG 52联队第6中队,后在1943年4月21日获得首个战果。1944年3月底以76个战果被推荐授予骑士十字勋章,但直到获得第101个战果后的6月9日才正式获得该勋章。1945年4月16日击落一架P-39战斗机,这也是其第104个和最后一个战果。此后被调入JG 7联队,改飞Me 262喷气式战斗机,但没过多久又前往第44战斗机部队(JV 44),组建一个机场防卫中队,驾驶Fw 190D-9型战斗机,保护执行任务的Me 262战斗机。1951年6月12日,海因茨·萨克森贝格因战争中所受的伤而病逝。

■ 1944年2月，JG 52联队第6中队赫尔穆特 · 利普弗特中尉的"黄1号"Bf 109G-6型战斗机侧视涂装彩绘。

■ 1944年3月，JG 52联队第5中队瓦尔特 · 沃尔夫鲁姆少尉（Walter Wolfrum）的"黑15号"Bf 109G-6型战斗机侧视涂装彩绘。

■ 1944年4月，JG 52联队第5中队瓦尔特 · 沃尔夫鲁姆少尉的"黑15号"Bf 109G-6型战斗机侧视涂装彩绘。

■ 上图为1944年4月，JG 52联队第1大队的"黑5号"Bf 109G-6型战斗机从罗马尼亚西里斯蒂亚机场起飞。

■ 1944年4月，JG 52联队第1大队的"黑5号"Bf 109G-6型战斗机侧视涂装彩绘。

重返罗马尼亚

1944年5月8日，德军正式开始撤离克里米亚。随后的四天里，第17集团军进行了德军的"敦刻尔克大撤退"，乘坐小型船只渡过黑海，撤往罗马尼亚。就像从敦刻尔克撤走的英国远征军一样，德军这次也不得不丢弃所有的车辆和重型装备。

第3大队也撤往了罗马尼亚，临走时每位飞行员都拆除了座机的无线电设备和装甲，以便容纳两名地勤人员，行程330公里，飞跃黑海。但第2大队在这周也获得了一枚骑士十字勋章：5月14日，第4中队的候补军官格哈德·霍夫曼（Gerhard Hoffmann）凭借125个战果获得了这项荣誉。

1944年晚春，轴心国军队已经从俄罗斯和乌克兰大部撤出，退回到罗马尼亚、波兰东南部、白俄罗斯和波罗的海东岸三国地区。德国空军东线部队在过去几个月的战斗中遭受了严重损失，作为核心的战斗机飞行员们的表现与以往相比显得更为重要。

在东线南段的德军第4航空队拥有948架作战飞机，包括186架战斗机，是当时东线德军数量上最强大的空军部队。尽管该航空队同东线其他航空队一样，需要覆盖相当广阔的空域，但还是可以在特定位置上集中优势兵力，获得局部优势，在1944年5月底罗马尼亚与摩尔多瓦交界的雅西上空的战斗便表现出这一点。当时该地区的德军地面部队为改善自己的防守位置，发动了一次局部反击，其间得到了第4航空队的有力支援。

德军的反击不仅出乎苏军地面部队的预料，而且也让此地的苏军第5空军集团军大吃一惊。在两天的空战中，第4航空队在此获得了德国空军战争后期东线空战少有的一次战术胜利。当苏军试图用在战斗机护航下的Il-2攻击机机群近距离支援受到重压的地面部队时，却遭到了德军整

■ 格哈德·霍夫曼（1919-1945）
1942年6月进入 JG 52联队第4中队。1943年4月和5月间在库班空战中表现突出，总共击落了42架飞机。1944年5月14日以125个战果被授予骑士十字勋章，这期间也被晋升为少尉，随后被任命为第1补充战斗机联队第4中队。1945年4月11日，重返 JG 52联队的霍夫曼在驾机前往布雷斯劳途中坠毁，当场身亡。

个 JG 52联队的迎头痛击。在那段时间的战斗中，联队飞行员们每天都要执行6到7次自由猎杀任务，战果自然也相当丰厚。仅在5月30日和31日两天内，德国飞行员们就声称在雅西地区上空击落不下156架苏联飞机。5月30日在罗马尼亚北部的罗曼（Roman）上空，第3大队长巴茨上尉在7次出击中一共击落15架飞机；曾在5月20日收获6个战果的第1中队长瓦尔特·沃尔夫鲁姆少尉也在当天一举击落11架飞机，随后又在31日再次击落6架，总战绩进而达到100架。5月31日这天同样也是巴茨上尉最为辉煌的日子，从当天6时30分到19时30分，他总共执行了7次作战任务并击落15架飞机：6架Il-2攻击机、5架"空中飞蛇"和4架"拉沃契金"战斗机（La-5或La-7），从而收获了个人的第141到第155个战果。

然而，与胜利相伴的是伤亡和损失，在5月

31日这天，第8中队的卡尔·舒马赫军士（Karl Schumacher，56个战果）在雅西上空被击落身亡。同日，第2大队长巴尔克霍恩少校在执行当天的第6次任务时，遭遇一个苏军轰炸机编队，随后被一架"空中飞蛇"从后面击中。尽管手臂和腿部受伤，但他还是幸运地完成了迫降。虽然现在无法查明究竟是哪位苏军飞行员击落了这位德军王牌，但可以肯定不是著名的亚历山大·波克雷什金，因为他当时并没有在此地执行任务。巴尔克霍恩的伤势和由此产生的心理压力迫使他在随后的4个月中离开了战斗岗位，直至1944年10月才再次坐进 Bf 109 战斗机的座舱。

6月1日，雅西上空的战斗继续进行着，但是规模要比前几天小得多。但是这天 JG 52联队还是击落了19架飞机，其中哈特曼少尉包揽了6架，个人战果也由此增加到237架。第1中队的军士长卡尔·蒙茨为第1大队赢得了第2000个战果。6月2日，联队再次声称击落18架飞机，但是联队长赫拉巴克中校却在击毁一架 Il–2 攻击机后被击落，所幸只受了点轻伤。6月6日，哈特曼包揽了联队在当天收获的10架飞机中的5架。第1大队

■ 瓦尔特·沃尔夫鲁姆（1923–2010）

1923年5月23日生于施米尔茨。1943年2月以少尉军衔加入 JG 52联队第5中队，同年5月25日获得首个战果。1944年5月11日被任命为第1中队长。同年7月26日以126个战果获得骑士十字勋章，随即身受重伤，休养6个月后才得以重返蓝天。战争结束时，沃尔夫鲁姆中尉同其他 JG 52联队成员一起被美军俘虏，随后被移交给苏军。1945年7月，身为伤员的沃尔夫鲁姆被苏军释放。1950年他成为一家英国航空俱乐部成员，此后成为一名著名的德国特技飞行员。

■ 1944年6月，JG 52联队第6中队海因茨·萨克森贝格中尉的"黄8号"Bf 109G–6型战斗机侧视涂装彩绘。

■ 1944年6月，JG 52联队第1大队"黄9号"Bf 109G–6型战斗机侧视涂装彩绘。

■ 左图为海因茨·埃瓦尔德与自己的座机合影。埃瓦尔德于1922年9月1日生于但泽。1941年12月1日参军，后在1943年秋天加入JG 52联队第6中队，最终成为其所在大队最出色的新生代战斗机飞行员。1943年12月11日获得首个战果，1944年5月1日晋升为少尉。同年6月24日被盟军护航战斗机击落受伤，直至10月份才重返匈牙利前线。1945年3月1日在击落一架P-51"野马"战斗机后被高炮击落，所幸没有受伤。4月3日在低空扫射行动中再次被地面火力击中，迫降获救。埃瓦尔德的总战果为84架，最后一架是在1945年4月16日击落的。埃瓦尔德于2002年3月14日去世。其座机机身上的卡通母猪图案是他的个人专有识别图案，因此他也被战友戏称为"埃母猪"（Esau）。

■ 下图为1944年6月，JG 52联队第6中队海因茨·埃瓦尔德少尉"黄3号"Bf 109G-6型战斗机侧视涂装彩绘。

的约根·诺德曼军士（Jürgen Nordmann，36个战果）则在同一架"空中飞蛇"的战斗中受伤。

6月8日，联队的5名王牌飞行员在雅西上空再次享受了一顿"饕餮盛宴"：海因茨·萨克森贝格少尉击落5架，个人战果也突破了百架；候补军官比克纳击落4架；赫拉巴克收获2架；巴茨上尉也击落2架，其中一架"拉沃契金"战斗机为他的第170个战果；海因茨·埃瓦尔德少尉（Heinz Ewald）则只击落一架。

现在JG 52联队又多了一个对手。自1944年4月初以来，战略意义关键的普洛耶什蒂油田吸引了驻扎在意大利的美军第15航空队数量渐增的重型轰炸机的注意。美军的轰炸机群不断攻击油田

■ 执行普洛耶什蒂油田轰炸任务的美军B-24轰炸机机群。

和罗马尼亚境内的其他目标。奉命对其进行拦截的JG 52联队很快发现他们面对的是一个完全不同的对手。他们过去习惯于迎战低飞的小群Il-2攻击机，现在却不得不面对100到600架不等、在高空飞行的重型轰炸机大编队！这着实让赫拉巴克的飞行员们有些措手不及。6月11日，JG 52联队在拦截一个大型美军轰炸机编队时，不仅未能获得任何战果，反而损失了4架Bf 109战斗机。就在这天，第3中队已经晋升为少尉的弗朗茨·沃伊迪希以80个战果获得了骑士十字勋章。在接下来的7月份里，沃伊迪希少尉又击落了29架飞机（几乎平均每天一架）。

6月，德军针对美第15航空队轰炸机机群发动的"星线飞行"行动（Sternfluge，即从不同起点向同一目标进发的飞行）损失惨重，然而战果甚微。JG 52联队无法穿透美军轰炸机编队的护航战斗机防线，仅仅击落了3架轰炸机，另外击落了十几架护航的P-51和P-38战斗机。

东线的形势无疑已经极端危险，但德国空军总司令部更为重视美军昼间轰炸机对德国本土的战略轰炸行动，也许这是因为本土直接受到了威胁。此时，JG 52联队的3个大队被分别抽出一

仍然在东线继续鏖战。6月18日，巴尔克霍恩的第2大队转移到了普洛耶什蒂西北80公里处的西里斯蒂亚。6天后，JG 52联队与装备Fw 190战斗机的第2攻击机联队部分单位共同迎战由135架B-24轰炸机和强大护航战斗机群组成的一支美军轰炸编队。这是JG 52联队最后执行的"星线飞行"作战之一，也是"最成功"的一次。

第6中队长赫尔穆特·利普弗特中尉两次试图突破美军的战斗机防御圈都失败了，第3次则击中一架B-24轰炸机，将其左侧外部引擎打爆起火，这架"解放者"很快就凌空爆炸，这是利普弗特的第128个战果。他的僚机飞行员海因里希·塔曼二级下士（Heinrich Tamen）也击落了一架B-24。这次德军部队一共击落9架美军飞机。但是JG 52联队第1大队损失了4名飞行员：两死两伤，并且可用飞机仅剩7架。

美军第15航空队对普洛耶什蒂油田进行的猛烈轰炸一直持续到8月份。期间苏军又在6月22日向德军中央集团军群发动了全面攻势，JG 52联队因此又被调往东线中段，参加此地绝望的血战。7月初，第1、2大队来到了波兰南部的兰贝格（Lemberg，今乌克兰利沃夫），而第3大队则被调往北方的波兰边境附近的明斯克－莫斯科公路的最西端，也是JG 52联队的旧战场。

■ 赫尔穆特·利普弗特（1916–1990）
1916年6月8日生于图林根地区的利普尔斯多夫（Lippelsdorf）。1937年11月3日加入第1装甲师通信营，先后参加了波兰战役和西欧战役。1941年初加入空军，接受飞行训练并在1942年6月被任命为候补军官。1942年12月16日以少尉军衔进入JG 52联队第6中队。1943年9月15日，已经获得20个战果的利普弗特少尉被任命为第6中队长。1944年4月5日以90个战果被授予骑士十字勋章。1944年底，他已经获得了166个战果。1945年2月15日，接管驻扎在匈牙利的JG 53联队第1大队。这里，他于4月8日获得第200个战果。在最后1次出击时，获得了第203个战果，继而在4月17日获颁第837枚橡叶饰。JG 53联队第1大队解散后，他返回JG 52联队并接手第7中队。战争结束时被盟军俘获，但没有被移交给苏军，最终重获自由并谋得教师一职。1990年8月10日利普弗特在艾因贝克（Einbeck）去世。

个中队返回帝国本土执行防空任务。保罗－海因里希·德内中尉的第2中队率先回国，于6月初离开雅西，前往莱茵希伦换装Fw 190型战斗机，后来改称JG 11联队第12中队。造化弄人，他们在6月末又随同JG 11联队第3大队一起返回东线中部，试图堵住苏军排山倒海的夏季攻势。

随后回国的JG 52联队第4、7中队也被正式纳入了本土空防部队序列，仍然装备Bf 109战斗机，分别改编为JG 3联队第2大队第8中队和第3大队第12中队。这两个中队参加了诺曼底战役后期的激战。同时，仅剩6个中队的JG 52联队

■ 1944年初夏，JG 52联队的几名王牌飞行员一起研究飞机座舱。照片左侧为第8中队中队长弗里德里希·奥布莱泽，其身后为第8中队的骑士十字勋章获得者卡尔·格拉茨，坐在座舱内的是联队长迪特尔·赫拉巴克，右侧为第9中队中队长埃里希·哈特曼。

东线加冕

虽然 JG 52 联队无法阻挡苏军的强大攻势（苏军于7月3日收复明斯克），但他们也让苏军付出了惨重的代价。7月2日，哈特曼凭借239个战果被授予双剑饰。但到正式授勋的时候，这个数字早已过时了，他已经在此4天之前在博布鲁伊斯克（Bobruisk）附近又击落了4架"雅克"战斗机和3架 Il-2 攻击机，总战绩达到250架。德国空军一共只有5名飞行员达到过这个战绩，哈特曼是其中第四人。就在他获颁双剑饰的两天前，西线的 JG 26 联队长约瑟夫·普里勒尔中校（Josef Priller）仅凭借100个战果也被授予了双剑饰。由此可见，在空军高层眼中，西线战果的"含金量"要比东线战果高。其实，在德国飞行员看来，苏联飞行员的战斗力比英美飞行员差得多，因此击落多架苏联飞机才抵得上击落一架英美飞机。

由于苏联空军数量庞大，德国战斗机飞行员取得100架以上的战果虽然很不简单，但早已不是什么稀罕事了。在6月和7月，JG 52 联队又有4名飞行员凭借接近或超过100架的战绩获得骑士十字勋章。6月8日，第6中队的二级中士衔候补军官海因茨·萨克森贝格在一天之内击落5架飞机，随后在6月9日以101个战果获得了早该属于他的骑士十字勋章。同日，因疲劳而即将回国修养的彼得·迪特曼少尉也在回国前获得了这枚勋章。

这个阶段里他们不得不频繁进行转移，不仅仅是从一个机场调往另一个，有时还是从一个国家调往另一个国家。在这个时期的末尾，苏军的进攻势头越来越猛，JG 52 联队先是从波兰转往立陶宛，然后又调回波兰，随后又转场匈牙利和罗马尼亚！但和往常一样，有战果就有损失。7月9日，第2大队经验丰富、战果达到120架的奥托·冯纳科尔特少尉被苏军战斗机击落并受伤。7月26日，第1大队在兰贝格东北的卡米扬卡

■ 彼得·迪特曼（？ -2001）
1943年5月7日加入 JG 52 联队并在该联队服役到战争结束。1943年5月21日获得首个战果，随后在1944年9月24日获得第100个战果。1944年12月23日被任命为第5中队长。1945年4月26日获得其个人的最后一个战果（第152个）。战争期间曾先后17架被击落或迫降，却没有受任何伤。其所获得的荣誉包括骑士十字勋章，此外还在战争末期被推荐授予橡叶饰。彼得·迪特曼于2001年1月9日去世。

（Kamionka）附近击落28架飞机，第1中队长沃尔夫鲁姆少尉一人包揽了其中的10架，但在击落第10架飞机之后他也被击中身负重伤，直到1945年2月才伤愈归队。同日，骑士十字勋章获得者、第7中队的弗里德里希·瓦霍维亚克少尉（战果为98到120架之间）被一架苏军"喷火"战斗机击落身亡。7月18日，JG 52 联队在波兰东南部的战斗中击落7架飞机，但自己却损失了8架。7月20日，威廉·巴茨上尉凭借175个战果获得橡叶饰。来自 JG 51 联队、于6月11日接替约翰内斯·维泽担任第1大队长的阿道夫·博尔歇斯上尉也于7月24日收获了个人的第100个战果。

7月27日，经常为拉尔和哈特曼担任僚机的

汉斯－约阿希姆·比克纳少尉凭借98个战果获得骑士十字勋章，他在仅仅10个月不到的时间里就积累了这个战绩。年仅21岁的沃尔夫鲁姆少尉尽管身负重伤，也以126个战果获得了这一荣誉。当天的另外一位骑士十字勋章获得者是第9中队的赫伯特·巴赫尼克少尉（Herbert Bachnick），他后来在8月7日在波兰上空迎击美军第8航空队的B-17轰炸机群时飞机被严重击伤，在随后的迫降中身亡。

第1大队自8月1日以来就和第3大队一道驻扎在波兰的克拉科夫。8月15日，一个全新的第2中队得以组建，中队长为鲁道夫·特伦克尔中尉。于是，第1大队成为JG 52联队中第一个重新恢复3个中队建制的大队。但不到24小时之后，第1大队就奉命将所有战斗机转交给JG 51联队，后者最近在东普鲁士抵御苏军攻势的战斗中蒙受了巨大损失。8月20日，东线南段狼烟又起，苏军乌克兰第2和第3方面军向罗马尼亚发起了总攻。8月21日，第2大队奉命进入罗马尼亚，支援此时陷入被切断和俘虏威胁的地面部队。该大队于8月23日在罗马尼亚上空的战斗中只击落两架飞机，却付出了3架的代价。海因茨·萨克森少尉在战斗中严重受伤。同日，罗马尼亚国王米哈伊一世（Mihail I）罢免了安东内斯库元帅的亲纳粹政府，并囚禁了安东内斯库。希特勒当即决定驻罗马尼亚德军立即进攻罗马尼亚军队，以营

■ 阿道夫·博尔歇斯（1913-1996）
1913年2月10日生于吕讷堡。1938年加入"秃鹰"军团。西班牙内战结束后转入JG 77联队第2中队，即后来的JG 51联队第11中队。在获得第78个战果后于1944年11月22日被授予骑士十字勋章。1944年6月11日，他被任命为JG 52联队第1大队长。1945年2月1日转任第3大队长，后在战争结束时被美军俘虏，再被转交给苏军。博尔歇斯的个人总战果为132架。重获自由后，他同妻子曾开办了一所滑雪学校。值得一提的是，他的哥哥、党卫军第19装甲掷弹兵团第1营营长赫尔曼·博尔歇斯上尉（Hermann Borchers）此前在1944年10月16日获得骑士十字勋章。担任第5夜间战斗机联队第3大队长的弟弟瓦尔特·博尔歇斯少校（Walter Borchers），则在同月29日也获得这一荣誉。阿道夫·博尔歇斯于1996年2月9日去世。

■ 鲁道夫·特伦克尔（1918-2001）
1918年1月17日生于萨克森州的诺伊多夫（Neudorf），1936年参加陆军，后又在1939年转入空军。1942年2月22日被调入JG 77联队第7中队，于3月26日获得首个战果。同年5月1日进入JG 52联队联队部，后在6月15日分配到第2中队。1943年6月被调入空军东线战斗机补充大队，随后在8月19日以76个战果获得骑士十字勋章。10月份回到JG 52联队第2中队，11月2日被击落受了重伤。1944年1月以中尉军衔重返前线，进入JG 52联队联队部。1944年10月被任命为第2中队长。1945年3月15日被高炮火力击落并再次受伤。战争结束后，他被美军移交给苏军，但是在4周后因伤被释放。特伦克尔于2001年4月26日去世，其战争期间的总战果为138个，至少包括42架Il-2攻击机。

■ 赫伯特·巴赫尼克（1920-1944）
1920年2月9日生于曼海姆，1942年12月5日被编入JG 52联队第9中队。1943年7月5日获得了前3个战果。1944年4月被调入空军东线战斗机补充大队第2中队并在5月1日晋升为少尉。同年7月7日在同美军战斗机的战斗中被击伤，20天后以79个战果被授予骑士十字勋章。此后巴赫尼克回到JG 52联队第9中队，在8月7日击落一架美军P-51战斗机，但自己的座机也被击中。尽管做了迫降的尝试，但最终还是坠毁，本人当场身亡。赫伯特·巴赫尼克的总战果为80架（含1个西线战果）。

■ 罗马尼亚退出轴心国同盟后，随即向德国宣战，为避免同在罗马尼亚空域上作战的美国陆军航空队发生误会，罗马尼亚空军在其所装备的部分 Bf 109战斗机上喷涂了美国国旗。上图为一架带美国国旗涂装的罗马尼亚 Bf 109战斗机。

救出安东内斯库元帅。在这种情况下，罗马尼亚战斗机飞行员们开始同时攻击德国空军和苏联空军战机。8月25日，罗马尼亚的新政府对德宣战。8月28日，罗马尼亚空军的几架 Bf 109G-6型战斗机被德军的同型战斗机击落。但是，德军还是迫于形势开始撤离这个曾经的盟国。

撤离时，第2大队驻扎在巴克乌(Bacau)，拥有19架可用的 Bf 109战斗机，但是只有12名飞行员。代理大队长利普弗特(原大队长巴尔克霍恩仍在养伤)必须果断地做出决断。他命令飞行员们紧急起飞，其中10架战斗机被用来护送大队的两架 Ju 52/3m 运输机向西撤过喀尔巴阡山前往萨克森－雷根(Sachsisch-Regen)，另外两架战斗机被用来支援地面部队保卫巴克乌，阻挡已经倒戈的罗马尼亚军队。抵达萨克森－雷根之后，利普弗特立即从一个装备 Bf 109战斗机的侦察中队里征召了一群志愿者，带领他们登上了一架 Ju 52/3m 运输机，回飞180公里，越过已经被苏军控制的喀尔巴阡山返回巴克乌。落地后，这些侦察机飞行员冒着猛烈炮火登上剩余的7架 Bf 109战斗机成功起飞，那架 Ju 52/3m 运输机也成功地把最后一群地勤人员送走了。

谁料到他们是刚出狼窝又入虎口。8月31日，也就是第2大队抵达萨克森－雷根的两天后，这

■ 上图为罗马尼亚空军装备的 IAR-81战斗机。这款战斗机为罗马尼亚自行研制的一款多用途战斗机。

个机场遭到了美军第15航空队"野马"机群的低空扫射。萨克森－雷根是德国空军从东线撤退下来的各个单位的集合地点，因此挤满了各型飞机。美军将大约60架飞机击毁在地面上，其中29架为战斗机；另外还有9架在空战中被击落。第2大队的可用飞机数量也因此下降到了7架。

德军南乌克兰集团军群从罗马尼亚穿越喀尔巴阡山向匈牙利撤退期间，德国和罗马尼亚两国空军的战斗更加频繁。9月16日，JG 52联队第2大队的海因里希·塔门击落一架由约瑟夫·基乌胡勒斯库中士(Joself Chiuhulescu，2个战果、3个分享战果)驾驶的 IAR 81C 型战斗机；三天后，他又成功击落两架罗马尼亚空军的 Bf 109战斗机。塔门击落的这三架罗马尼亚战斗机只是他在最近两周来所击落的10架罗马尼亚飞机中的三架。9月24日，彼得·迪特曼少尉用罗马尼亚战

斗机将自己的战果提升至百架以上。第2大队随后又在第二天声称击落3架IAR 81战斗机。事实上，罗马尼亚空军在当天损失了6架该型战斗机，3名飞行员丧命，其中一人为战果达11架的伊万·伊万乔维奇中尉（Ioan Ivanciovici）。

在罗马尼亚空军同苏联空军、美国陆军航空队和德国空军的交手中，历史学家丹尼斯·伯纳德（Denes Bernad）曾将德国空军比喻为："罗马尼亚空军最为致命的敌人"。截至1944年9月底，在与德国空军交手的所谓的"西方战役"（Western Campaign）中，罗马尼亚空军总共损失了25架战斗机，12名飞行员阵亡，却只击落4架德机。

在第2大队遭遇罗马尼亚背叛的同时，驻扎在华沙以南第3大队的官兵们正在兴奋地关注着他们的王牌们的辉煌战绩。8月17日，大队长威廉·巴茨在击落6架飞机后，个人总战绩也突破了200架大关。8月22日他再次继续疯狂的表演，又击落6架飞机，将战果增加到208架。但是，所有人的目光都聚集在了哈特曼身上，因为他的总战绩正在快速接近300架，这在航空战史上将是一个前无古人的纪录！

埃里希·哈特曼终于后来居上，快速地攀登300个战果的高峰。8月22日，他出击两次，一共击落5架苏军战斗机，总战绩由此达到了282架；次日他又斩获8个战果 —— 现在只要再打下10架

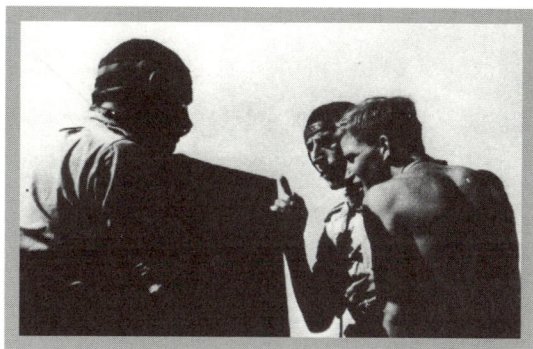

■ 1944年8月24日，哈特曼的战果即将突破300架时，战友们聚集在基地的无线电旁边，收听哈特曼等人战斗实况。

飞机就达到300个战果了！

8月24日早上，天气阴沉，直到接近中午天气才开始转晴。吃罢午饭，"卡拉亚"中队长立即起飞，他的僚机飞行员也驾机伴随着他。一个小时之后，他们凯旋。哈特曼的那架带有显眼的黑色郁金香形涂装的黑鼻子Bf 109G型战斗机呼啸着在机场上空飞过6次，并摇晃机翼。他又击落了6架，现在只需要4架就到300了！成群的官兵们聚集在第9中队的分散地域周围，急不可耐地等待哈特曼再次出击。对这些激情满怀的观众们来说，那两架战斗机的加油和弹药补充时间简直过于漫长，无法忍受！哈特曼和他的僚机最后终于出动了！地面塔台通知他们，一群苏军的"空中飞蛇"战斗机正在气势汹汹地杀来。两架Bf 109战斗机做好了迎战准备。在僚机的掩护下，哈特曼冲了上去，在不到10分钟的时间内一举击

■ 1944年8月24日早上，地勤人员正在为哈特曼座机的发动机做最后一遍的检查。在随后的战斗中，哈特曼的战果将突破300架。

223.

落4架飞机！他成功了！

在这两架 Bf 109 战斗机返航的途中，战友们的祝贺淹没了它们的无线电频道。虽然无线电里吵个不停，哈特曼还是在返航途中顺带袭击了一个轻型轰炸机群，击落了一架放松了警惕的 Pe-2 轰炸机。按照惯例，哈特曼先在机场上空抖动机翼飞过5次，然后才着陆，受到了战友们山呼海啸般的热烈欢迎。第一个向他表示祝贺的是他的机械师和挚友比莫·默滕斯（Bimmer Mertens），然后是大队长威廉·巴茨和联队长迪特里希·赫拉巴克。战友们把哈特曼从"卡拉亚一号"的座舱中抬出，又抬在肩膀上穿过了欢呼雀跃的人群，随军记者和摄影师们争先恐后地用文字和图像记录下了这个令人激动的瞬间。在庆祝活动开始时，一名地勤人员挤过人群，把一个匆匆制作出来的花环戴在了哈特曼的脖子上。

次日，戈林和希特勒都发来了贺电，后者还要求哈特曼立即前往东普鲁士的"狼穴"元首大本营，两天后接受钻石饰。戈培尔的宣传部也对此大肆宣扬，因为当时各条战线上都是噩耗连连，

■ 上图为众人将哈特曼套上花环并举过肩头，接受大家的欢呼。

■ 下图为1944年8月25日，希特勒在"狼穴"元首大本营亲自向哈特曼颁发骑士十字勋章的钻石饰。

■ "黄1号"最终如期出现在机场上空，哈特曼在低空向在地面上耐心等待的人们摇摆着机翼，告诉大家他已经获得了胜利。

很久没有这么好的消息了。盟军已经从四面八方逼近了帝国本土，战争进入了最后阶段。

在第 3 大队收获辉煌的同时，同样战斗在这里的第 1 大队在 1944 年 8 月底和 9 月初也获得了不俗的战绩。8 月 26 日，弗朗茨・沙尔上尉（Franz Schall）和安东・雷奇少尉（Anton Resch）分别击落 11 架和 7 架飞机。8 月 30 日，两人又分别击落了 13 架和 7 架飞机。这样，两人的战果也因此分别增加到了 109 架和 58 架。事实上，从 8 月 22 日到 9 月 3 日的 13 天内沙尔少尉总共击落了 41 架飞机，因而被推荐授予骑士十字勋章。

沉浸在喜庆气氛中的 JG 52 联队在 8 月 31 日重新回到了严酷的现实中。当天，第 5 中队的奥托・冯纳科尔特中尉在完成一项任务后返回布达科基地准备降落时，被美军的"野马"战斗机击落。他的牺牲导致第 2 大队的飞行员中只剩下了两名军官：代理大队长赫尔穆特・利普弗特和海因里希・施图姆上尉，后者随即接替冯纳科尔特担任第 5 中队长。

传奇归来

JG 52 联队很快又上了新闻（但是出于安全方面的考虑没有明确地指出番号）。9 月 2 日 9 时 36 分，第 1 大队长阿道夫・博尔歇斯上尉同其四机编队一起从波兰姆祖罗瓦机场（Mzurowa）起飞后，遭遇一个在战斗机护航下的 Il-2 攻击机群。在接下来的战斗中，这 4 架德机总共击落 5 架 Il-2 攻击机、两架 Yak-9 和两架 P-39 战斗机，其中博尔歇斯上尉击落了两架。6 个小时后，他同僚机飞行员内林军士（Nehring）一起再次遭遇一个苏联机群。15 时 32 分他击落了两架飞机，取得了个人的第 118 个战果，而 JG 52 联队总战绩至此达到了 10000 万架！如果我们考虑到，其中最近的 1000 个战果是在 JG 52 联队仅有 6 个中队兵力的 4 个月不到的时间内取得的，那么这个战

■ 弗朗茨・沙尔（1918—1945）
1918 年 6 月 1 日生于奥地利斯太尔马克的格拉茨。入伍后早期为高炮炮手，后在 1941 年 9 月转训飞行员。1943 年 2 月，沙尔少尉被调入 JG 52 联队第 3 中队，后于 5 月 6 日获得首个战果。1944 年 8 月 11 日升任第 3 中队长。9 月 25 日被调入"诺沃特尼"测试特遣队，驾驶 Me 262 喷气式战斗机并担任第 2 中队长。1945 年 4 月 10 日击落 1 架 P-51 战斗机，却在着陆时掉入弹坑，座机发生爆炸，其本人当场身亡。其个人总战果为 133 架，其中在东线取得 116 个战果。

绩就分外的有分量了。德国的宣传机构再次高度活跃起来，甚至专门谱写了一首《联队进行曲》在全国的无线电广播上播放。但对 JG 52 联队的官兵们来说，更为重要的是当月底发生的人事变动 —— 联队的首位钻石饰获得者、"卡拉亚"中队前队长 —— 赫尔曼・格拉夫中校即将重返联队。

1942 年 9 月带着 200 个战果离开 JG 52 联队的格拉夫先是被禁止参加战斗飞行行动，然后在设在法国波尔多的一所高级战斗机飞行员学校中担任教官，后又在 1943 年 6 月 21 日被任命为一支专门对付盟军高空轰炸机的战斗机部队 —— 第 50 战斗机大队的队长，在此期间他又打下了 3 架飞机，其中包括两架 B-17 轰炸机。1943 年 10 月该大队被戈林下令解散，转为 JG 301 联队第 1 大队，11 月 1 日格拉夫转任 JG 52 联队联队长。1944 年

3月29日，格拉夫获得了个人的第212个战果，击落一架"野马"，但自己的 Bf 109 战斗机左翼却被另一架"野马"打断，飞机旋即开始螺旋下坠。格拉夫迅速打开座舱盖并解开安全带，但正当他试图从疯狂螺旋下坠的飞机上脱离时，他的一只靴子卡在了座舱供氧装置上。在接下来的几秒钟里，他经历了人生中最为恐怖的时刻，只能将脚从靴子中抽出才得以与飞机脱离。

由于在空中耽误了那么一段时间，降落伞因此直到接近地面时才得以打开。格拉夫重重地摔在了一片烂泥地上，几乎半个身子陷了下去。当他试图爬起来时，却立即再次跌倒：他的两个膝盖都在降落时被摔坏了。就在这时，一阵狂风袭来，降落伞借着风势将他扯到了约30米外的地上。随后，他忍着疼痛将降落伞解开，但立即失去了意识。当他再次醒来时，发现一群手举着草叉和木棒的农民正在围观他，这些没见识的乡下人把他当成了美国人！"杀了美国佬！"他们大喊道。

■ 格拉夫成立"红色猎人"足球队后，聘请了著名教练泽普 · 赫尔贝格(右)，赫尔贝格后来在1954年带领自己所执教的西德队获得了世界杯冠军。

"哦，你们为什么让我一个人躺在这里，而不先救我一把！"格拉夫喘着气抱怨到。

带着两个受伤的膝盖和一只折断的手臂，格拉夫随后被送进了医院。在接下来的半年中，他离开了指挥岗位，安心养伤，期间在6月24日与一年前在柏林认识的女演员尤拉·尤布斯特(Jola Jobst)完婚。赫尔曼 · 格拉夫原本希望继续指挥JG 11联队。但是他的要求并没有获得满足。相反，战斗机总监加兰德中将另有计划。加兰德找到出院回家修养的格拉夫，问他是否愿意返回东线并担任 JG 52 联队联队长。格拉夫这样回答道："我愿意，但我有个要求。我的球员们必须跟着我！"

原来，格拉夫为保护在前线服役的足球运动员，利用自己的影响力以各种名义将包括弗里茨 · 瓦尔特(Fritz Walter，1954年世界杯西德国家队队长)在内的一些前德国国家足球队队员调到 JG 11联队，组成了著名的"红色猎人"足球队，并聘请知名教练泽普 · 赫尔贝格(Sepp Herberger)任教。

加兰德笑着对他说："我早料到这个了，我保证可以满足你的要求。"随后他又继续解释道："我收到很多人的信件，他们担心如果最出色的球员在战争中阵亡的话，德国足球可能就彻底完了！"

9月20日，格拉夫来到 JG 52联队联队部和第1大队驻扎地克拉科夫准备接管 JG 52联队时，他发现联队的三名最出色的战斗机飞行员此时都不在部队中：埃里希·哈特曼回国了，而京特 · 拉尔和格哈德·巴尔克霍恩受伤后都在住院。但是，他也发现该联队飞行员的战斗素养要远远高于执行本土防空任务的 JG 11联队，联队的总战果已经超过了10000架，而他所一手栽培出来的第9中队更是收获了不下1300个战果。与战斗在西线的德军战斗机部队相比，JG 52联队在1944年10月初时已经有不下30名飞行员的个人战果突破了百架大关。

■ 1944年9月20日，JG 52联队在哈尔科夫为赫尔曼·格拉夫举行了欢迎会。墙上挂着一个月桂环，环下是联队击落10000架飞机的海报。格拉夫为左起第二人。

但是，德国空军在东线的对手已经完成了华丽转身，无论是数量，还是战术和技术整备都要好于此时的德国空军。JG 52联队王牌们的个人出色发挥也无法抵消日渐增长的苏军优势。自1943年夏天起，东线的主动权已经倒向苏联。但当格拉夫再次来到东线前线时，战场却恢复了短暂的平静。德军中央集团军群在1944年夏天崩溃后，苏军在这个时候暂时收住了沿着波兰境内维斯瓦河大进军的脚步，积蓄更多的部队等待向风雨飘摇的第三帝国发起最后的进攻。

9月30日，领导JG 52联队走过了暴风骤雨的迪特里希·赫拉巴克被任命为JG 54联队联队长。接替他的正是赫尔曼·格拉夫，他将率领联队度过战争的最后时光。现在，JG 52联队拥有两位钻石饰获得者：格拉夫和哈特曼，这在全军各单位中是绝无仅有的。

10月1日，已经在一个月前晋升为上尉的埃里希·哈特曼向JG 52联队第9中队挥手道别。他被调往第2大队（此时撤入了匈牙利境内），奉命组建一个新的第4中队。汉斯－约阿希姆·比克纳少尉随即被任命为"卡拉亚"中队长。

值得一提的是，格拉夫重返JG 52联队后，首先是指挥部队向前JG 52联队第13（斯洛伐克）中队发起了攻击。该中队在这期间驾驶他们的战机投靠了斯洛伐克起义军，将矛头转向以前的战友。不过这时格拉夫已经无法亲自参与战斗飞行

■ 1944年10月1日，哈特曼离开了"卡拉亚"中队，调往第2大队。图为他与第9中队的地勤官兵们握手告别，感谢他们两年多的支持。

行动，闲暇时多是玩足球。当他的"红色猎人"足球队来到克拉科夫时，他立即带领球队进行训练，但球队中却少了一个人的身影——左边锋里夏德·莱昂哈特（Richard Leonhardt）。莱昂哈特在法国乘坐运输机时被英军的夜间战斗机击落身亡。战争期间，这支以前德国国家队为班底的球队在总共27场比赛中赢了22场，1944年3月26日曾以1比1的比分打平拜仁慕尼黑。在输掉的4场比赛中包括在1944年5月7日以2比5的比分输给了匈牙利国家队。

10年后的1954年世界杯上，前"红色猎人"主教练泽普·赫尔贝格和队长弗里茨·瓦尔特率领西德国家队在小组赛首轮以3比8的比分败给老对手匈牙利的不利情况下，斩落土耳其（4比1），又在争夺小组赛第二名的附加赛中再次以7比2的比分战胜土耳其。在随后的四分之一决赛和半决赛中，西德队先后斩落南斯拉夫（2比0）和奥地利（6比1），顺利挺进总决赛。然而，站在球场另一端的依然是当时的夺冠大热门匈牙利队。决赛时西德队似乎还没有走出小组赛对阵时的阴影，8分钟内就由对方的费伦茨·普斯卡什（Ferenc Puskás）和佐尔坦·齐伯尔各打进一球。当所有人都认为双方小组赛之战将要重演时，奇迹发生了。从第10分钟开始，德国人吹响了反击的号角，先由马克斯·莫罗克（Max Morlock）扳回一球，后又在第18分钟由赫尔穆特·拉恩（Helmut Rahn，德国国家队后卫博阿腾和加纳球员普林斯·博阿腾的外叔公）打进扳平一球。下半时第84分钟，拉恩梅开二度，西德队走到了胜利的边缘。最后时刻普斯卡什曾打进一球，但威尔士边裁示意越位在先，进球无效。匈牙利最终2比3输掉了比赛。从0比2到3比2、从3比8到3比2，西德队不可思议的逆转了匈牙利巨人，创造了世界杯史上最神奇的决赛，至今仍被人津津乐道，这就是足球史上著名的"伯尔尼奇迹"。

■ 格拉夫在老家恩根（Engen）养伤期间，他依然同心爱的"红色猎人"足球队在一起。上图中站在他左手边的正是传奇足球运动员弗里茨·瓦尔特和赫尔曼·埃彭霍夫（Hermann Eppenhoff，前排右一）。

转战东普鲁士

苏军先头部队于9月22日跨过了匈牙利边境。为了防止匈牙利也步罗马尼亚的后尘、倒向苏联，德军迅速采取干预措施，并组建了一个亲纳粹的傀儡政府。10月10日，苏军已经推进到离匈牙利首都布达佩斯仅有105公里的地方。当天，弗朗茨·沙尔少尉凭借177个战果赢得了JG 52联队在1944年的最后一枚骑士十字勋章，但是这个决定宣布时，他已经被调往"诺沃特尼"特遣队（Kommando Nowotny）担任中队长，驾驶Me 262喷气式战斗机去了。

JG 52联队第2大队在匈牙利一直战斗到1945年春季，而第1和第3大队则再次转移。苏军在东线北部的一次新攻势在德国中央集团军群和北方集团军群之间打开了一个缺口。10月10日，苏联白俄罗斯第3方面军的坦克进抵东普鲁士边界。为了保卫这片地区，德军第6航空队决定向这里集中相当数量的增援部队，其中包括来自库尔兰的JG 51联队第3大队、第4航空队的JG 52联队联队部、第1大队和第3大队。德国空军在这里集中了将近800架作战飞机，与苏联空军第1

和第4空军集团军的3000架战机展开激烈空战。10月12日，第3大队从波兰来到东普鲁士。两天后，第1大队也紧随其后来到此地，并在当天声称击落9架苏联战机，自己仅损失两架。两天后的10月16日，格拉夫的部队前进到东普鲁士特拉克（Trakehnen）附近的一片草场。这里此前就是著名的特拉克种马场，但是其作为前进机场又是如此的简陋，以至于联队官兵认为该机场是他们撤离苏联后所见到的条件最差的机场。与此同时，白俄罗斯第3方面军于当天在140公里宽的正面向东普鲁士发起了进攻。

苏军地面部队的上空到处是苏联空军的Il-2攻击机、Pe-2轰炸机和美制"波士顿"轰炸机。格拉夫给飞行员们的命令十分简明：缓解德军地面部队的压力。但是这可不是简单的任务。在格拉夫的飞行员们攻击Il-2攻击机和Pe-2轰炸机的同时，他们也成了成群的"雅克"和La-5战斗机的攻击目标。在苏军众多活跃在该地区的战斗机部队中，由经验丰富的法国志愿者组成的"诺曼底－涅曼"歼击航空兵团（Normandie-Niemen

fighter regiment，主要装备Yak-3战斗机）成了JG 52联队又一个棘手的对手。当天的战斗中JG 52联队损失了6架飞机。第2中队长、战果百架的鲁道夫·特伦克尔中尉就是被一名法国飞行员击落，所幸成功跳伞并在几天后归队。值得一提的是，不算这次，1944年里他已经被击落过4次，但每次都安全跳伞并获救。

10月17日，第1大队声称击落15架飞机，自己仅损失了4架。同日，苏军的炮火延伸到了特拉克种马场，格拉夫不得不下令撤退。联队的Bf 109G型战斗机冒着苏军的炮击强行起飞，部分被炮火击伤，为了不让它们落入苏军之手，飞行员们不得不将其匆匆炸毁。从10月19日起，格拉夫率部从昂格拉普（Angerapp）附近的于根费尔德（Jürgenfelde）转移到东普鲁士北面地区作战。10月21日，第1大队一举击落10架飞机，自己仅损失一架。但是苏军的坦克依旧在逼近，格拉夫不得不让部队撤往更南面的戈乌达普。东普鲁士的战斗也在这个时候进入高潮，德军第4集团军在空军Fw 190战斗机和Ju 87G"坦克杀手"的配

■ 为支援苏联，法国与苏联共同组建了一支联合战斗机部队。图为陈列在博物馆中的"诺曼底－涅曼"歼击航空兵团的Yak-3战斗机。

合下，从南北两面进攻苏军位于昂格拉普的部队。一场激烈的坦克战过后，苏军只能选择后撤。东普鲁士战役以德军的成功防守宣告结束。

10月底，格拉夫收到了远在匈牙利作战的第2大队的一份报告，称第6中队长赫尔穆特·利普弗特上尉在10月24日获得了个人的第150个战果。在接下来的几周中，东普鲁士的战局再次平静下来，但格拉夫的部队却陷入了燃油危机。与此同时，苏军用 Pe-2 轰炸机改装的侦察机每天都要光顾戈乌达普机场收集 JG 52 联队的实力情报，缺少燃料的 JG 52 联队只能眼睁睁地看着苏军飞机大摇大摆地从眼前溜走。11月4日，格拉夫接到通知，帝国元帅戈林将火速造访 JG 52 联队。但是对于 JG 52 联队来说，戈林在这个时候绝对是位不速之客。此时，德国飞行员们对戈林的热情已经降到了零点。就在几天前，他们刚刚收听了戈林给参与帝国本土防空任务的指挥官们的一段录音讲话："除非你们下次击落500架美国轰炸机，不然你们全部给我去当步兵！"戈林如此狂妄不计现实的态度势必将要失去德国战斗机飞行员们对他的敬意。

当戈林所乘坐的"鹳"式侦察机飞抵戈乌达普机场时，苏军的 Pe-2 侦察机正在机场附近例行盘旋侦察。"鹳"式侦察机的飞行员只能尽最大能耐迅速降落。格拉夫迅速将联队部军官和飞行员们集合起来，准备迎接这位"肥佬"。戈林似乎十分不满，骂骂咧咧地走向已经排成一线的格拉夫等人，然后在离他们约20米处停下了脚步。

"希特勒万岁"，他先是向众人行纳粹礼，然后开始"布道"："太离谱了，我作为第三帝国元帅，现在来到位于德国本土的我们自己的机场，我都看到了些什么？天上竟然有一架俄国飞机，而看不到任何德国飞机的影子！我们从什么时候起允许俄国飞机如此悠闲地出现在我们自己的机场上空？先生们，我问你们，你们都上哪儿去了？"

随后戈林又开始教飞行员们在战斗中被击中时应该采取何种措施。他对众人这样讲道："你们不应该弃机跳伞，而应该驾机完成漂亮的迫降，明白吗？"

不难理解格拉夫的老兵们此时的心情，他们只能安静地站在颐指气使的"肥佬"面前，听他那不计现实的羞辱性"布道"。众人的心里明白：即使是空军最辉煌的战斗机联队也逃不过脑袋进水的戈林的威胁。

随后，戈林调整了一下心情，语气也柔和了一些，上前询问每位飞行员的战绩并与他们一一握手。一会儿后，他看起来有点心不在焉，似乎并没有认真听飞行员们的报告。

"11次战斗行动，获得3个战果，长官！"一名来自第1大队的飞行员报告说。

"很好，很好，继续努力！"戈林小声回应道，说话间他给了这名年轻军士一枚骑士十字勋章。

跟在戈林身后的第1大队长阿道夫·博尔歇斯少校赶忙握住这名军士的手说："恭喜你获得了骑士十字勋章！"

这名军士满脸困惑，结结巴巴地说："但是……但是，长官，这不可能。我不能……我不应该接受这个。"

"帝国元帅授予给你的，就是你应得的！"博尔歇斯不耐烦地打断了军士的话。

事实上，即使是1940年就已经在 JG 52 联队的"狐狸"卡尔·蒙茨在这个时候也没有获得该荣誉。他直到1945年4月7日被调入 JG 2 联队并再次获得3个战果后才获得了推荐。此外，联队中众多王牌往往要获得很高的战绩才能被授予骑士十字勋章，例如弗朗茨·沙尔少尉也是在获得117个战果后才获得的。

这又是戈林脑袋进水的表现。站在一旁的格拉夫及时上前指出了他的失误，才缓解了这名军士的尴尬。戈林满脸疲惫的脸上没有任何变化，只能赶紧道歉，拿回了那枚骑士十字勋章，而将一枚二级铁十字勋章交给了他。

此后，当联队的高级军官们陪同戈林来到联队指挥所喝一杯时，格拉夫的心情依旧难以平静，直面戈林说道："长官，我真的不明白您那样指责我们的原因。我们难道不应该禁止进攻落单的飞机吗？"（格拉夫可能指的是此时油料不足，出动攻击单架飞机不划算——编者注）

戈林笑着拍拍格拉夫的肩膀对他说："哦，亲爱的格拉夫。我当然知道这个，但是我不能跟屋外的年轻人说那些话！"随后他举起手中的杯子继续说："干杯，同志！享受这场战争——和平太可怕了！"短暂的一个小时造访后，戈林被两名党卫队军官送上了轿车，返回德国。

匈牙利

10月29日时，苏军乌克兰第2方面军刺穿了德军在凯奇凯梅特（Kesckemet）的防线。11月2日，苏军已经突破至距离布达佩斯仅15公里的地方。但是德军迅速向布达佩斯地区调集重兵，阻挡了苏军的前进，战斗也暂时僵持了下来。

11月8日，JG 52联队第1大队接到了返回克拉科夫的命令，而第3大队还要在东普鲁士继续待一个月。为了不让苏军察觉，格拉夫让飞行员们在波兰绕了一个大圈，导致7架Bf 109战斗机在转场过程中耗尽燃油，迫降在波兰乡间的多处野地中。空军随后组建了一个"飞行军事法庭"，5名飞行员因此被控有罪。在克拉科夫，由于缺少燃油和恶劣的天气，第1大队的航空行动同样很少，飞行员们只能无所事事地猫起冬来。格拉夫也再次抽出身来，与他的"红色猎人"足球队一起进行冬训。同时他们还同空军的另一支名为克拉科夫"默尔德斯"的足球队（FC

Mölders Krakau）进行了一场友谊赛。"红色猎人"在机场空地上以2比0的比分拿下比赛。这个比分自然不能让对手信服。于是，当他们提出再来一局比赛时，格拉夫脑子里闪出一个更加疯狂的想法。他这样说："当然可以了，我们最好在体育场里举行下场比赛！"虽然德国当局在战争期间不允许大量观众观看体育赛事，而格拉夫也很难联系到著名的克拉科夫体育场举行比赛。最后没有人知道他究竟是怎样做到的，14天后他们在这座体育场向20000名观众贡献了一场一边倒的比赛，以14比1的大比分再次战胜了克拉科夫"默尔德斯"足球队。

11月天气状况一直不佳，航空行动很少。格拉夫的三个大队非常分散，分别驻扎在东普鲁士、波兰和匈牙利。3个大队都利用这段时间对补充的新飞行员进行野战训练，此时补充飞行员的训练状况越来越差，而且年龄越来越小。但是联队的老飞行员们（在德国空军的俚语中被戏称为"老兔子"）仍然能够不断获得新战果，尽管他们战绩积累的速度已经大大减缓。

整个1944年11月份德国空军只声称击落了369架苏联飞机，这也是开战以来东线德军最低的单月击落记载，而这一时期东线的主要空战是发生在匈牙利。11月13日，第2大队的彼得·迪

特曼少尉获得了个人第127个战果，但随后就被1架 Il-2 攻击机击落。他在1000米高空跳伞，尽管后来降落在苏军控制区，但逃脱了搜捕回到德军控制区。11月14日，大队长格哈德·巴尔克霍恩少校将自己的战果增加到了275架。此时仍在克服5月份被击落后所出现的心理阴影和莫名的焦虑感。在行动中，即使是德军飞机在他的后面，他也会感到十分的不自在。不过在接下来的日子里，他还是继续书写传奇，又击落了26架飞机。

11月22日，德军排名前两名的飞行员，埃里希·哈特曼和格哈德·巴尔克霍恩在布达佩斯以东分别取得了他们的第322个和第283个战果。但是个别王牌在空中的胜利对地面大部队的作战没有什么影响。1944年12月，东线两翼的激烈战斗依旧在继续。在南面，苏军乌克兰第3方面军于12月3日进抵布达佩斯南面巴拉顿湖地区。12月5日，乌克兰第2方面军再次在该城南北两面发起进攻，却遭到德军增援部队的阻击。12月8日，苏军又发动新攻势试图合围布达佩斯。第2大队被迫于6天后撤往布达佩斯西北的杰尔（Czor）。

1944年的最后几周中，JG 52联队伤亡了多位指挥官，格拉夫最不能损失的恰恰就是这些人。12月14日，"卡拉亚"中队长汉斯－约阿希姆·比克纳起飞时引擎突然熄火，当场摔死。比克纳总

■ 1944年夏天，坐在座舱内的比克纳少尉。

共执行了284次战斗飞行任务，获得117个战果（含一架"野马"战斗机）。

12月20日，苏军乌克兰第2和第3方面军继续发起旨在包围布达佩斯的联合进攻。在随后的战斗中，JG 52联队失去了另外一位骑士十字勋章获得者：12月22日，第5中队长海因里希·施图姆上尉的 Bf 109G 型战斗机从杰尔紧急起飞，起落架撞到了一辆卡车，随后飞机失控坠毁，施图姆因此丧生，他于1941年作为二级中士在第2大队开始了传奇的空战生涯，个人总战绩为158架。两天后，布达佩斯被合围。格拉夫尽管没有

■ 左图为1944年11月22日，哈特曼在布达佩斯获得了个人的第322个战果。左图为他返航后从座舱探出身子。照片前面的背影正是他的首席机械师默滕斯。

■ 下图为1944年11月，埃里希·哈特曼上尉的"白1号"Bf 109G-6型战斗机侧视涂装彩绘。

■ 上图为"卡拉亚四重奏"—— 从左向右分别是福尔格莱贝、格拉夫、格里斯拉夫斯基和聚斯。除格拉夫外，其余三人都穿着美国陆军航空队的飞行夹克，都是参观关押美军的空军斯塔拉格战俘营时得到的礼物。

什么心情庆祝这个圣诞节，但心中还是有那么一丝的愉悦，因为他终于又将"卡拉亚"中队的"四重奏"组合（海因里希·福尔格莱贝曾同格拉夫、格里斯拉夫斯基和恩斯特·聚斯一起被称为 JG 52联队第9"卡拉亚"中队的"四重奏"组合）的一员拉到了自己身边。福尔格莱贝已经晋升为中尉，现在成了格拉夫的副官。他惊讶地发现格拉夫的球员们尽管身为军人，但纪律十分散漫。

平安夜那晚，值班军官带着一名"红色猎人"队球员来到福尔格莱贝的办公室。这名球员就是著名后卫、二级下士赫尔曼·科赫（Hermann Koch），在联队中担任格拉夫座机的首席机械师（由于格拉夫此时已经无法执行任何战斗任务，因此科赫现在只是在联队中做些打杂之类的闲事）。值班军官称他发现科赫竟然在站岗执勤时睡着了，愤怒的福尔格莱贝当即破口痛骂科赫。此时，另一名"红色猎人"队员立即前往格拉夫的寝室，用力敲打门板，叫醒了已经入睡的格拉夫。

"太过分了！"福尔格莱贝在值班室中一直骂骂咧咧着，直至格拉夫亲自来到这里才稍微平息了他的怒气。格拉夫一再向他保证这件事情只是个别现象。随后，他转向科赫说："下次再犯这种错误我可就不为你求情了。"

格拉夫原本希望"红色猎人"能给部队带来一些乐趣，却没想到竟然给他惹来了违反军纪的麻烦。一天，他发现因为自己组建了这支球队竟然受到了上级的指责：一名纳粹高级官员指责他将这些士兵调离前线，违反了战争期间的规则。这次，似乎只有戈林才能帮他忙了。戈林后来给相关部门传递了这么一条消息："如果格拉夫想踢球，那就让他踢。"于是，格拉夫的案子便被撤销了。

12月30日，骑士十字勋章获得者、第7中队长弗里德里希·奥布莱泽在战斗中身负重伤，他的最终战绩是120架，其中9架为美国飞机（含2架四发重型轰炸机）。JG 52联队虽然并没有参加西线战事，但随着它一步步向西撤退，也越来越多地遭遇以意大利为基地对东南欧目标进行攻击的美军第15航空队的飞机。

■ 弗里德里希·奥布莱泽（1923–2004）
1923年2月21日生于维也纳附近的波滕斯泰因（Pottenstein）。1942年年底进入 JG 52联队第8中队，后在1943年3月获得首个战果。同年5月28日被高炮火力击伤，直至7月6日才伤愈复出并担任第8中队长。1944年3月23日以80个战果获得骑士十字勋章。1944年8月获得第100个战果，期间两次在与美军的较量中受伤。1944年12月30日在波兰南部再次受伤，自此远离蓝天，其总战果为120架。1956年，奥布莱泽加入联邦德国空军，后在1983年3月31日以中将军衔退休，2004年6月5日在奥地利去世。

1945年传奇落幕

1945年初的情形和1944年底没有什么两样：胜利越来越少，伤亡越来越大，而始终受到苏军越来越强大的压力。1月5日，巴尔克霍恩的个人总战绩达到了300架。他是德国空军第二位，也是最后一位战绩超过300架的飞行员，战友们为此进行了庆祝。但是对巴尔克霍恩的宣传不像前一年的8月份对哈特曼的鼓吹那样狂热。巴尔克霍恩是个性格沉静而内向的人，所以宣传机构的相对沉默让他如释重负，但是很多人认为，上级应该至少给巴尔克霍恩也授予钻石饰。

奥德河畔之离歌

一周后，苏军发动了1945年的首次攻势，横扫上西里西亚，进抵奥德河。为此，德军将多数原本执行本土防空任务的战斗机联队调到了东线。JG 52联队此时的任务主要是打击苏军行军纵队，但是他们随即遭遇到了大量苏军Yak-9、Yak-3、La-5和P-39战斗机的袭扰。苏军战斗机此时又更新了战术，采用德国空军在1941年至1942年的战术，直接突入德国空军的机群中。德国空军东线老兵们尽管还能应付苏联空军犀利的突击，但是许多此前在西线战斗的年轻飞行员们却被东线的战斗吓坏了。历史学家约亨·普林（Jochen Prien）曾这样讲道："苏联空军的数量优势尽管没有我们在西线所看到的那么大，但是他们的战斗机飞行员却要更加的出色。"

在这种不利战局下，格拉夫不得不放弃位于克拉科夫的基地，将指挥部与第1、3大队撤到布雷斯劳东南的奥佩恩地区（Oppeln，今波兰奥波莱），正好处在苏军进攻的路线上。格拉夫在纸面上还有75架可用的战斗机，但这只是数字。燃油补充严重不足而且时断时续，再加上混乱的周边形势，严重影响了各个大队的作战。另外自1月中旬以来，大量地勤人员被作为步兵投入了前线，这对空军来说也是个不利因素。

苏军继续在上西里西亚推进，格拉夫的第1、3大队不得不继续撤退，先是撤往布雷斯劳，然后折向西南前往靠近捷克斯洛伐克边境的威登古特（Weidenguth）。格拉夫将基地设立在一片树林旁边长满野草、潮湿的开阔地上，让手下们将飞机隐蔽于树林中，希望能躲过苏联空军的突袭。

接下来的几天，格拉夫和手下们一直保持着高度警惕。1月21日夜，苏军装甲部队在布里格（Brieg）渡过了奥德河，而这里距离威登古特只有不到32公里。但是JG 52联队并没有接到任何警报，大量"斯大林"坦克随时都有可能冲上联队的跑道。然而，当机场上每次传来"俄国人来了"的喊声时，却只是苏军的空中突袭。这时JG 52联队中除了埃里希·哈特曼外，没有人会渴望去应付这种险象环生的战斗。哈特曼每次出击后总能带着2到3个战果安全返航。著名的前沙尔克04足球俱乐部球员、二级下士赫尔曼·埃彭霍夫此时作为机场无线电联络员，往往成为首名接到哈特曼战报的地勤人员。但是，激烈的战斗也击垮了一些飞行员的心理。巴尔克霍恩少校也因此在1月15日再次被送到位于特格恩湖（Tegernsee）湖畔的德国战斗机飞行员疗养院，并被任命为执行本土防空任务的JG 6联队联队长。福尔格莱贝中尉尽管也再次出现了心理问题，却拒绝了格拉夫将其调走的要求，继续留在了部队中。1月30日，他在布雷斯劳附近低空扫射一群苏军坦克时被高炮击中，坠毁在苏军战线后方。

巴尔克霍恩的离去使得联队的指挥系统在1月底发生了大洗牌。原第3大队长威廉·巴茨被转任第2大队长，而接替巴茨的是原第1大队长阿道夫·博尔歇斯少校，埃里希·哈特曼上尉则接任了后者的职务。这样，"娃娃"哈特曼就成了JG 52联队前三名王牌中唯一仍然在JG 52联队服役的人。

1945年1月底，苏军在三周内已经推进了320到640公里，其漫长的补给线便成了德国空军的首要打击目标。仅在2月份的头两天他们就执行了2500架次战斗任务，但是有38架飞机被苏军地面火力和战斗机击落。苏军开始集中兵力进攻布雷斯劳时，格拉夫在2月8日将部队带到布雷斯劳－舍恩加滕机场（Breslau-Schöngarten）。JG 52联队的飞行员们在这里遭遇到了苏军一支极具攻击性而且战术高超的Yak-9战斗机部队。刚刚在2月4日伤愈归队的第1中队长沃尔夫鲁姆中尉在随后的两天内被这些Yak-9连续击落两次。

苏军在布雷斯劳南面的进攻迫使JG 52联队于2月10日返回威登古特。当天，东线德国空军在布雷斯劳地区总共出动了700架次。高出动率得到的回报却只是沉重的损失，两天内德军共损失了46架飞机，却只击落17架飞机。鉴于苏军战斗机造成的逐渐攀升的损失，格拉夫从元首大本营收到了一条新的指示：JG 52联队的重点将从对地攻击转为自由猎杀苏军战斗机。

此前的2月1日，哈特曼被暂时调到在西线的JG 53联队，临时担任第1大队代理大队长，直到两周后的2月14日才回到JG 52联队。作为交换，第6中队长赫尔穆特·利普弗特上尉被任命为JG 53联队第1大队长。利普弗特上尉后在4月8日击

■ 上图为巴尔克霍恩少校的离去，让JG 52联队在1945年1月底进行了人事大变动。图为联队举行调换大队长仪式上，格拉夫中校带领哈特曼上尉（左）检阅官兵。

■ 巴尔克霍恩少校来到JG 6联队后改飞Fw 190D-9型战斗机。上图为在一次出击前，地勤人员正为其合上座舱盖，注意机身上涂有其妻子的名字。

■ 1945年2月1日，哈特曼（左）曾被暂时任命为JG 53联队第1大队代理大队长，直到14天后才被赫尔穆特·利普弗特上尉（右）接任。

落一架 La-5 战斗机，从而也将自己的战果提高到了 200 架。据说在战争的这个阶段，JG 52 联队第 6 中队的部分单位在匈牙利被改编为新的第 7 中队，第 6 中队则得到了补充。于是，在战争的最后几周中，JG 52 联队重新恢复了 9 个中队的建制。

这时为了遏制苏军咄咄逼人的势头，德军下令东线所有的战斗机联队主要执行自由猎杀任务。2 月 20 日，JG 52 联队第 1 大队的安东·雷奇中尉在西里西亚上空一举击落 4 架苏军战机。

3 月初，从空军总司令部又传来了一道令人烦恼的电报："哈特曼上尉立即停飞，请立即赶往赖希费尔德 (Lechfeld) 接受 Me 262 喷气式战斗机训练。"阿道夫·加兰德"邀请"哈特曼加入他的 Me 262 喷气式战斗机部队——第 44 战斗机中队 (JV 44)。

■ 正在驾驶 Fi 156 "鹳"式联络机的赫尔曼·格拉夫。

格拉夫等人所不知道的是，希特勒和戈林在当天认为急迫需要 Me 262 来对付盟军轰炸机。此前的 2 月 13 日和 15 日的德累斯顿大轰炸造成了数量惊人的平民伤亡，希特勒认为德国的城市需要改善防空能力。哈特曼对此并不是很感兴趣，更希望能在东线继续作战。但是，传奇人物加兰德的邀请对哈特曼来说简直就是圣旨，哈特曼只能听命前往赖希费尔德。而格拉夫也要极力挽留手下战绩最高的王牌，就在哈特曼离开的几天后，格拉夫以"紧急情况"为由要求将哈特曼上尉调回 JG 52 联队，并直接向当时的战斗机总监戈登·戈洛布发出了呼吁。这样，哈特曼于 3 月 25 日返回了驻扎在捷克斯洛伐克的希鲁迪姆 (Chrudim) 的 JG 52 联队第 1 大队。回到了格拉夫身旁，再次重返东线战场。

然而，格拉夫在这个时候已经没有多大能力掌握自己的生死。他那因受伤而失去正常运动能力的左手无法让自己进行战斗飞行，因此重新回到 JG 52 联队后他主要驾驶他的那架"鹳"式联络机，但有次遇上一架美军的"野马"，却依然能够运用精湛的飞行技巧摆脱，让那名差点击中这架慢速的"鹳"式联络机的美军飞行员大为沮丧。

1945 年 4 月 1 日复活节，格拉夫最后一次驾驶机鼻涂装为红色郁金香形状的 Bf 109K-4 型战斗机 (Bf 109 战斗机的最后型号，JG 52 联队联队部曾在 1945 年年初装备该机) 升空。当他返回联队位于布雷斯劳西南 48 公里处施维德尼茨 (Schweidnitz，今波兰希维德尼察) 的基地时，他可能收获了自己的最后一个战果：一只苏军的阻塞气球。然而，正当格拉夫准备重新加入战斗时，几乎整个德国空军的飞机都因为燃料短缺而不能升空。1945 年 4 月初，东线德国空军总共积蓄了 3000 多架飞机，但燃油供给只能保证十分之一的飞机能够升空作战。JG 52 联队驻扎在施维德尼茨的 3 月 28 日到 4 月 17 日期间，部队由于缺少燃料也只能全部停飞。格拉夫再次闲下心来，"红色猎人"足球队也得以进行了其在战争期间的最后一场球赛。格拉夫听说一支陆军球队也驻扎在施维德尼茨，于是他便联系这支球队进行了一场比赛，以提高球队的士气。

比赛当天，远方的炮声轰隆而至。但这丝毫

阻挡不了他们踢球的热情。格拉夫尽管左手不够灵活，却依旧要求上场守门。虽然这场比赛最初只进行了短短的20分钟，但是无论是场上球员还是一旁看球的观众在这时都忘记了恐怖的战争。

突然有架苏军战斗轰炸机的身影出现在球场上空，每个人都趴在了地上。伴随着发动机的巨大轰鸣声，这架飞机在离球场900米外再次拉起。随后一颗炸弹在90米外的菜地中炸开。

"真险！"格拉夫咧嘴笑着爬起来，拍拍身上的泥土继续说："我们接着比赛。"于是比赛继续，中间再也没有苏军飞机的袭扰。

传奇终结

正当JG 52联队在布雷斯劳作战期间，德军在匈牙利以6个装甲师的兵力发动了最后的绝望反攻（"春醒"行动），但是未能稳定匈牙利的战局。JG 52联队第2大队被迫撤到了匈牙利西部边境的施泰因纳芒格尔（Steinamanger，今匈牙利松博特梅伊），位于维也纳以南80公里处，而苏军的下一个目标就是维也纳。

第2大队终于结束了在匈牙利将近6个月的作战，于3月28日进入奥地利。巴茨上尉的官兵们当时并没有意识到这次转移的确会带来好运（他们后来得以向美军投降，没有像另外两个大队一样落入苏军手中）。第2大队于4月1日转往维也纳－阿斯潘（Vienna-Aspern）。4月7日，第3中队的安东·雷奇中尉以91个战果获得骑士十字勋章。一天后，第5中队长弗里德里希·哈斯少尉（Friedrich Haas）在维也纳上空被一架苏军战斗机击落。哈斯得以跳伞，但是高度仅有80米，降落伞未能完全打开，随后坠地身亡。4月11日，JG 52联队另一名出色王牌、战果达130架的格哈德·霍夫曼少尉在布雷斯劳附近的战斗中阵亡。

4月13日，苏军占领维也纳，接下来的目标就是德国首都柏林。此时JG 52联队第2大队已

■ 上图为赫尔曼·格拉夫与"红色猎人"队友们在一场比赛前的合影。战前格拉夫作为守门员曾效力于霍恩足球俱乐部（FC Hoehen），师从于前德国国家队前锋泽普·赫尔贝格。

■ 下图为1945年4月20日，海因茨·埃瓦尔德以84个战果获得了骑士十字勋章。

经撤往奥地利腹地。在维也纳的最后战斗中，第2大队的彼得·迪特曼少尉获得了个人的第150个战果。4月17日，就在埃里希·哈特曼23岁生日的前两天，他在捷克斯洛伐克获得了第350个战果，击落一架Yak-9战斗机。4月20日，JG 52联队又获得了一枚骑士十字勋章。第5中队的海因茨·埃瓦尔德少尉以84个战果荣获这一荣

■ 海因茨·埃瓦尔德少尉（左）获得骑士十字勋章后与彼得·迪特曼的合影。

誉。4月21日，第2大队长威廉·巴茨上尉获颁双剑饰。4月26日，之前在4月8日阵亡的哈斯少尉被追授骑士十字勋章，成为 JG 52联队的最后一位骑士十字勋章获得者，其最终战果为74架，哈斯于1924年1月20日出生在黑森的迪伦堡（Dillenburg），1943年秋天加入 JG 52联队第5中队。作为联队进步最快的飞行员之一，1944年一年击落了超过50架飞机，1945年2月1日才接管第5中队，两个月后即阵亡。

巴茨的第2大队经过三次转移之后，于5月8日抵达奥地利南部的采尔特韦格（Zeltweg）。此前一天，格拉夫中校带领着联队部以及第1、3大队来到捷克首都布拉格东南96公里处、仍处于德军控制下的德意志布罗德（Deutsch-Brod，今捷克哈夫利奇库夫布罗德）。同样驻扎在这里的 JG 210联队（一支训练部队）和装备 Hs 129攻击机的第9攻击机联队第10反坦克中队随即加入了格拉夫的联队。联队当时所驻扎的这座机场位于一座高山的山脚下，只有一条很短的跑道。5月7日当天，16架来自美军第368战斗机大队的 P-47"雷电"战斗机飞临并扫射了这座机场，击毁多架停在草坪上飞机。

尽管第三帝国行将就木，但德军中仍有人拒绝接受现实。在5月7日，统辖驻扎在捷克残留领土上德国空军部队的空军第8司令部司令汉斯·塞德曼将军正计划将空军残余部队转移到阿尔卑斯山地区，固守所谓的"阿尔卑斯堡垒"。塞德曼梦想着以 JG 52联队和其他一些联队为核心重建德国空军。格拉夫中校感觉塞德曼将军太过乐观了，后来他曾这样回忆："个人来讲，我已经意识到战争马上就要结束了。但是，他们（高层）却忘了通知我空军已经崩溃了！"

这期间，捷克起义军也开始攻击德国占领军。5月5日，德军同起义军在布拉格和其他波西米亚城市爆发了激烈巷战。随后此前一直站在德国一边的俄罗斯解放军也乘机在5月7日再次反水。这群俄罗斯人不加选择地在苏台德地区的德国村庄实施暴力恐怖，杀害了大量无辜的德国平民。在这种混乱的局面下，一些手无寸铁的德国平民只能涌向附近的德军驻地。JG 52联队官兵的数百名家属也在这期间来到德意志布罗德。格拉夫收留了他们，并向他们分发了饮用水、食物、衣服，并安排了临时住所。

1945年5月8日上午8时，一架"鹳"式联络机降落在德意志布罗德机场上。一名身着原野灰制服的德军高级参谋军官从飞机上走下，随后被带到格拉夫位于一座帐篷里的联队指挥所。他告诉格拉夫，战争已经结束，德国已经在当天2时宣布无条件投降，所有德国部队必须在5月9日零时放弃抵抗。这名军官离开后，格拉夫把两位大队长招进帐篷，并向他们通报了这条消息。

"先生们，"格拉夫随后说道，"我们接到的命令是将所有的飞机飞往埃森（Essen），将它们转交给英国人。我们大概在这里有100架飞机，但是仍不够搭载所有人。我们的地勤人员已经跟了咱6年多了，我们不能抛弃他们。让我们带着他们一起向美国人投降吧。我们应该毁掉飞机，然后向皮塞克（Pisek）开拔，向西走120公里，美国人就在那里。我已经接到通报，所有位于莫尔道河（Moldau）以东的德军将被苏军羁押。我们绝不能让苏联人得逞，必须带上包括平民在内的每个人，一起去向美国人投降。"

接下来，格拉夫中校下达了战争时期的最后一道命令："'娃娃'，我想让你起飞，确定苏军最近的部队离德意志布罗德的距离有多远。"

格拉夫意图确定苏军的位置，确定能否带领部队和追随者避免被苏军俘获，向遵守战争法则的美国人投降。在战争最后一天的8时30分，格拉夫注视着哈特曼驾驶他的"卡拉亚一号"和他的僚机一同起飞，寻找苏军的先头部队。他很快在仅仅70公里以外的布隆恩（Brunn，今称布尔诺）发现了苏军。布隆恩城上空笼罩着浓烟。哈特曼在城镇上空飞了一圈，发现8架队形松散的"雅克"战斗机。这些苏军战斗机似乎在为地面部队进行表演，在空中绕来绕去，不断做特技动作，完全没有注意到从上方逼近的2架Bf 109战斗机。

哈特曼在战后曾这样提起这场最后的战斗："当时，我心中满怀着仇恨。当我发现俄国人时，心中只有一念，那就是他必须被我击落。"突然间，一架"雅克"战斗机在哈特曼下方翻了一个筋斗。哈特曼在一瞬间就向毫无察觉的目标俯冲了下去，并送出一长串致命的子弹。第352个战果！在这架"雅克"在火焰中坠落的同时，哈特曼已经瞄上了第二个猎物。就在这时，他看到高空有金属的

■ 1945年5月8日，德意志布罗德机场，JG 52联队的1架Bf 109K-4型战斗机残骸。远处可以看到另外一些被遗弃的飞机残骸。

闪光。这是阳光在得到抛光的表面上的反光——天上还有美军的"野马"！为了避免被下方的苏机和上方的美机两面夹击，哈特曼和他的僚机立刻躲在烟云中，随后返航。

在德意志布罗德，大家都知道，战争很快就要结束了。埃里希·哈特曼被晋升为少校的消息也没能驱散大家心中的阴云。随后他们又收到了第二份电报：

格拉夫和哈特曼两人立即飞往多特蒙德，向英军投降。JG 52联队的其他人员留在德意志布罗德，向苏军投降。

空军第8司令部司令
塞德曼

格拉夫拿着这份电报时，只是不禁地摇摇头。上级的意思很明确，无论如何不能让两位获得钻石饰的超级王牌（二人战绩合计是564架，其中格拉夫的战绩为212架）落入苏军手中。空军总司令部或者更高层显然有人在试图保护他们。但是，格拉夫已经做好了决定，他不会遵守这道命令。就在这时，指挥所外传来的 Bf 109 战斗机引擎轰鸣声告诉他哈特曼已经完成任务回来了。几分钟后，这位金发飞行员走进格拉夫的指挥所帐篷，向他汇报了苏军的位置。但是当哈特曼正准备报告自己的战果时，格拉夫打断了他，然后把那份电报交给他，并说明了上级的意图：

"将军不想让我们落到俄国人手中。他知道我们作为钻石饰骑士十字勋章获得者，可能会受到俄国人的粗暴对待。"

在哈特曼看完命令后，格拉夫继续说道：

"听着，'娃娃'，咱俩人总共击落了550架苏联飞机（实际为547架——哈特曼345架，格拉夫202架——编者注）。他们很可能把咱俩带到墙边，直接枪毙掉我们。"

哈特曼看着面前带着挖苦笑容的联队长，问道："那么，我们该服从塞德曼的命令吗？"

■ 汉斯·赛德曼（1901—1967）
纳粹空军组建前曾在苏联接受秘密训练，后参加西班牙内战，二战后一直升任空军第8司令部（前身为第8航空军）司令，1944年11月8日获得橡叶饰。

"亲爱的'娃娃'！"格拉夫瞟了一眼哈特曼，然后走到帐篷门说道："看看，外面差不多有2000名妇女、儿童、老人、我们的家属、难民。这些人全部手无寸铁，只能依靠我们。难道你真的认为我会爬上一架 Bf 109 型战斗机，抛弃他们飞向多特蒙德？"

哈特曼明白了！

"我同意！"他回应说："离开便意味着背叛，我们不能那样做。"

"我很高兴你能有和我一样的想法！"格拉夫用轻松的语气继续说道："咱不要再提这道命令了，我们什么也不告诉他们，然后带他们去向美国人投降。"

随后，格拉夫召来各位大队长、中队长以及 JG 210 联队长和 SG 9 联队第10反坦克中队长，向众人通报了塞德曼将军的命令并询问大家的意见。"你们可以自己做决定，谁都可以自由爬上飞机向西飞走。"

军官们面面相觑，随后全部这样回答："您是对的，我们将与你一起，共同向美国人投降！"

"这就是我所期待的！"格拉夫自豪地说道。

就在这时，一名空军上校降落在了机场上。他很惊讶于格拉夫的部队依旧在战斗，并能保持如此良好的秩序。他告诉格拉夫空军已经解散，戈林自己都向美国人投降了。当格拉夫递给他塞德曼的命令后，他敦促格拉夫遵守这道命令。但是，格拉夫只是摇了摇头。当这名上校准备登机离开时，他向格拉夫最后说道："嗯，你可以照你自己的意思去做，没有人会离开。你再也得不到任何优待。如果你的联队在投降时被认为是一支空军部队，那么你也将被看作是空军的最后一任总司令。"

格拉夫和哈特曼二人都拒绝抛弃部队自谋生路，而决心与战友们共存亡，于是当即决定对这道命令不予理睬。他们的高尚品格由此可见一斑，但是他们当时并没有意识到，自己将为这个决定付出怎样的代价。

他们的首要义务在于保护他们的官兵。但不仅仅是官兵。两个大队的很多成员，尤其是来自东部省份的成员，现在都是拖家带口。还有很多难民跟随着部队，在德国崩溃之时的混乱中寻求纪律严明的军队的保护。

与此同时，巴茨上尉的第2大队从奥地利的采尔特韦格起飞前往慕尼黑－诺伊比贝格（Munich－Neubiberg），向当地的美国陆军航空队投降。在德意志布罗德，当大约110架 Bf 109G 型和 K 型战斗机、Hs 129攻击机和其他飞机，连同油桶和大量弹药燃起熊熊烈焰后，赫尔曼·格拉夫带领着2000多名全副武装的官兵和平民组成的队伍，踏上了向西通往巴伐利亚的主干道。由于队伍可能要经过捷克起义军设有埋伏的地区，因此他们在销毁飞机时保留了三架"鹳"式联络机。这时，格拉夫让其中的两架提早起飞，分别确定最近的美军和苏军的位置，而第3架则负责侦察队伍行军路线可能出现的埋伏。

行进了32公里后，队伍在一条设置了路障的乡村公路前停了下来。格拉夫命令手下们移开路障，但正当士兵们搬动路障时，埋伏在一旁村子中的捷克游击队开火了。格拉夫立即组织一个攻击小组并亲自带队向游击队反扑。原 Hs 129攻击机飞行员瓦尔特·克劳泽少尉（Walter Krauser）后来这样回忆道：

"在集市上，站在队伍中间身着皮夹克、头戴钢盔、手拿一支冲锋枪的便是格拉夫中校。在战争的最后一天，我也已经成了一名步兵。我们的这位战斗机联队长已经宛如一名步兵营营长了。"

经一轮激烈的交火，捷克人随后投降了。格拉夫将这些放下武器的平民编入队伍中，5名被关押在村办小学内的"虎王"坦克乘员也被解救出来。队伍接着继续开拔。当天下午晚些时候，队伍在渡过了伏尔塔瓦河后碰到了两辆停在道路两旁的美军"谢尔曼"坦克。

"停止前进！"格拉夫下令。随后他走下"桶车"，在会说英语的士兵的帮助下，来到一名美军军官面前："我是格拉夫中校，德国空军 JG 52联队联队长，这支包括平民在内的队伍都是我的人，我们现在向美军投降。"

这名美军第90步兵师巡逻队的军官随后将格拉夫带进一幢房子。在这里，美国人用格拉夫的电台向他的上级取得了联系。第3大队副官约翰内斯·布罗契维奇少尉（Johannes Broschwitz）后来这样回忆道：

"格拉夫让大家集合队伍，然后发表了简短而热情洋溢的演讲，并以三声德国战斗机部队传统的战斗口号'嗍呵！干掉一架！'（Horrido - Joho und Hussassassa）结束。当时的场面十分动容，以至于我感觉到脊梁骨都在颤动。队伍中的妇女们在抽泣，此前他们根本没有听过也没有想到过能在这一时刻听到如此动人的演讲。此后，我对格拉夫的尊敬升华到了更高的高度。"

过了一会儿，一辆满载美军士兵的卡车来到这里。车上的大兵们在格拉夫的演讲台前纷纷跳下车。一名军官喊了几道格拉夫听不懂的命令，然后所有士兵从各个方向进入队伍中。所有德国士兵随后被要求放下武器，但是格拉夫和他的军官们被允许保留手枪。美国大兵们不仅收走了步枪、冲锋枪和机枪，而且要求德国人交出腕表、勋章、文件和相册。他们一边向自己的背包里装东西，口中一边说着"纪念品，纪念品"等简单的英语单词。随后，满载着从 JG 52 联队抢走的物品的这辆卡车又消失了，格拉夫的队伍也被带到附近的斯特拉科尼采镇（Strakonice），关押进一座面积巨大的户外战俘营中。

这些新来的战俘发现该地已经收押了成千上万的德国士兵。战俘营的条件十分简陋，除了空旷的草地外，什么营房也没有，四周还有充满倒刺的铁丝网。主要由捷克武装平民组成的看守也把守在铁丝网外。战俘们没有帐篷、卫生设施、医疗检查，甚至也没有任何医疗设备。格拉夫等

人在被美军关押的8天时间里，美军没有向战俘们提供任何补给，他们只能吃从德意志布罗德带来的干果和看守们出于同情而提供的少量食物。美军"野马"战斗机还曾多次低空飞跃战俘营，羞辱这些德国战斗机王牌。

令人欣慰的是，第2中队长鲁道夫·特伦克尔上尉在难民群中居然找到了自己的未婚妻伊达·泽尔娜（Ida Selnal）。5月14日，格拉夫中校、博尔歇斯少校和哈特曼少校作为见证人，为这对患难恋人举行了一场极具纪念意义的婚礼。此时，战俘营中大多数战俘也知道了格拉夫有支主要由前国家队队员组成的足球队，于是他们要求格拉夫组织一场球赛。之后，战俘营内的战俘们便欣赏了"红色猎人"足球队所上演的一场精彩的球赛，暂时忘却了悲惨的战俘生活。

几天后，战俘营的情况已经恶化到了无法让人忍受的地步，饥荒和糟糕的卫生条件引发了一系列疾病，痢疾和肺炎在人群中迅速扩散。在这种严峻情况下，格拉夫和其他一些高级军官认为战俘营的纪律可能会崩溃，零星的逃跑事件也在逐渐增加。一些倒霉蛋被美军抓回，而一些人则被不忍心继续看下去的美军士兵睁一只眼闭一只眼地放过。但是，格拉夫却坚持要留在手下们的

■ 1945年5月14日，在已经沦为战俘的 JG 52 联队官兵们面前，格拉夫为特伦克尔上尉和他妻子主持了一场特别的婚礼。

身边。也就在这期间，战俘营中传言美军将把所有战俘转交给俄国人。格拉夫当即强烈反驳这种说法，他说："不要相信这种愚蠢的流言。我从一名军官那里得到消息，我们将继续由美国人关押。"

"但是，如果那是真的呢？"有人问道。

"我们怎么能那样想呢？"格拉夫反问，然后放低声音继续补充："好吧，如果是真的……这不可能是真的！"

这晚，格拉夫不安的感觉一直萦绕在脑海中。凶险的流言也在慢慢向事实走近。这点从下面的几个细节中表现得淋漓尽致：美军的卡车队在战俘营外集结。但是他依旧拒绝相信手下们之间的谈话。

5月15日，格拉夫注意到战俘营中发生了一些特别的事情。此前的每天早上战俘营一直都很平静，但是美军士兵却在这天早上5点钟就用扩音器把所有人都给叫醒了。

"起来，赶紧的！所有人都给我起来！"

"您终于明白发生什么事情了吗？""红色猎人"队员阿尔方斯·蒙格（Alfons Moog，前国家队队员）向格拉夫说。困惑不解的格拉夫找来一名会说德语的美国军官，询问究竟发生了什么事情。

"放松点儿，先生！"那名美军军官说："我准备把你们带到位于雷根斯堡的另外一座战俘营，那里的条件要比这里好些。"

大批卡车在这时驶入战俘营，美军士兵随即将所有人赶到一处空地里。作为该战俘营的德军最高级军官，格拉夫在此时根本没有任何其他想法，只希望能看到自己的人依旧保持着很好的纪律。然而，混乱在所难免，而美军似乎耐心十足。直到当天下午，所有战俘才被全部装上卡车。当长长的车队驶出战俘营时，格拉夫发现大量荷枪实弹的美军士兵，最后一名美军上校将格拉夫带到一旁，向他通报：他的部队实际上将被转交给

苏军。上校暗示格拉夫赶紧逃跑，但他并不领情，坚定地对上校说："尽管我的妻子在慕尼黑，但是我必须谢绝你的善意，我的人的命运必须与我在一起，我们会一起走进俄国人的战俘营。"

开出几公里后，车队在一片平整的草地上停了下来。经过几分钟焦急的等待后，远处出现了另外一支武装车队。随后格拉夫看到了发动机盖上那鲜红色的五角星……

随后发生的事情就不是本书记述的范围了。两位钻石饰获得者随后分道扬镳，格拉夫和哈特曼在被俘期间的行事是完全不同的：格拉夫最后与苏联人合作，而哈特曼始终保持着强硬态度。格拉夫于1950年被释放，而哈特曼则直到1955年10月才回到德国。

■ 上图为 JG 52联队来到苏军战俘营后，哈特曼（光膀侧对镜头者）的第一张照片。照片拍摄地点在捷克斯洛伐克境内的诺伊比斯特里茨（Neubistritz）。图中两手撑着桌子的是沃尔夫鲁姆中尉。

■ 下图为1987年10月24日，格拉夫（坐者）在家中度过了自己的75岁生日，得到德国骑士十字勋章获得者协会成员的祝贺。墙上的两幅 JG 52联队木雕作品为战争期间联队官兵所赠。

■ 1945年2月，海因茨·埃瓦尔德少尉的"白3号"Bf 109G-10型战斗机侧视涂装彩绘。

■ 1945年4月，JG 52联队第4中队的"白8号"Bf 109G-14型战斗机侧视涂装彩绘。

■ 1945年4月，JG 52联队第8中队的"黑6号"Bf 109G-10型战斗机侧视涂装彩绘。

■ 战争末期，正当大多数仆从国纷纷将矛头指向德国时，匈牙利空军仍与德国空军并肩作战。1945年5月8日，约38或39架匈牙利第101战斗机联队和德国空军的战机从奥地利境内飞赴德国慕尼黑的诺伊比贝格机场，向美军投降，其中多数匈牙利飞机是由JG 52联队第2大队的飞行员驾驶的。右图拍摄于1945年5月12日，这些飞机属于匈牙利第101战斗机联队和德国空军JG 52联队第2大队，前景处为一架5月8日降落在诺伊比贝格机场的匈牙利第101战斗机联队第2中队的"黑16号"Bf 109G-10型战斗机。

■ 1945年5月，慕尼黑诺伊比贝格机场，匈牙利第101战斗机联队第2中队的"黑16号"Bf 109G-10型战斗机侧视涂装彩绘。

■ 1945年5月，JG 52联队第2大队的"黄19号"Bf 109G-10/U4型战斗机侧视涂装彩绘。

■ 1945年5月，JG 52联队第3中队的"黄10号"Bf 109G-14型战斗机侧视涂装彩绘。

■ 右图为1945年5月8日降落在慕尼黑诺伊比贝格机场上的JG 52联队第2大队的"黄2号"Bf 109G-10型战斗机。

■ 下图为1945年5月，JG 52联队第2大队的"黄2号"Bf 109G-10型战斗机侧视涂装彩绘。

■ 左图为1945年5月8日降落在慕尼黑诺伊比贝格机场上的JG 52联队第2大队的"黄21号"Bf 109G-14型战斗机。

■ 下图为1945年5月，JG 52联队第2大队的"白21号"Bf 109G-14型战斗机侧视涂装彩绘。

■ 上图中可以看到同样在诺伊比贝格被美军缴获的第7中队"黑<2号"Bf 109G-10型战斗机，飞行员为二级下士安东·凯尔迈尔（Anton Kellmayer）。

■ 下图为1945年5月，JG 52联队第7中队的"黑<2号"Bf 109G-10型战斗机侧视涂装彩绘。

■ 左图为1945年春天，JG 52联队第2大队的一名飞行员在"白11号"Bf 109G-10/U4型战斗机座舱内的留影。这架飞机后来也被JG 52联队第2大队带到了慕尼黑诺伊比贝格机场。

■ 下图为1945年5月，JG 52联队第2大队的"白11号"Bf 109G-10/U4型战斗机侧视涂装彩绘。

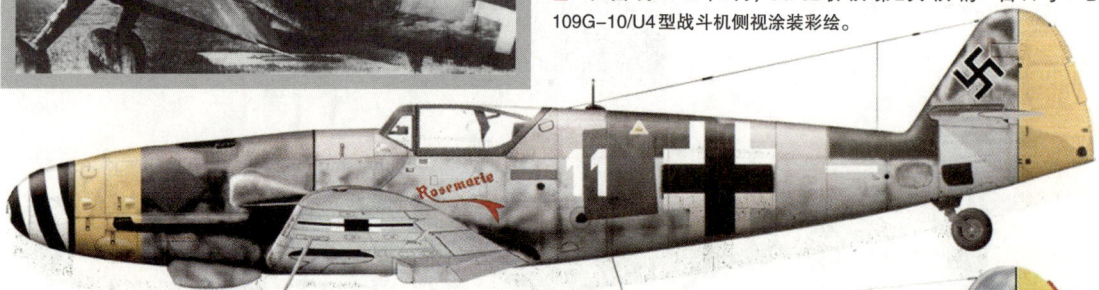

■ 1945年5月，JG 52联队第2大队的"黑2号"Bf 109G-10型战斗机侧视涂装彩绘。

■ 1945年春天，JG 52联队第2大队的"黄6号"Bf 109G-10型战斗机侧视涂装彩绘。

第52战斗机联队骑士十字勋章获得者名录

姓 名	总战绩(架)	荣 誉	获奖时间及获奖时职务
1.埃里希·哈特曼 （Erich Hartman）	352	钻石双剑橡叶饰骑士十字勋章	骑士十字勋章：1943年10月29日，第9中队飞行员； 橡叶饰：1944年3月2日，第9中队中队长； 双剑饰：1944年7月2日，第9中队中队长； 钻石饰：1944年8月25日，第9中队中队长；
2.格哈德·巴尔克霍恩 （Gerhard Barkhorn）	301	双剑橡叶饰骑士十字勋章	骑士十字勋章：1942年8月23日，第4中队中队长； 橡叶饰：1943年1月11日，第4中队中队长； 双剑饰：1944年3月2日，第2大队大队长；
3.京特·拉尔 （Günther Rall）	275	双剑橡叶饰骑士十字勋章	骑士十字勋章：1942年9月4日，第8中队中队长； 橡叶饰：1942年10月26日，第8中队中队长； 双剑饰：1943年9月12日，第3大队大队长；
4.威廉·巴茨 （Wilhelm Batz）	237	双剑橡叶饰骑士十字勋章	骑士十字勋章：1944年3月26日，第5中队中队长； 橡叶饰：1944年7月20日，第3大队大队长； 双剑饰：1945年4月21日，第2大队大队长；
5.赫尔曼·格拉夫 （Hermann Graf）	212	钻石双剑橡叶饰骑士十字勋章	骑士十字勋章：1942年1月24日，第9中队飞行员； 橡叶饰：1942年5月17日，第9中队中队长； 双剑饰：1942年5月19日，第9中队中队长； 钻石饰：1942年9月16日，第9中队中队长；
6.赫尔穆特·利普弗特 （Helmut Lipfert）	203	橡叶饰骑士十字勋章	骑士十字勋章：1944年4月5日，第6中队中队长； 橡叶饰：1945年4月17日，JG 53联队第1大队大队长；
7.瓦尔特·克鲁平斯基 （Walter Krupinski）	197	橡叶饰骑士十字勋章	骑士十字勋章：1942年10月29日，第6中队飞行员； 橡叶饰：1944年3月2日，第7中队中队长；
8.约翰内斯·施坦因霍夫 （Johannes Steinhoff）	176	双剑橡叶饰骑士十字勋章	骑士十字勋章：1941年8月30日，第4中队中队长； 橡叶饰：1942年9月2日，第2大队大队长； 双剑饰：1944年7月28日，JG 77联队联队长；
9.海因茨·施密特 （Heinz Schmidt）	173	橡叶饰骑士十字勋章	骑士十字勋章：1942年8月23日，第6中队飞行员； 橡叶饰：1942年9月16日，第6中队飞行员；
10.海因里希·施图姆 （Heinrich Sturm）	158	骑士十字勋章	1944年3月26日，第4中队中队长
11.彼得·迪特曼 （Peter Düttman）	152	骑士十字勋章	1944年6月9日，第5中队飞行员
12.卡尔·格拉茨 （Karl Gratz）	138	骑士十字勋章	1942年7月1日，第8中队飞行员
13.鲁道夫·特伦克尔 （Rudolf Trenkel）	138	骑士十字勋章	1943年8月19日，第2中队飞行员
14.瓦尔特·沃尔夫鲁姆 （Walter Wolfrum）	137	骑士十字勋章	1944年7月27日，第1中队中队长
15.奥托·冯纳科尔特 （Otto Fönnekold）	136	骑士十字勋章	1944年3月26日，第5大队中队长
16.汉斯·瓦尔德曼 （Hans Waldmann）	134	橡叶饰骑士十字勋章	1944年2月5日，第6中队飞行员
17.阿尔弗雷德·格里斯拉夫斯基 （Alfred Grislawski）	133	橡叶饰骑士十字勋章	骑士十字勋章：1942年7月1日，第9中队飞行员； 橡叶饰：1944年4月11日，JG 1联队第1中队中队长
18.弗朗茨·沙尔 （Franz Schall）	133	骑士十字勋章	1944年10月10日，第3中队中队长
19.约翰内斯·维泽 （Johannes Wiese）	133	橡叶饰骑士十字勋章	骑士十字勋章：1943年1月5日，第2中队中队； 橡叶饰：1944年3月2日，第1大队大队长
20.阿道夫·博尔歇斯 （Adolf Borchers）	132	骑士十字勋章	1943年11月22日，JG 51联队第11中队中队长
21.阿道夫·迪克费尔德 （Adolf Dickfeld）	132	橡叶饰骑士十字勋章	骑士十字勋章：1942年3月19日，第7中队飞行员； 橡叶饰：1942年5月19日，第7中队飞行员

22. 赫伯特·伊勒费尔德 （Herbert Ihlefeld）	132	双剑橡叶饰骑士十字勋章	骑士十字勋章：1940年9月13日，JG 77联队第1大队飞行员； 橡叶饰：1941年6月27日，JG 77联队第1大队大队长； 双剑饰：1942年4月24日，JG 77联队第1大队大队长
23. 格哈德·霍夫曼 （Gerhard Hoffmann）	130	骑士十字勋章	1944年5月14日，第4中队飞行员
24. 约瑟夫·茨韦内曼 （Josef Zwernemann）	126	橡叶饰骑士十字勋章	橡叶饰：1942年10月31日，第7中队飞行员； 骑士十字勋章：1942年6月23日，第7中队飞行员
25. 迪特里希·赫拉巴克 （Dieter Hrabak）	125	橡叶饰骑士十字勋章	橡叶饰：1943年11月25日，JG 52联队联队长； 骑士十字勋章：1940年10月21日，JG 54联队第2大队大队长
26. 弗里德里希·瓦霍维亚克 （Friedrich Wachowiak）	120	骑士十字勋章	1942年4月5日，第7中队飞行员
27. 弗里德里希·奥布莱泽 （Friedrich Obleser）	120	骑士十字勋章	1944年3月26日，第8中队中队长
28. 汉斯－约阿希姆·比克纳 （Hans-Joachim Birkner）	117	骑士十字勋章	1944年7月27日，第9中队飞行员
29. 汉斯·达默斯 （Hans Dammers）	113	骑士十字勋章	1942年8月23日，第9中队飞行员
30. 贝特霍尔德·科茨 （Berthold Korts）	113	骑士十字勋章	1943年8月29日，第9中队飞行员
31. 弗朗兹·沃伊迪希 （Franz Woidich）	110	骑士十字勋章	1944年6月1日，第3中队飞行员
32. 海因茨·萨克森贝格 （Heinz Sachsenberg）	104	骑士十字勋章	1944年6月9日，第6中队飞行员
33. 鲁道夫·米蒂希 （Rudolf Miethig）	101	骑士十字勋章	1942年10月29日，第3中队中队长
34. 莱奥波德·施泰因巴茨 （Leopold Steinbatz）	99	橡叶饰骑士十字勋章	骑士十字勋章：1942年6月2日，第9中队飞行员； 橡叶饰：1942年6月23日，第9中队飞行员
35. 保罗－海因里希·德内 （Paul-Heinrich Dähne）	99	骑士十字勋章	1944年4月6日，第2中队中队长
36. 埃德蒙·罗斯曼 （Edmund Rossmann）	93	骑士十字勋章	1942年3月19日，第7中队飞行员
37. 赫尔穆特·贝内曼 （Helmut Bennemann）	93	骑士十字勋章	1942年10月2日，第1大队大队长
38. 鲁道夫·雷奇 （Rudolf Resch）	93	骑士十字勋章	1942年9月6日，第5中队中队长
39. 安东·雷奇少尉 （Anton Resch）	91	骑士十字勋章	1945年4月7日第3中队中队长
40. 格哈德·克彭 （Gerhard Köppen）	85	橡叶饰骑士十字勋章	骑士十字勋章：1941年12月18日，第7中队飞行员； 橡叶饰：1942年2月27日，第8中队飞行员
41. 维尔纳·夸斯特 （Werner Quast）	84	骑士十字勋章	1943年12月21日，第4中队飞行员
42. 海因茨·埃瓦尔德 （Heinz Ewald）	84	骑士十字勋章	1945年4月20日，第5中队飞行员
43. 维利·内米茨 （Willi Nemitz）	81	骑士十字勋章	1943年3月24日，第4中队飞行员
44. 赫尔穆特·巴赫尼克 （Hermut Bachnick）	80	骑士十字勋章	1944年7月27日，第9中队飞行员
45. 胡贝图斯·冯·伯宁 （Hubertus von Bonin）	77	骑士十字勋章	1942年12月21日，第3大队大队长
46. 约翰内斯·邦策克 （Johannes Bunzek）	75	骑士十字勋章	1944年4月6日，第7中队飞行员

47.瓦尔德玛·泽梅尔卡 （Waldmar Semelka）	75	骑士十字勋章	1942年9月4日，第4中队飞行员
48.弗里德里希·哈斯 （Friedrich Hass）	74	骑士十字勋章	1945年4月26日，第6中队中队长
49.恩斯特·聚斯 （Ernst Süß）	68	骑士十字勋章	1942年9月4日，第9中队飞行员
50.海因里希·福尔格莱贝 （Heinrich Fullgrabe）	67	骑士十字勋章	1942年10月2日，第9中队飞行员
51.卡尔·哈梅尔 （Karl Hammerl）	67	骑士十字勋章	1942年9月19日，第2中队飞行员
52.古斯塔夫·登克 （Gustav Denk）	67	骑士十字勋章	1943年3月14日，第6中队中队长
53.贝尔托特·格拉斯穆克 （Berthold Grassmuck）	65	骑士十字勋章	1942年9月19日，第2中队飞行员
54.维克托·彼得曼 （Voktor Petermann）	64	骑士十字勋章	1944年2月29日，第3大队飞行员
55.卡尔·斯特芬 （Karl Steffen）	59	骑士十字勋章	1942年7月1日，第9中队飞行员
56.威廉·弗洛伊沃特 （Wilhelm Freuwörth）	58	骑士十字勋章	1943年1月5日，第2中队飞行员
57.海因里希-威廉·阿内特 （Heinrich-Wilhelm Ahnert）	57	骑士十字勋章	1942年7月27日，第3中队飞行员
58.西格弗里德·西姆施 （Siegfried Simsch）	54	骑士十字勋章	1942年7月1日，第5中队中队长
59.卡尔-海因茨·莱斯曼 （Karl-Heinz Leesmann）	37	骑士十字勋章	1941年7月23日，第2中队中队长
60.卡尔·蒙茨 （Karl Munz）	60	推荐授予骑士十字勋章	

参考资料

[1] Wolfgang Dierich. Die Verbände der Luftwaffe 1935—1945. Gliederungen und Kurzchroniken. Eine Dokumentation. Motorbuch—Verlag. Sturrgart, 1976

[2] Christer Bergström. Barbarossa — The Air Battle: July—December 1941. Chervron/Ian Allan, 2007

[3] Christer Bergström. Graf & Grislawski: A Pair of Aces. Eagle Editions, 2003

[4] John Weal. Jagdgeschwader 52. Osprey Publishing. Oxford, 2004

[5] Ursula Hartmann/ Manfred Jäger. German Fighter Ace Erich Hartmann.Schiffer Millitary History. Pennsylvania, 1992

[6] Andrew Brookes. Air War Over Russia. Ian Allan Publishing. Shepperton, 2003

[7] Eric Mombeek, Jean—Louis Roba, Martin Pegg. Jagdwaffe: Strike in the Balkans April—May 1941: Luftwaffe Colours Vol. 3, Section 1. Classic Publications Ltd, 2002

[8] Eric Mombeek, Jean—Louis Roba, Martin Pegg. Jagdwaffe: Barbarossa. The Invasion of Russia June—December 1941: Luftwaffe Colours Volume 3, Section 2. Classic Publications Ltd, 2003

[9] Eric Mombeek, David Wadman, Eddie Creek. Jagdwaffe: Battle of Britain: Phase One: July—August 1940: Luftwaffe Colours: Volume Two, Section 1. Classic Publications Ltd, 2001

[10] Christer Bergström, Martin Pegg. Jagdwaffe: The war in Russia: January—Octor 1942: Luftwaffe Colours: Volume Three , Section 4. Classic Publications Ltd, 2003

[11] Christer Bergström, Martin Pegg. Jagdwaffe: The war in Russia: November 1942—December 1943: Luftwaffe Colours: Volume Four , Section 3. Classic Publications Ltd, 2004

[12] Christer Bergström, Martin Pegg. Jagdwaffe: The war in Russia: 1944—1945: Luftwaffe Colours: Volume Five , Section 2. Classic Publications Ltd, 2004

[13] Christer Bergström, Richard Smith,Eddie Creek. Jagdwaffe: Blitzkrig and Sitzkrige: Poland and France: Luftwaffe Colours: Volume One, Section 3. Classic Publications Ltd, 2001

[14] Christer Bergström, Richard Smith,Eddie Creek. Jagdwaffe: Attack in the West: May 1940: Luftwaffe Colours: Volume One, Section 4. Classic Publications Ltd, 2001

[15] Eric Mombeek, David Wadman, Marin Pegg. Jagdwaffe: Battle of Britain: Phase Two: August—September 1940: Luftwaffe Colours: Volume Two, Section 2. Classic Publications Ltd, 2001

[16] Eric Mombeek, David Wadman, Marin Pegg. Jagdwaffe: Battle of Britain: Phase Three: September—October 1940: Luftwaffe Colours: Volume Two, Section 3. Classic Publications Ltd, 2001

[17] Eric Mombeek, David Wadman, Marin Pegg. Jagdwaffe: Battle of Britain: Phase Three: November 1940—June 1941: Luftwaffe Colours: Volume Two, Section 4. Classic Publications Ltd, 2002